高深可测 生命可测

华大“登峰者”深度访谈录

李　斌 / 主编

北京联合出版公司
Beijing United Publishing Co.,Ltd.

图书在版编目（CIP）数据

高深可测　生命可测：华大“登峰者”深度访谈录 / 李斌主编 . -- 北京：北京联合出版公司，2025. 4.
ISBN 978-7-5596-8394-6

Ⅰ . K826.1

中国国家版本馆 CIP 数据核字第 20258DG341 号

高深可测　生命可测：华大“登峰者”深度访谈录
主　　编：李　斌
出 品 人：赵红仕
责任编辑：李艳芬
版式设计：豆安国
责任编审：赵　娜

北京联合出版公司出版
（北京市西城区德外大街 83 号楼 9 层　100088）
北京华景时代文化传媒有限公司发行
北京中科印刷有限公司印刷　　新华书店经销
字数 359 千字　　710 毫米 × 1000 毫米　　1/16　　26 印张
2025 年 4 月第 1 版　　2025 年 4 月第 1 次印刷
ISBN 978-7-5596-8394-6
定价：78.00 元

编委会

主　编

李　斌

编　委

温婷婷　龚碧婧　吴超敏　郭　程

汪仕暘　梁财瑞　李恒冲

推荐序一

无限风光在险峰——为华大“登峰者”喝彩

蒲慕明

主要从事细胞膜生物物理、神经轴突导向机制、突触可塑性的机制、神经环路功能、非人灵长类模型与高等认知行为等领域的研究。

1948年10月31日出生于南京市，籍贯广东省梅州市大埔县三河镇，神经生物学家和生物物理学家，美国国家科学院院士、中国科学院院士、中国香港科学院创院院士，加州大学伯克利分校 Paul Licht 杰出生物学荣休讲座教授，中国科学院脑科学与智能技术卓越创新中心（神经科学研究所）学术所长。

蒲慕明在1970年从中国台湾清华大学物理系毕业；1974年获得美国约翰斯·霍普金斯大学生物物理系博士学位；1976—2012年在加州大学尔湾分校、耶鲁大学、哥伦比亚大学、加州大学圣地亚哥分校和伯克利分校任教；1999—2019年担任中国科学院神经科学研究所所长，2019年起任神经科学研究所所长和上海脑科学与类脑研究中心主任；2009 年当选美国国家科学院院士；2011 年当选中国科学院外籍院士；2016 年获得格鲁伯神经科学奖；2017 年放弃美国国籍，恢复中国国籍。

在我五十余年从事科研的生涯中，结识了无数的科学家。与他们的交情有深有浅，对他们的科研风格和成就，有或多或少的了解。我有一个简单的总结：一个科学家的成就与他敢冒险的程度直接成正比。科学成就主要来自创新的发现，而要获得重要的创新发现，常需要到安全舒适地带外的未知领域去探索；不怕风险，走别人没有走过的路；披荆斩棘，发现新天地。坚持在未知领域探索的胆识和风格，影响着一个科学家最终的成就；而他们在未知领域发现的新天地，就是未来科学的前沿。

近年来，我有幸结识了华大的汪建和他的伙伴们，并一起干了一些脑科学的探索工作。同时，我很高兴我国生命科学界有他们这群探险家，在科学未知领域中坚持工作，为科学界开辟新天地。

华大生命科学研究院是我国生命科学界一个十分独特的科研机构，那里没有一般科研单位里各种管理体系、条条框框的制约。一方面，他们需要应对一个民营企业生存必要的产品研发需求；另一方面，他们又有极大的探索生命科学基础问题的空间。在极地深海中进行探索，他们无须烦琐的立项评审；他们所建立的高效团队合作分工和评价体系，在我国生命科学界极为罕见。华大对生命科学的贡献，不仅是提供了先进设备和测序服务，更重要的是华大研究人员在与国内外科研单位合作过程中所作出的不可或缺的科学性贡献。许多生命科学界的重大问题，如人类大脑网络结构与环路功能的全局性理解，只有通过大规模的团队合作才能有效解决。华大生命科学研究院的经验值得我国生命科学界的科研单位学习，华大科学家在极地深海探索的精神，值得我们效仿。

在攀登险峰见到无限风光前，登峰者须有"乱云飞渡仍从容"的心态和定力。华大的先锋者在建立和发展华大的过程中，经历了各种挫折和非议，但持续成长壮大的态势从未间断。华大从基因测序技术研发和仪器制造到生命科学的原创性发现，都为我国生命科学在国际上的地位提升作出了卓越的贡献。生命科学面临的许多重大未解难题都是我们需要攀登的险峰，祝华大登峰者持续做出引领性成果，愿我国生命科学界不断涌现出更多的登峰者。

由李斌创意发起、主编出版的《高深可测 生命可测：华大"登峰者"深度访谈录》一书，记载了华大"登峰者"不断攀登自然之巅峰、科研之高峰的心路历程、感受和感悟，是和这群生命科学界"极为罕见"者的心灵对话，这种原汁原味的对话朴素而宝贵，我郑重向读者推荐。

推荐序二

“老汪”印象

肖 湘

上海交通大学深部生命国际研究中心主任，生命科学技术学院特聘教授。

“老汪”这个称呼，最早是私下交流中从华大人口中传出的，听起来很自然。作为一个“外人”，对这个称呼有一个“活跃小老头”的模糊印象，与心目中那个测序“大神”的形象不太贴合。尽管久闻大名，但我和汪老师第一次见面还是在 2021 年 10 月—12 月“奋斗者”号中国载人深潜第一个科学应用航次（TS21-2）上。不夸张地说，这个航次改变了我对从事了 20 年的深海微生物研究的认识，这个改变，“老汪”（当面我还是叫汪老师）和深海所丁抗老师是最重要的现场推手。

在“探索一号”船上，汪老师是晕船最严重的人，但他也是最活跃的人，这让我很佩服，这是对“老汪”的第一个直观印象。我出海期间的一个癖好是每天上午（如果没有任务的话）到驾驶台找个安静的地方看3个小时的书和论文，这大概也是我在晃动的船上能够集中精力思考的上限。这次开船后，每天早上汪老师都会跑到我旁边聊天，介绍他眼中的生命科学研究历史，包括与克雷格·文特尔的交流、人类基因组测序的历程、水稻基因组研究的背水一战等往事。

尽管每次聊天的时间不长，潜移默化中还是填补了我不少的认知盲区。这个航次我们最重大的集成成果是提出MEER计划（马里亚纳海沟环境与生态调查计划）并着手实施。汪老师在3个环节上发挥了关键作用：1. 拿出一篇近期综述（*Nature Microbiology Review*）让我给大家介绍本领域的前沿进展，尤其是不足。2. 指出我们在深潜取样工具、测序工具与环境模拟工具3个方向都实现了自主研发，具备自我迭代能力和开展大科学计划的条件，应该把所有样本集中起来干大事。人类第一次借助载人深潜器对马里亚纳海沟调查要有完整记录，经得起时间考验，对历史负责。3. 明确指出“三定”（定时间、定目标、定经费），最要紧的是华大在2022年春节前要完成全部序列测定工作。回想起来，这种决心和态度为我们的MEER计划立了一个很高的标准，更是开了一个好头。

随“探索一号”船回来后，我对华大集团有了更多学习、了解的兴趣，也就接触了更多深海以外的应用场景，如沙漠、高原等。抓住这些从实践中来，到实践中去的“真问题”，反映了老汪极其务实、虚心、果断的一面。

印象最深的是在从内蒙古呼和浩特到乌海的航班上，我和他聊到了沙漠改造后植物高产（三倍产量）与深渊“异常繁荣”背后的能量利用有相似性——没有中间商赚能量传递差价。仅仅20分钟，汪老师就抓到了这个问题的关键科学要点，后面的两天，我也现场学习领会了汪老师与华大团队解决各种复杂状况的方法。汪老师往往亲临一线，带动问题的解决。

2024年5月，汪老师登顶珠峰后下来，我到5300米登山大本营迎接，也第一时间直观了解了高原低压、低温条件对宏生命体的影响，这是仪器检测数据所无法替代的。我看到了一个积极、疲劳、耐心的老汪，不断地咳嗽（登山队员中远不止他一个人，可见高原极端环境对人体免疫系统的损伤），以身试险，让自己成为数据的一部分，老汪也算做到了极致。

除了以身试险，老汪的"登峰探极"不仅仅是对自我的挑战，还包括了科研"三定"的自我严格约束。这对我在项目管理上帮助极大，帮我突破了不少认知盲区。在船上我们熟悉的一句话：我们的目标是一年之内将测序成本降一个零。（挑战自我！）随着时间的积累以及MEER计划的执行，我也慢慢体会到其在科学计划管理上的要义：从现场找到真问题以后，时间就是关键，时间卡好了，资源就有了集中的可能，各种成本就控制住了，大团队作战的目标才有可能实现。

我的个人体会是在我们日常的科学研究中，90%的问题、矛盾可以靠速度来解决；反过来，速度慢在很多场合就等于没做。定目标，特别是明确的工作量目标，指向了生命在复杂的应用场景中常见的"多因一果和多果一因"生物学特征，这与当今的大数据、人工智能普及后科学范式的改变要求相匹配。定经费是华大公司项目运营要求的延伸，我们在实践中改为定时间、定目标前提下的定水准。

结合航次中学习到的中国载人深潜精神，我们总结成三句话：宁冒风险、不当逃兵；只有岗位、没有单位；应做尽做、精益求精。

2024年7月，我和汪老师、丁老师时隔近3年又一次出海深潜，熟悉的感觉又回来了。3年时间不长，我觉得学到了很多，也希望自己像老汪一样积极、务实、虚心、果断。

在多次的野外考察中，我发现自己的感受会被时间过滤，需要通过影像记录才能少量找回，无疑是一种遗憾，也是很大的损失。《高深可测 生命可测：华大“登峰者”深度访谈录》一书在珠峰科考成功后第一时间进行的这种深度对话、深度挖掘，无疑是一笔值得保留的财富，不论对从业者还是爱好者，都有借鉴意义，特此推荐。

推荐序三

“高深莫测”变“高深可测”

吕钟霖

连连数字创始人，禾连健康创始人、董事长。2000年开始户外登山，登顶20多座高峰，包括六大洲最高峰，分别从南、北坡两次登顶珠峰，还分别滑雪到达南、北极点。

和华大集团董事长、联合创始人汪建老师一起登山，已经20多年了。山依旧是那些山，自己却已从青年到了中年，但汪老师依旧是少年心态！

我这么多年的户外登山历程，恰好也是我知道华大、结识华大、看懂华大的过程。这和我看汪老师与山的关系一样，从小我，到大我，再到无我，最后其实一直是发现和迭代真我的过程。

金子需要被发现，被锻炼，有时也需要被外界定义，但最后，金子因为其价值，又不需要来自外界的定义。

很多伟大的人物，都有一颗少年心。2024 年，在攀登珠峰时，我大部分时间都陪伴在汪老师身边，他迈出的每一步，都是一颗不羁的少年心的脉动。《高深可测 生命可测：华大“登峰者”深度访谈录》一书，以深度访谈方式，记录了汪老师率领的华大“登峰者”在超高海拔、空气稀薄地带、缺氧环境下依然不断攀登的亲身经历和心路历程……

特推荐这本真诚提问、真心回答，真实反映汪老师和他所率领的“登峰者”团队的书。他们不仅是在攀登自然的顶峰，更是在攀登科学的高峰，攀登基因技术应用的连绵不断的“高峰”。大自然的顶峰有尽头，生命科学的山峰是一峰望一峰，华大人一直在攀登，在探路领攀，让“高深莫测”变成“高深可测”，使“生命不确定性”变成“生命可测可探”，用自己的信念、青春、热情，还有苦难和快乐，给人类踩出一条通往未来的“山路”。

两极冰盖加上深渊高山，使得今天地球上的风场与海流格外强劲，也使得人类生存的自然环境格外复杂。“不入虎穴焉得虎子”，人类只有亲自进入南、北两极，上攀高山、下潜深海，才能揭开这地球系统之谜。

——摘自汪品先：《序一：天长地远 山高水深》，载李斌《二探北极》

前　言

高深可测，生命亦可测

李　斌

华大集团董事、副总裁。

高级记者，全国抗震救灾模范，全国优秀科技工作者，北京市西城区“百名英才”荣誉称号获得者。

北京市宣传思想文化系统“四个一批”人才。国家哲学社科重大课题“大数据驱动下的生命科学研究范式的变革研究”子课题负责人。

曾历任新华社国内部政文采访室副主任、新华社国内部重大报道策划中心执行主任、新华社北京分社副社长兼总编辑等职，曾获“新华社十佳记者”荣誉称号。

“钱学森之问”报道者。在调研基础上，和合作者首次提出“技术黑洞”“高铁社会”“旅游社会”“领跑力”“全域文化”等一系列新理念。

策划出版中国首套“四极”考察丛书，其中独著《二探北极》。合著或主编《你还是你吗？——人类基因组报告》《未来产业：塑造未来世界的决定性力量》《学问的味道：与燕园“大脑”面对面》《学问的秘密：这就是清华》《领跑力：企业、城市和国家的引领之道》《极度调查：告诉你一个“立体中国”》《北京秘密：你不知道的“全域文化”之城》《生物经济：一个革命性时代的到来》《守望：与新华社记者共同“感知中国”》《生命天书：无尽的探索》等书籍。

2024 年 7 月末，当我搭乘中国科学院深海所的“探索二号”科考船，乘坐“深海勇士”号潜航器前往近千米深的海底时，让我感到震撼的，不仅是当潜器前大灯打开时见到海参、珊瑚等海底生物，更是一路下潜时见到舷窗外海水中像雪花一样漂浮的微生物、浮游生物。

眼前似乎无穷无尽的微生物、浮游生物，像极了房间里那些在阳光中舞蹈的浮尘。只有到深海才能见到的这一切，让我进一步明白这个星球真的是一颗“微生物星球”：40 多亿年地球史，30 多亿年生命史，微生物才自始至终是这个星球的主人。后来查阅资料并向专家验证，才知道学术上那叫“海雪”。

长期从事极端环境微生物研究的上海交大肖湘教授告诉我，地球上微生物的量是 10^{30} 个。查资料，2020 年 10 月 21 日，一篇发表在“吾爱微生物”公众号上的文章《地球微生物知多少？》，报道了《微生物学通报》环境微生物学主题专刊的研究成果：地球上的原核微生物存在于海洋、土壤、海洋地表和陆地地表，细胞数量估算约为 4×10^{30} 到 6×10^{30} 个。绝大多数微生物都在地表，随着深度的增加，微生物越来越少。还有少量微生物存在于动物体内、空气以及植物叶面等。近 80 亿的人口，只占地球生物量的 0.01%。预测地球上微生物种类约为 10^{11} 到 10^{12} 个，到目前为止，只有 10^4 个被分离培养，少于 10^5 个微生物物种有分类序列，99.999% 的微生物种类仍未被发现。

这篇文章最后的“结语”是：“目前我们关于微生物的认知仍十分有限，尤其是微生物组学和生态学的发展才刚刚拉开帷幕。”

2024 年 7 月底的南海深海科考尤其是深潜经历，再次给人以鲜明启示：很多事情，不到现场，是没有感受的；很多认知，不到第一线，是不可能获得的。正因为到达一个个常人难以抵达的现场，看到了常人没有看见的世界，视野和格局才会更加打开，想象力、创造力才会更加蓬勃，也才会获取更多的数据、更多的发现……

一、登峰探极，高深可测

这次历时一个多星期的南海深海冷泉联合考察，是自 2019 年以来华大科学家参与的 10 多次深海深渊科考之一。

而一次次深海深渊科考，也只是成立 25 年的华大一次次向无人区冲刺、探索人类认知新疆域的尝试之一。

无尽前沿，无尽探索。2024 年，华大人再次和国内外科学家携手，向珠峰、深海发起冲刺，向一座座科学高峰、前沿课题发起冲锋……

登峰探极，高深可测。登峰探极，指的是抵达常人难以抵达的地域，在这里还延伸为中国科学家联手国际科学界对生命起源、意识起源等一系列终极问题发起挑战。

凡是过去，皆为序章。此时此刻，在这个特定历史节点、历史时空的华大人，历经 10 多年努力，已经掌握了“读”生命的底层工具——临床级高通量测序仪，比以往任何时候更有底气。

凡是生命，皆为序列。高深可测，指的是地球这个蓝色星球上无论多高、多深之处的生命，甚至外星生命，只要采集到样本，都是可以“测量”、可以“解读”的。

130 多亿年宇宙史、40 多亿年地球史、30 多亿年生命史……自从生命诞生以来，所有的生命都是由 A、T、C、G 4 种碱基组成的。正如国际人类基因组计划首席科学家弗兰西斯 · 柯林斯在《生命的语言——DNA 和个体化医学革命》一书中指出的那样——“所有这些进展，其结果是在生物学和医学的正中心催生了一门新的科学——也许可以称之为

DNA 密码学。我们已经截听到高度缜密复杂的信息，这些信息对人类的未来至关重要。这些信息是由一种看似无法理解的奇特密码编写的。看起来简单无比，就用了那么 4 个字母；又极其复杂，似乎无法理解。完全解开这些密码，需要耗费数十年的综合努力，运用人类的聪明才智，依靠实验室的研究，借助最先进的超级计算机进行周密的分析。这是一项非常伟大的事业！”

高深可测，生命亦可测。2024 年，在历经两年的精心准备、珠峰脚下近一个月的适应性训练后，华大登山队于 5 月 21 日又一次登上珠峰，刷新了中国登顶珠峰最年长者纪录，还从峰顶传回世界上第一张来自世界之巅的超声图和脑电数据。华大人把自己当作研究对象，采集了从 0 米到 8848.86 米不同海拔下核心队员的脑认知、眼动、运动机能等表型数据，获得了基因组、蛋白质组、细胞组等多组学数据，将助力构建高原人体健康生命大模型。不仅如此，中国两款国产测序仪及掌上超声的设备也在海拔 5200 米的“珠峰实验室”甚至珠峰峰顶完成性能验证，刷新最高海拔运行纪录。

华大登山队登顶那几天，回顾那些攀登和科研画面，笔者也颇为触动，不禁提笔，为华大珠峰科研行动圆满成功赋诗一首，即《赞华大攀登精神》：“风霜雪雨意志坚，心向科学梦无边。真理之光照心田，无尽前沿始终牵。登高望远求新知，不畏险峰不惧巅。再闯科学无人区，高深可测在人间。”我的一位老朋友——合肥工业大学建筑与艺术学院原院长、安徽省工业设计协会会长潘国泰教授闻讯也非常有感触，虽已年逾七旬，仍然数易其稿，在宣纸上创作了一幅《中华大气贯珠峰》，以表纪念，令人感动。

这是华大继 15 年前首次登顶珠峰并进行科研后的第二次——2010 年 7 月 2 日，华大生命科学研究院题为《50 个全外显子测序揭示人类的高原适应机制》的论文登上《科学》杂志，揭开了高原适应的分子机制之谜，为高原缺氧性疾病的预测、预防和治疗提供了新的方向；2014 年，华大参与的另一篇高原相关成果发表在《自然》杂志上，揭示了丹尼索瓦人基因渗入可能帮助藏族人更快适应高原环境的特殊机制。*EPAS1* 基因单体型结构与已灭绝的丹尼索瓦人高度相似，表明古代基因交流可能在人类适应极端环境中发挥了重要作用。

2024 年，是人类探索珠峰 100 周年。

“到今天为止，攀登珠穆朗玛峰，仍然是人类膜拜大自然最虔诚的神圣仪式，仍然是人类探索精神与冒险火花具有独创性的体现方式。”据《万山之巅：珠峰传》记载：从 1953 年到 1999 年，1169 人次登顶珠峰。从 2000 年到 2015 年，5832 人次登顶珠峰。到 2015 年，世界上已有 7001 人次登顶珠峰。

深圳，这座改革开放最前沿的特区城市，已有 61 人登上珠峰，其中华大就有 10 位。此外，卓奥友峰 9 人，希夏邦马峰 2 人，慕士塔格峰 12 人，玉珠峰 24 人，洛堆峰 19 人，四姑娘山大峰 23 人……妥妥一支“登山梦之队”！

自从中国人参加深海深渊科考，迄今为止我国已有 3 台载人深潜器，即“蛟龙”号、“奋斗者”号、“深海勇士”号，而据中国科学院深海所的杂志记载，截至目前中国有五十几个人下潜到了海平面 7500 米以下，远比登珠峰的人少。

二、华大人为什么如此热爱“登峰探极”？

无论是珠峰等超高海拔雪山，还是全球深海深渊，都是极端环境，被认为是“生命禁区”：珠峰缺氧、高寒，峰顶含氧量只有平原地区的 1/4，常年刮七八级大风；深海深渊更是如此，不见阳光，物理上（温度、辐射、压力）和化学上（盐度、pH 值、氧含量）都属于极端环境，人类对深渊区域的了解程度甚至低于月球表面，非常难以到达……

从珠峰等雪山到马里亚纳海沟等深渊深海，华大人为什么如此热爱“登峰探极”？这和他们的“三好”文化——身体好、学习好、工作好——密不可分，更和华大从诞生开始就有的"基因"有关——始终坚持大目标导向，始终坚持登峰探极，要搞就搞第一！无论是登峰，还是下海，这是一支既普通又特殊的队伍——敢于担当、敢为天下先、敢于走前人没有走过的路。

"乱云飞渡仍从容""无限风光在险峰"。为绘制人类基因组图谱、破解生命密码而于 1999 年 9 月 9 日诞生的华大，从一开始就瞄准了生命科学前沿，迎难而上，从不退缩，在生命科学领域不断拓展人类认知的新边界。

追求卓越，追求极限，华大始终在路上。有数字为证：从参与人类基因组计划、国际人类单体型图计划，到绘制第一个完整中国人基因组图谱、参与发起千人基因组计划，从国际宏基因组研究到万种鸟类基因组研究，从绘制全球首个非人灵长类动物全细胞图谱到全球迄今最完整的灵长类脑细胞图谱，深耕基因组学 20 多年。截至 2024 年 11 月，华大已在《科学》《自然》《细胞》《新英格兰医学杂志》及其系列期刊发表文章 642 篇，自然指数排名连续 9 年位居生物科学产业机构亚太区第一。

在华大各地办公室，都能看到一面极具特色的论文墙，展示了一部分发表在《科学》《自然》《细胞》《新英格兰医学杂志》等顶刊上的论文封面，极其丰富的生命物种图像、颇具巧思的封面设计、五彩斑斓的色彩，让人们纷纷驻足停留，听取介绍，提出问题，论文墙也往往成为来宾打卡纪念的地方。

而每一篇论文的背后，都是人类在认知"生命天书"征途上迈出的一小步。

究竟怎样看 2024 年的珠峰行动？怎么看对生命起源、意识起源等终极问题的挑战？华大人为什么要一次次"登峰探极"，不顾危险不断进军极端环境？……带着一系列问题，我们向华大的三类登峰者——自然登峰者、科研登峰者、基因技术应用道路上的登峰者，尤其是领军者汪老师（即华大集团联合创始人、董事长汪建）请教：

——一问：究竟应该怎么看华大人 2024 年第二次登顶珠峰，以及深海科考？

在到过马里亚纳海沟深潜的华大生命科学研究院院长徐讯看来，2024 年华大珠峰行动，与其说是登山，不如说是一次重大的珠峰科研工作："我们既是在攀登物理上的珠峰，同时也在攀登科学上的高峰。""解决人类基因组难题、解决疾病难题、探索生物多样性中的科学问题等一系列研究过程当中，其实都是在寻找和发现科学上的新知识，就像登山一样，一次一次地挑战极限，挑战人类认知的边界，拓宽我们的视野。所以也是另一个层次的攀登珠峰。"

在华大集团董办科研助理蒋晓森看来，汪老师是一个永不停息、一直在探索求极过程中的人。从他的日常工作也能看出来，他不会沉浸在一个已经相对成熟的行业，而总是不断地探索。生命科学范畴很大，汪老师也在这个圈子、领域里不断探索可能性和边界在哪儿。只有到别人不曾到过的地方，才能发现别人不曾有过的发现。

——二问：华大人究竟为什么挑战生命起源、意识起源等终极问题？

生命科学研究，要回到本源即生命起源问题上。

汪建说："2016 年我们测序工具自主了以后，就感觉如果不解决生命领域几个深层次问题，生命科学会不会进行不下去？""如果不从宇宙起源、地球起源、生命起源做起，我们很难回答生老病死、万物生长等根本问题。所以那个时候，我就觉得一个很重要的科研方向是探索生命起源。""这种前瞻性、探索性、无尽前沿性给我们带来了无穷的挑战、乐趣和潜在的发展方向，带来了无限的力量和无垠的前景。"

进入生命科学领域，这些终极问题是绕不开的。

徐讯认为，其实不仅仅是华大人，所有从事生命科学研究的人做的工作或多或少都是在回答这些终极问题。对于华大人来讲，进入了这个领域，就必然面临着这样的问题。但是我们不会因为山太高了，可能这一辈子都很难爬上峰顶就退缩。只要往前走一步，哪怕只是一小步，都是不断地在靠近山峰。所以面对这样重大的难题，像生命起源、意识起源、生命是什么等，我们都在不断地一小步一小步往前挪，也许速度会很慢，但是人类的步伐整体是在不断往前的。我们始终相信，我们终究会走到珠峰峰顶，也许不是我们自己到达，但是人类的科学认知最终能到那里。

——三问：华大人为什么要一次次“登峰探极”，不顾危险不断进军极端环境？

登峰探极带来的，不仅是对未知的认知。

汪建说：“前沿性探索中也有无穷的产业机会，光有乐趣有啥用？还得给同行的人带来可预见成果的未来啊，不能老飘浮在幻想之中、乐趣之中，还得给社会发展带来实实在在的东西，给年轻人带来实实在在的获得感。”

登峰探极，提供了非常好的观测窗口。

徐讯认为，探索极端环境当中生命的存在，和研究生命的起源、生命的演化有密切关系。所以，“四极”给我们提供了一个非常好的观测窗口，能够去研究生命的起源和适应性。以前都说万物生长靠太阳，但是我们发现在海平面以下 1 万多米的深渊，如此繁荣的生态系统，靠的是水和岩石。

——四问：向极端条件迈进，华大人甚至不惜拿自己当试验品，以身测试。华大人为什么非要拿自己当试验品，而且非要在珠峰峰顶做那么多测试？

不亲力亲为，就很难有那种直觉和热爱。

汪建说：“这种科研是很有意思的。在那种极端环境下，我们的身体适应情况、认知变化、视觉变化、听觉变化、脑电和脑磁变化等到底是怎样的，这在过去从来没有详细系统的记录和分析。所以，对于我们来说，这次科研既是前所未有的机会，也是前所未有的挑战。”“你如果不亲力亲为、亲身去感受，是很难有那种直觉和热爱的。”

——五问：华大人为什么非要创造纪录，甚至世界纪录？

源自一种初心和执念。

汪建："这是对科学的无尽前沿、无尽探索的一种初心和执念。我们一定要在科学上有所建树，而且我也相信，做科学的人能养活自己，也能够创造一个全新的产业。这是我跟别的科学家想法不一样的地方。"

源自一种追求——做前人想过但没做过的事情。

徐讯说："与其说我们要创造几项纪录，不如说这些东西是前人想过但没有做过的事情，我们现在把这些事情做到了。其实我们的初衷，就是要补全这些数据。"

——六问：华大人有怎样的底气"登峰探极"，让"高深可测"？

因为有了抵达的工具和能力。

汪建说："就是要有平台、有装置，能把我们带到深海深渊去，我们要能从深海深渊取得样本，把样本的数据'测'出来，这就是'高深可测'，下一步就是应用开发了，从科研到应用开发，要形成一个链条。"

因为生命都用同一套语言体系。

汪建说："这一套'语言'体系，从 4 个字母到 3 个密码子，从基因到蛋白质，这个语言的过程就完全确定下来……新冠病毒也好，SARS 病毒也好，都是靠这套语言体系，它是一套生命共用的语言，所以研究这个语言我们有着前所未有的优势和准确性，几乎所有生命都用 3 个密码子组成的通用语言，生命只有一个编码体系。"

因为我们有了"解码"生命的底层工具。

汪建说："从基因组学、细胞组学、时空组学，探索的工具我们基本有了，而且是全世界唯一一家把所有工具都能在一个地方制造出来的机构，那我们为什么不延展到探索，为什么不扩展到应用？""只有这样，才能发现更多全新的、有自主知识产权、有理论创新的知识体系，更能指导我们在应用开发上作出新贡献来。关键的关键，是我们有了自主开发的工具，通量、成本、质量基本可控，这些东西原来是我们不可控的，原来我们是买别人的'枪'打自己家林子里面的'鸟'，现在我们扛自家的'枪'打天下的'鸟'，做对人类有意义的事情。""有了（生命科学底层）工具，就可以更加深入地进行科学探讨，有了科学探讨的进步，有了新的科学原理的发现和创立，就可以带动和衍生出新的产业方向。通过这种学习和实践过程，大量的人才又成长起来了。"

华大生命科学研究院生物技术副研究员、华大集团"四极"生命研究项目负责人孟亮说，登峰探极就是不断探索极限，攀登一座座科研高峰。当把一些科学问题解释清楚之后，我们就会看到很多应用场景。说高深可测，也是因为我们有底气、能力，把地球上所有的物种都进行数字化解读，去理解它们的生态、功能。

在珠峰大本营坚持进行仪器设备测试的智造售后系统工程师向芙江说，"高深莫测"改为"高深可测"，改得非常合理，万物都需要定量，定量就很符合华大智造这样做工具的公司。通过仪器设备把万物"读"出来，那就达到了可测的目的。

——七问：华大人在生命科学的"峰顶"看到了什么？

看到了通往解读所有生命蓝图的"那条路已经打通"。

汪建说："从 20 世纪末到 21 世纪初实施的人类基因组计划，让解读所有生命的蓝图成为可能，尽管现在解读的还是一小点，可能还不到生命的百万亿分之一，但是那条路已经打通，你可以看得见，从最重要的生命生老病死过程，再逐步延伸到万物生长。""当我们生活条件更好一点，收入更多一点，生老病死和万物生长的很多问题都能解决的时候，我们就去进一步追溯生命起源问题，从生命起源来回答生命的延长等问题。所以它是一环扣一环的，不是一个简单的测序。而且今天工具的进步、计算的进步、智能化过程的快速进步，从生物信息学到人工智能、深层次的生物智能，科学以前所未有的速度在进步。"

"看"到了地球之外。

汪建的目光，已经超出地球："我们是唯一的人类，地球是唯一的生命体。地球之外究竟还有没有生命？地球以外，还有没有超级智能的生命？这些都是大家探索的问题，也是人类认知必须突破的问题。从远未认知到超越人类知识边界的探索，是一个必需的过程。”

——八问：登峰探极，高深可测，生命亦可测吗？

习近平总书记曾经深刻指出：“深海蕴藏着地球上远未认知和开发的宝藏，但要得到这些宝藏，就必须在深海进入、深海探测、深海开发方面掌握关键技术。”

汪建说，2021 年我们参加第二次马里亚纳海沟深潜，去那儿看一看。就是从那一次开始我们进入深海，进入“高深可测”阶段。要有平台、有装置，能把我们带到深海深渊去，我们要能从深海深渊取得样本，把样本的数据“测”出来，这就是“高深可测”，下一步就是应用开发了，从科研到应用开发，要形成一个链条。

生命可测，一个重要体现就是冲刺生命起源研究。

汪建说：“深海探测以后，最重要的就是关于生命起源的研究，也是科学探索。这个研究和探索过程，给人们带来很多的问题和启发，比如，海底氢气是怎么产生的？甲烷是怎么产生的？硫化氢起了什么作用？生命的‘神仙汤’怎么来的？生命到底是从深海起源，还是从浅海起源，或者说从哪儿起源的？这些科学问题，都值得我们去逐步探索。”

在青岛华大基因研究院院长范广益看来，从珠峰到马里亚纳海沟，一方面是它们的高度和深度是可以测量的，另一方面是我们可以测序。不仅仅是微生物，人类到了这些极端环境之后有不同的生理生化指标，也是可以测的。珠峰科研交流会邀请了不同领域的科学家来交流，有做生物的，有做地质的，也有做物理化学的，可以看出这个“高”和“深”的可测，是一项综合的、系统的研究。华大有一个项目叫“地球生物基因组计划”（EBP），就是地球上所有已知的生命，只要它是有核酸的，我们都可以测，以此来更全面地了解地球生命的起源、物种间的关系和演化规律。

在孟亮看来，“登峰探极，高深可测”这个口号，他非常有感触，因为“做科研的，职责就是攀登科学高峰，要不断征服一座座摆在面前的科学高峰”。追求极限是突破自己的极限，也是突破工具的极限。高深可测是美好愿景，希望不论样品是来自什么样的生态环境，不论多高、多深，都能通过工具的升级优化去解决这些难题。

——九问：2024 年是中国参与人类基因组计划 25 周年，25 年中，生命科学领域发生了哪些翻天覆地的变化？

范广益认为，从参与人类基因组计划到今天，最明显的变化是测序成本大幅下降了，大众的认知度也有所提升了，现在大家都知道基因组是什么。相信再过 5 到 10 年，个人基因组、人人基因组的普及程度会更高。而一旦实现大规模普及，再结合人工智能、大数据模型算法，将为人类的发育、衰老、疾病研究乃至精准医疗、精准防控等带来极大的飞跃。

在动物基因组学研究领域有多年研究经验的华大生命科学研究院项目负责人周程冉认为，生命科学领域发生了非常多的变化，他最关注以下三点：基因组学的飞速发展、基因编辑的突破、精准医学的兴起。从人类基因组计划的完成到如今的千人基因组项目，基因组学技术不断进步，测序速度更快、成本更低，推动了大规模基因组数据的积累和应用。这些变化不仅推动了科学的进步，也为人类健康和社会福祉带来了巨大的贡献。

华大集团董办科研助理蒋晓森认为，最大的变化是工具迭代的速度非常快，这 10 年已经发生了翻天覆地的变化。毕业时学的很多技术都已经被淘汰了，所以持续学习很重要，在生命科学行业，没有任何一项技术能管你一辈子。在生命科学领域，要做对社会有价值的东西，底层设备平台很重要。很多发现在小的实验室里其实是可以验证的，但想推广到社会，成本、标准化的能力如果最开始没做好构想，其实会变得非常困难，因为成本不可控。

…………

三、“非常执着，有理想，不按常规办事。就是这样一批人，才能创造历史”

这究竟是一群怎样的“登峰者”？

10 年前科技部副部长徐冠华不假思索的一段评价很直率，也很形象：“他们参加 1% 人类基因组计划，很快又找到科委，说没钱了，当时我很恼火……我们之间的友谊是从最初的‘恼火’状态打出来的。以后这么多年的事实证明：这些人非常执着，有理想，不按常规办事。就是这样一批人，才能创造历史，推动科学向前发展，在科学上才有很大的创造力。”

“非常执着，有理想，不按常规办事。就是这样一批人，才能创造历史，推动科学向前发展，在科学上才有很大的创造力。”——这 46 个字，既形象概括了“登峰者”的系列品质——非常执着，有理想，不按常规办事；也概括了“登峰者”产生的影响——创造历史，推动科学向前发展，在科学上才有很大的创造力。可谓经典！

2014 年至今，又 10 多年过去了，作为登峰者，华大人又创造了怎样的历史？

掐指一算，还真不少：

——10 多年来，华大人实现了“读”“写”“存”工具全贯穿，自主可控：全球最高通量测序仪发布一年多，仍然无人破纪录；由华大自主创新研发的 20 余台全国产化高通量基因合成仪不仅实现自主可控，而且迈向产业化，可实现年合成通量超百亿碱基，已升级至第五代，在关键性能指标如错误率、合成载量方面达到国际领先水平；联合北大研制出便携式 DNA 数据存储系统。

——时空组学技术和设备全球领先，被誉为“超广角百亿像素生命照相机”（1 平方厘米芯片上 4 亿个探针，分辨率 500 纳米），自发聚集形成国际时空组学联盟（由 37 个国家和地区、300 多个科学家团队组成）。

——和其他科学家合作全世界第一个人工合成真核生物部分染色体，

后来又合成这个真核生物的全部染色体。

——细胞组学上，将体细胞诱导回受精卵第三天 8 细胞状态。

——继生命中心法则后，华大率先提出"时空法则""熵变法则"，把人类对生命的认知不断带向新的高度。

…………

华大人在科研上不断攀登、登峰。徐讯说："我觉得跟登山一样，当你看到了山顶在那儿，中间过程不管道路多崎岖，你终究是要登上顶的。过程是曲折的，他们登山过程当中不断地上去再下来训练，一次一次不断地冲顶。科研也是不断地试错，不断调整方案，不断地往前走，然后再修正，最终到达目标。"

还有一种"登峰"，是在基因技术的不断研发和应用、产业化中实现的。

无创产前检测（利用基因技术对血、尿、便中提取的 DNA 进行检测），可以避免唐氏综合征、遗传性耳聋、地中海贫血等多种严重遗传缺陷，还可以进行肠癌基因筛查，早筛早查早预防，包括进行慢病防控、传感染疾病防控，实现精准用药。

赵立见说："从创始人成立华大之初，我们就参与了全球生命科学领域最重要的一个科学工程。今天，我们在基础研究、核心工具和全面的医学应用这三大方向上，也都要追求极限，登顶最高峰。""未来，希望能够做到'人人服务'，希望基因技术可以深入到每个社区、每个家庭、每个人。"

蒋晓森认为，科学研究的最终目的是应用，得用起来，而且要越用越便宜，越用越普惠。

…………

向前、向上、向善，华大人不仅勇攀自然高峰，还一直在科学路上勇攀高峰。

生命科学无尽的前沿，须无尽攀登，在这条攀登之路上，华大人只是努力“登峰”队伍中的一员。

2024 年，是中国参与人类基因组计划第 25 年，也是习近平总书记于 2016 年 5 月在全国科技创新大会、两院院士大会、中国科协第九次全国代表大会上将“人类基因组测序”作为 23 项成就、基础科学突破、工程技术成果明确列出，阐释这些成就、突破和成果“为我国成为一个有世界影响的大国奠定了重要基础”第 8 年。

2024 年 9 月 9 日，是华大集团 25 岁生日，也是现代遗传学奠基人孟德尔逝世 140 周年、华大为主代表中国参与人类基因组计划 25 周年、基因技术在中国医疗领域合法化应用 10 周年。

在这个特殊的、具有纪念意义的年份，2024 年 4 月到 5 月，华大登山队第二次登顶珠穆朗玛峰，汪老师刷新中国登顶珠峰最年长者纪录，还创造世界首次从珠峰峰顶传回超声、脑电数据的纪录。

上珠峰，下深海。7 月底，华大队伍又奔赴南海，联合上海交大、中国科学院深海所等，聚焦水下 1000 多米的南海海底冷泉生命现象进行观察、取样，持续进行研究，并就有关测序设备进行测试。

——在攀登和科研过程中，您遇到最大的挑战是什么？是如何克服的？

——如果说有一种“登峰精神”，在您看来，这种精神的内核是什么？

——不是珠峰，就是深渊，背后最大的推动力来自哪里？在您看来，华大创始人究竟有着怎样的理想或梦想？这种理想和梦想，会不会太“高远”？

——对于科考行动采集的科研数据，后续即将开展的工作有哪些？

——能否讲讲自己与深海、深渊研究的缘分？您下过多少次深海？

…………

以华大人再上高原、又下深海为由头，作为公传部门，我们设计了近 70 个问题，推出了“登峰者”系列人物深度访谈，聚焦两次科研行动，聚焦“四极”科研，结合个人成长史、华大25年历史、共和国75年历史、生命科学史，讲述背后鲜为人知的攀登故事、科研故事，讲述不断挑战自我、突破极限、勇当第一的故事，分享探索生命奥秘过程中的艰辛、喜悦与感悟，进一步讨论华大精神、华大之路，探讨世界观、人生观、价值观、生命观，及时记录珍贵历史、留下宝贵资料。

这些直接面对面的回答，夹杂着一些口头语，原汁原味，非常朴素地反映了受访者的所思所想、所作所为，是经得起时间推敲、时光洗涤，且富有价值的。

于是，我们再次组织起来，梳理、核对、微调每一个访谈录，于是有了这本《高深可测 生命可测：华大“登峰者”深度访谈录》。

期盼这些凝聚了“登峰精神”的华大人，被更多人看见、肯定和欣赏。

作为一种新的理念，期待“登峰精神”能引起人们的深思，为其注入更多活的灵魂，共同用行动来诠释、用理念去阐释。

2021年5月28日，习近平总书记在中国科学院第二十次院士大会、中国工程院第十五次院士大会、中国科协第十次全国代表大会上发表重要讲话指出：“科技立则民族立，科技强则国家强。加强基础研究是科技自立自强的必然要求，是我们从未知到已知、从不确定性到确定性的必然选择。要加快制定基础研究十年行动方案。基础研究要勇于探索、突出原创，推进对宇宙演化、意识本质、物质结构、生命起源等的探索和发现，拓展认识自然的边界，开辟新的认知疆域。基础研究更要应用牵引、突破瓶颈，从经济社会发展和国家安全面临的实际问题中凝练科学问题，弄通‘卡脖子’技术的基础理论和技术原理。”

拓展认识自然的边界，开辟新的认知疆域——包括华大科学家在内，中国科学家一直走在路上，并且联合起来在意识本质、生命起源等终极问题上发起尝试和冲刺。我们自主掌握了生命“读”“写”“存”工具，为探索未知提供了无限可能。

2024年5月，汪建还精心设计、广为号召，在珠峰脚下举行了一场极其特殊的“高深可测·三四极贯穿科研交流会”，脑科学、病理学、多组学、极端环境等领域的一些科学家赶到现场参加，还有一些科学家团队在线上参加。交流会的主题是“登峰探极，高深可测”，寥寥8个字，不仅道出了我们这群同样向极端环境进军、不断攀登科研新高峰的科研工作者的心声，更表明了足够的底气、志气和豪气。

6月，在全国科技大会、国家科学技术奖励大会、两院院士大会上，习近平总书记指出：“当前，新一轮科技革命和产业变革深入发展。科学研究向极宏观拓展、向极微观深入、向极端条件迈进、向极综合交叉发力，不断突破人类认知边界。技术创新进入前所未有的密集活跃期，人工智能、量子技术、生物技术等前沿技术集中涌现，引发链式变革。”

作为一群联合进军科学前沿、尝试不断突破人类认知边界的科学家，华大的实践，某种程度上和习近平总书记说的“四极”是一致的。

四、新的“高峰”在前

5年前——2020年，麦肯锡全球研究院发布报告《生物革命：创新改变了经济、社会和人们的生活》，详细研究了生物科学进步带来的实际应用，以及对经济和社会发展的影响。报告指出，“生物革命”的新时代已经来临，这是个充满机遇和不确定性的时代。通过400个案例分析，报告总结了未来生物创新的4个关键领域：生物分子（Biomolecules）、生物系统（Biosystems）、生物机器界面（Biomachine interfaces）和生物计算（Biocomputing）；提出了在未来短期（2020—2030年）、中期（2030—2040年）和长期（2040—2050年）可能的创新应用方向。报告指出，有人类第一张全序列图谱在手，生物医学科学的一些全新领域就被打开了……未来10—20年，预计这些应用可能对全球每年产生2万亿—4万亿美元的直接经济影响。人类健康和性能方面，从研究到应用都有清晰的管线，减轻全球疾病总负担的1%—3%，大致相当于消除肺癌、乳腺癌和前列腺癌的全球疾病负担。但是未来超过一半的直接影响可能来自健康以外，主要包括农业和消费品等。随着技术创新及充分应用，未来或将解决全球疾病总负担的 45%。这不啻是一座新的高峰、一座"基因科技造福人类"的高峰，期待华大人和全球科学界、医疗界、精准公共卫生界的人们共同去攀登。

2000 年，我和毛磊共同主编的《你还是你吗？——人类基因组报告》后记中写道：人类基因组计划是人类历史上最伟大的科学创举之一，犹如生命科学领域的珠穆朗玛峰，雄伟巍峨，风光无限，自然也强烈地吸引着我们的目光，更何况在跃上这座生命科学巅峰的进程中，中国科学家作出了唯一而又独特的贡献，镌刻下了中国人的名字。

"在一个企业竞争加剧和地缘政治议程威胁全球合作的时代，我们必须更加努力，使精准医疗成为全人类普遍的礼物——对后代来说，是可用和可及的。"25 年后，2024 年 9 月 11 日，由中国科学家发起，中国、希腊、马来西亚、英国、比利时、土耳其、美国、新加坡等 14 个国家的科学家在 *Cell Research* 期刊上以社论方式联合发表了题为《献给人类 1% 的礼物：人类基因组计划二期》的文章，倡议启动人类基因组计划二期（HGP2），提出了新的 1% 构想，树起了一座新的高峰。

这个倡议的初步目标，涵盖数据生成、精准干预和临床转化三个方面：

——数据生成目标包括：测序全球超过 1% 的人口的基因组，实现最大的遗传代表性（来自 100 多个国家的 8000 万人）；为人类泛基因组项目贡献来自 20 多个国家的 5 万个端粒到端粒（T2T）二倍体完整参考基因组，并扩大泛参考基因组以覆盖大多数人群多样性；定义将多组学整合到精准医疗的标准和方法，以及创建来自不同人群的大型多组学队列，总计超过全球人口的 0.1%，并收集他们的多组学数据。

——精准干预目标包括：定义携带者筛查、偶然发现、显性疾病、罕见疾病诊断和药物基因组学的最佳实践报告和干预措施；在 HGP2 范围内对所有测序的基因组实施临床可行的报告和干预，以及实施标准化的健康经济学研究，纳入 HGP2 范围内测序的所有基因组，量化基因组引导干预的成本效益。

——临床转化目标包括：编目 HGP2 测序的基因组中的所有遗传和多组学变异；阐明所有编目遗传和多组学变异的临床相关性，以及将基因组和多组学发现嵌入标准临床实践和精准公共卫生。

“我们希望这一提议能激发杰出的国家计划很快围绕 HGP2 的原则组织和合作。HGP2 当然不会停留在全球人口的 1%；在实现前 1% 的目标时，我们相信 HGP2 将启动一个向全球精准公共卫生永久性转变的范式。这将为其余的人类打开大门，让他们利用自己的基因组来过上更健康、更长久的生活，实现 HGP 最初的愿景。”

科学家们联合倡议的底气，来自一些令人鼓舞的事实和趋势：

——随着基因组测序成本开始低于 100 美元，个人基因组正迅速变得广泛可及。

——随着多组学技术的进步，研究人员正在从全基因组关联研究转向多组学关联研究。

——随着数据科学和人工智能在生命科学中找到更好的应用，数字化模拟复杂的人类生物学机制变得更容易，遗传疾病筛查计划的数量和注册人数增加，健康经济效益的证据正在积累。

——随着精准医疗在更多国家成为国家优先事项，更多的政府预算正在被编制，政策正在被制定，以支持其开展精准医疗方向更深入的探索。

“精准医疗对全球人口健康跨度的影响迄今为止仍然微不足道。事实上，实施全球精准公共卫生是一项前所未有的事业。它需要公平的大规模参与，纳入大型多组学数据集以扩大精准医疗的有效性，共识性的健康经济激励和最佳实践，以及负责任的 ELSI 监督。”

高深可测，让生命更可测。

全球精准公共卫生是一项前所未有的事业——新的攀登目标已经确

定，亟待全球范围内政界、科学界、企业界、国际组织和广泛社会力量的广泛合作、相向而行——因为这座山峰，就是生命本身，就是人类本身！哪怕一路上将有无数挑战：经济挑战、组织挑战、基础设施挑战、科学以及伦理挑战、法律挑战和社会影响挑战……

明知有挑战，偏向挑战行！

期待《高深可测 生命可测：华大“登峰者”深度访谈录》被更多的人看见，期待基因技术作为底层技术、华大这支特殊队伍被更多人看见，更期待从党和政府到社会各界都能看见人人基因组时代的势不可当、势在必然，用双手拥抱这个革命性时代的到来……

目　录

第一部分　领军者说

第二部分　登珠峰者说

第三部分　科研登峰者说

第一部分

领军者说

为什么有些人具有非凡创造力？这里所说的创新者，不是那些因一个好创意名震一时的人，也不是那些抓住一次千载难逢的机遇而大获成功的人，而是那些一次又一次改变游戏规则的创新者：这些人终其一生都在提出并追求震惊世人的创意，对既有的假设提出挑战，完成在别人看来根本不可能完成的事情。

——《奇才：连续突破性创新者的创意启示录》，[美]梅利莎·席林

宇宙浩瀚，生命也浩瀚

——汪建访谈录

华大集团董事长、联合创始人。1954年生于湖南沅陵。1968年响应“我们也有两只手，不在城市里吃闲饭”的号召下乡插队。1979年毕业于湖南医学院（现中南大学湘雅医学院）医疗系，1986年获北京中医学院（现北京中医药大学）中西医结合学科病理专业硕士学位。1988年至1994年，先后在美国得克萨斯大学、爱荷华大学、华盛顿大学从事博士后研究。

1991年主导成立西雅图华人生物医学协会，策划将“国际人类基因组计划”引回国内。1994年回国创建吉比爱生物技术（北京）有限公司，积极推动人类基因组计划的实施。1999年为承接人类基因组计划的中国部分，主导创建华大基因。2003年至2007年任中国科学院基因组研究所副所长。2007 年南下深圳，创建深圳华大基因研究院（现华大生命科学研究院）以及之后的科研、教育与产业体系。

20 多年来痴心不改，坚信基因科技必将造福人类，带领华大走出了独特的"三发三带"联动发展模式：坚持科学发现、技术发明与产业发展联动，带动学科建设、人才培养、产业应用。

从承担"国际人类基因组计划"1% 任务、"国际人类单体型图计划"10% 任务，到独立完成"亚洲人基因组图谱"100% 任务，再到完成"国际千人基因组计划"亚洲部分，汪建领导华大从参与接轨到独立同步，再到引领支撑，这是一个蜕变和进化的过程。华大建立了世界一流的基因科技基础和应用研究体系，负责运营世界最大规模的深圳国家基因库，实现了收购美国 CG（Complete Genomics）公司及基因测序仪器智造体系国产化的战略目标。

华大已经成长为世界基因领域的先锋队、中国的主力队和国家战略力量，旗下的上市公司已成为行业领军企业。作为这支队伍的领军者和掌舵人，汪建带领团队创立了完整的"基因读写存"科技体系，立志将中国出生缺陷防控、癌症防控、传感染病防控推向世界领先水平并造福人类。

导言　在“吃饱了撑着”的时候，要学会宽容，学会保持奋斗精神

这是中国登山史、珠峰科考史上值得纪念的一天——2024年5月21日，70岁的汪建时隔14年再次带领华大登山队登顶珠峰。

这一次，不仅汪建个人刷新了中国登顶珠峰最年长者纪录，华大登山队也传回了全球首份来自珠峰顶的超声图和脑电数据。

回忆这次登顶珠峰的过程，汪建说：“那几天的艰难、挣扎、拼搏，还是蛮有意思的，忘不掉。”

极度寒冷、常年大风、极其缺氧——海拔8848.86米的珠峰峰顶，含氧量只有平原地区的1/3到1/4。既然如此艰难，为何一定要去？

“我觉得能够上，海拔7000、8000、8800米还是有很多科研项目，我得从头做到尾。”“如果不亲力亲为、亲身去感受，是很难有那种直觉和热爱的。”在汪建看来，这次珠峰科研计划，是一个很好的科研课题，很值得去做。一路上会有很多地质变化、生物变化，有很多新的发现。

而且，在那种极端环境下，人的身体适应情况、认知变化、视觉变化、听觉变化、脑电和脑磁变化等到底是怎样的，这在过去从来没有详细、系统的记录和分析，既是前所未有的机会，也是前所未有的挑战。

对于为什么一定要冒险在珠峰顶拿下几项纪录，他直言，个人的中国最年长者登顶珠峰纪录并没有什么意义，他更在乎的是科研数据。他曾说，如果我们今天不冒这个险，下次人类得到这个数据不知道还要多少年。这是对科学无尽前沿的无尽探索，也是一种初心和

执念。

其实，不只是珠峰，华大人一直以来都对高原情有独钟。不仅在西藏开展了棘球蚴病检测、出生缺陷防控民生项目，还完成青稞、牦牛、藏羚羊基因组研究，以及藏汉基因组比较研究等。

汪建坦言，在高原，心灵打开了，心胸也开阔了，可以非常放松，而且缺氧的时候思想更加放飞，也经常会有重大项目出现在脑子里，蛮有意思的。

20 多年前，汪建希望中国能够参与人类基因组计划，但面临诸多争议。他单人单车去到了拉萨，到了珠峰大本营，有很多感触；再继续往尼泊尔走的时候，从冰天雪地到了热带雨林，整个人一下子就开阔了。

当时他就决定，一定要把 1% 的人类基因组计划做下来，有争议没关系，可以走出一条新的路子来。

不是珠峰，就是深渊。汪建还曾去过南极、北极科考，在科学的道路上，他探索求极的脚步从未停歇。当被问到下一步还想去哪儿的时候，汪建说：“南极、北极的下面，想要看那些浮游生物是从哪儿来的。温度那么低，又是极地，为什么可以有那么丰富的海洋生物多样性？”

他还特别提出，想做一个“四极”贯穿的项目。不是几个极点，而是从北极到南极，从珠峰到深海，把地球全部贯穿起来。他认为，这是一个全方位、全周期的探索，我们的工具已经足够支撑完成这项研究。

对于科学与产业的关系，汪建相信，科学就是产业，一流的科学一定是一流的产业。现在只是大家人为地把科学和产业分开了。就像登山一样，科学探索和科学登山是紧密连接的，科学探索和产业发展也是紧密连接的。

而对于下一代年轻的科学家们，汪建希望他们能够胸怀大志向、胸怀大目标、胸怀天下，在“吃饱了撑着”的时候，要学会宽容，学会保持奋斗精神，有正确的三观。

580米，走了8个多小时：就是感觉喘不过气来，心脏负荷很大、腿脚发软

问：您再次登顶珠峰那天是2024年5月21日，现在一晃40多天过去了，对您来说，那一幕还会萦绕心中吗？

汪建：是的。那几天的艰难、挣扎、拼搏，还是蛮有意思的，忘不掉。特别是**最后冲顶那一天，爬升580米，却走了8个多小时。粗算起来，大约是一分钟一米的挪动速度。**那种情况下，就是感觉喘不过气来，心脏负荷很大、腿脚发软，能量也不太够，缺氧、疲劳、力竭。

珠峰南坡登顶，稍微会快一点

问：14年前从南坡登顶的时候是这样的情况吗？

汪建：从南坡登顶的时候年轻一些，所以也猛一点，稍微会快一点，但也快不了多少，大概快百分之十几。

很多科研项目，我得从头做到尾

问：明知那么难，为什么这次还要去登珠峰？

汪建：我觉得能够上，海拔7000、8000、8800米还是有很多科研项目，我得从头做到尾。这一路上有很多地质变化、生物变化，有很多新的发现，加上人体的高原适应性的研究，就变得很有意思了。

最主要的目的，是想取得更多的科研数据

问：您在结束攀登后的交流会上，第一句话说“登山是假，科研是

真"，为何这么说？

汪建：这次登珠峰最主要的目的是想取得更多的科研数据。50 年了，登山一直是一个热点，但从来没有人很系统地做过一个关于身体对高原、低氧、低压、高辐射的反应的研究，我觉得这是一个很好的科研课题，很值得去做。

从冰天雪地到热带雨林，整个人一下就开阔了

问：您最早是怎么和登山这项运动结缘的？是从小就喜欢登山吗？

汪建：没有。是 2003 年的时候，非典（SARS）过后，正好遇到了国家登山队跟王石他们一帮人在北京训练，跟他们搞到一块儿了。那时候我们还在中国科学院，遗传所里面的发展和课题也有一些争议，所以我就干脆一边登山一边在拉萨建一个高原医学实验室。也因此跟西藏自治区人民医院、西藏高原医学研究所合作，大概在 2005、2006 年的时候，把急性高原反应的死亡率几乎降为零了。当时在那里参加他们的急诊抢救，还是蛮有收获和体会的。原来我自己去高原，第一站就是奔医院，因为高原反应很严重，剧烈地头疼，楼梯都上不去，想呕吐，所以只能奔医院。

另外，1999 年，我们想在国内启动人类基因组计划，但面临很多争议，大家都不同意，所以那年春节的时候我就单人单车跑到了拉萨。那个时候布达拉宫的顶上还能上，看了以后有很多感触；又到珠峰大本营，有了更多的感触；再往尼泊尔走，过边境的时候，一下就从零下 20 摄氏度的地方到了可以穿短袖、短裤的地方，郁郁葱葱，从冰天雪地到热带雨林，整个人一下就开阔了。有争议没关系，我们可以走出一条新的路子来。所以当时就决定，一定要把 1% 的人类基因组计划项目做下来。如果大家有争议的话，我们自己成立一个新型机构也得做。所以回来就成立了华大基因，下定决心要干。

活得很精彩，但也感到危机四伏

问：和珠峰的缘分就这样开始了，后来呢？

汪建：2010 年，我从南坡登了一次珠峰，当时跟李洪海（纪录片制作人、一起登珠峰的山友）有一个在珠峰营地坟场的对话。当时有一些比较大的设想，也有一些很郁闷的事情，特别在坟场，其实就是一个个小石头堆，有的在石头上刻几个字，有的把金属牌挂在那里，刻上某某在珠峰上失踪了，生于什么地方，哪个国家的，还是蛮悲壮的。

那时候就想，华大为人类基因组计划而生，叫作“生得伟大”。从1% 的人类基因组计划到水稻、家蚕、SARS、印度洋海啸，到后来的第一个亚洲人基因组计划、人类单体型图计划、千人基因组计划，叫作“活得精彩”。

2010 年是我们最辉煌的时候，也是风险最大的时候。当时，我们贷巨款买了那么多测序设备，还款压力很重，就拼命地去开拓市场，去做全球合作。但是仪器维修、试剂耗材都捏在美国供应商的手里，债务是在银行手里，所以有各种风险，也很难。当时就想，如果万一活不下去了，叫“死得光荣”。

2010 年前后，我们给全球的生物数据贡献量占到了 50%，活得很精彩，但也感到危机四伏，因为当时这些债务问题，以及科研领域有争议，所以很难得到足够的支持，风险还是很大的，已经做好“光荣牺牲”的准备了。

不敢说能解答生命起源问题，但是至少有很多猜想、假说

问：是什么时候开始想要再登一次珠峰的？

汪建：在 2019 年的时候，就想是不是再上一次珠峰。新冠疫情期间，我们又去了一趟珠峰大本营，我就坚定了登顶珠峰从南、北坡各来一次的想法。这次就想把科研项目安排得足一点，大概是这么一个想法，促成了

再爬一次。

在陆地上，生态变化从上到下，越来越丰富，海洋从下到上，也是物种、生物量越来越丰富。研究物种起源和生态相关性，这是一个很好的场所。所以从高到低、从低到高，形成一个前所未有的互补。因为越往上走，辐射越来越强，气压越来越低，氧气越来越少；越往下走，压力越来越高，温度越来越低，一片黑暗。能量是守恒的，地球表面的能量主要来源应该就是太阳能，是核聚变，而一万米的深渊，能量的来源一定是地球能，一定是核裂变。

那么生命起源到底靠不靠太阳？到底是从海洋下面开始的，还是从陆地上面开始的？地球表面能找到哪些证据？我们现在不敢说能解答生命起源问题，但是至少有很多猜想、假说。另外，我们对物种起源、生命演化，肯定可以拿出很多有意思的数据和结论来。

如果不亲力亲为、亲身去感受，是很难有那种直觉和热爱的

问：为什么非要拿自己当试验品，而且非要在珠峰峰顶做那么多测试？

汪建：这种科研是很有意思的。在那种极端环境下，我们的身体适应情况、认知变化、视觉变化、听觉变化、脑电和脑磁变化等到底是怎样的，这在过去从来没有详细、系统的记录和分析。所以，对于我们来说，这次科研既是前所未有的机会，也是前所未有的挑战。

你如果不亲力亲为、亲身去感受，是很难有那种直觉和热爱的。登山这件事，精神需求是其次的，采样和亲身体验才是主要的。登山是假，也是真。没有登山，科考和科研也实现不了，三者是三环联动。

我们带了超过 1000 万元的设备过去

问：像我们这种全副武装的登山科考队，不多吧？

汪建：我们携带了那么多仪器过去，几百万元的测序仪，几百万元的

眼科系统，还有超声系统等，加起来肯定超过1000万元了，而且都是聚焦于生命的装备。

国家第一次、第二次、第三次珠峰科考，更多是关注环境、地球物理、地球化学，围绕着山、气、冰川、微生物等，也作一些人体的研究，但不是主要任务。而我们是围绕着生命的，我们是一群从医学院和生科院毕业的人。我相信我们之间是可以取长补短、互为补充的。

一流的科学一定是一流的产业

问：有人观察您很多年，说您本质上还是个科学家，您这么认为吗？

汪建：是的。因为我前半生都是在科研领域、技术领域。我相信，一流的科学一定是一流的产业。科学就是产业，最前沿的科学一定是最前沿的产业。现在是人为地把科学和产业分开了。

比如，我们现在做的大规模人群的系统性科研，它的成果就是产业，过程就是产业，不需要转化。我们对人类自身的探索、对生命未知的探索，还不如我们对宇宙的探索、对地球的探索。这是一个科学和产业无法分离的过程。就像登山一样，我们登了半天，发现科学探索、科学研究和科学登山是紧密连接的。科学探索和产业发展也是紧密连接的。

宇宙浩瀚，生命也浩瀚

问：宇宙是浩瀚的，生命也是浩瀚的吗？

汪建：当然是浩瀚的。从极宏观的角度来看，全球80亿人，人人都不一样，这是不是浩瀚的？而我们的时空组学技术又是极微观的。

在宇宙爆炸的时候，能量物质是怎么形成核聚变的，怎么形成暗物质的？地球是怎么形成的？地球上的生命又是怎么形成的？其中有没有通用的规律？我们希望能联合全球科技界，共同回答这些问题。

对科学无尽前沿的无尽探索是我的初心和执念

问：这次珠峰科研计划，不仅我们华大登山队全员成功登顶，您个人也刷新了登顶珠峰的中国最长者纪录，为什么非要创造几项世界纪录？

汪建：登珠峰是我对科学的无尽前沿进行无尽探索的初心和执念的践行。我们一定要在科学上有所建树，而且我也相信，做科学的人自己能养活自己，也能够创造一个全新的产业。这是我跟别的科学家想法不一样的地方。当然，没有党和政府的支持，我们不可能走到今天。但是我们自己的努力和奋斗，是一个内在的动力，也是一个最主要的因素。

7000 米以上的那 4 天，我是处于半饥饿、低血糖的状态

问：所以这次是希望创造以前没有过的纪录？

汪建：人类总是踩在前人的肩膀上往上走的，我们又不是石头缝里蹦出来的，一步步接力，前赴后继，这是一个顺应发展的必然。至于登山，个人这个 70 岁的纪录没有意义。

实际上我这次攀登之前已经充分总结了经验，但还是有一个没有顾及的地方，就是吃的问题。我做了充分的准备，在日喀则的时候，买了10多种方便食品，试了之后挑了几种觉得很好吃的。结果到海拔 7000 米以上，吃不进去，吃了就想吐。所以 7000 米以上的那 4 天，我是处于半饥饿、低血糖的状态。最后发现什么东西最好吃呢？还是方便面。方便面我可以强行咽下去，米饭那些食品都咽不下去。

当时我特别想念米粉，如果能有三四两米粉，一天的热量就够了。我后来就是靠能量棒和葡萄糖维持热量，那个感觉太难受了。吃那些东西，能量补充很快，吃完以后一两分钟就觉得不饿了，也有能量了，但走个十几分钟就又没力气了，又要吃那玩意儿，实在太难吃了。后来我在包的角落里翻出了几块老家的酥糖，含在嘴里，最后冲顶那一天，前面的那段才能爬上去，要不然就爬不上去了。

实际上还是要有糖，要有蛋白，要有一点口感硬的东西，肠道有一个吸收的过程。能量棒是跑马拉松用的，能够帮你维持30多公里。但我那是一天6到10个小时，只靠能量棒是不管用的。

希望通过一点点的行动来证明，我们做人做事是言而有信的

问：这一次跟14年前相比，体力有没有差别？

汪建：2010年那次是很勇猛地往上爬，但也正是因为这样，下来以后躺了好几天。而这次速度慢一些，但我在下撤到珠峰大本营之后，当天就跟他们一起做了五六个小时的各种检测，一直干到晚上12点多。70岁的老人，连续玩命了八九天，6天登山、3天下撤，其中有一天是重合的，也就是有8天没怎么停歇，下来之后就又开始了高强度的工作。

下撤后的第二天，在我们主办的“高深可测·三四极贯穿科研交流会”上，我还发言了，头脑和思路也完全没有乱。当时，我讲了两段话。第一段话，主题是“言而有信”。我们希望通过一点点的行动来证明，我们做人做事是言而有信的，无论是科研还是产业。

从人类基因组计划，到水稻基因组计划、第一个亚洲人基因组计划等，回过头来看华大这20多年的发展，当时的承诺基本实现了。而且，在科学技术上，我们实现了工具的自主，时空组学技术也有了很大的突破；在产业上，以无创产前基因检测为例，我们已经为超过1600万名孕妇提供无创产前基因检测服务，河北省已经开展了多年的全覆盖检测。

第二段话，是讲我们前所未有地将“四个面向”融会贯通到一起了。希望大家相信我们，在未来几年里，我们一定能够在“三四极”研究上做出成果来，也邀请大家共同来探讨如何助力“第三极”“第四极”科研的贯穿式探索。

无氧测量需要做4分钟，我只做了2分钟就被向导按回去吸氧了

问：这次珠峰攀登，原先计划在珠峰峰顶做的事情，都做了吗？

汪建：没有，我是无氧测量没有做完。在珠峰顶我摘了口罩，但无氧测量需要做 4 分钟，我只做了 2 分钟就被向导按回去吸氧了。不过我在海拔 8300 米的时候做了无氧测量，吕钟霖和马啸也做了。但是有点小遗憾是没有做超声心动。他们不让我做，把我当作大熊猫保护起来了。

在峰顶大概待了半个多小时

问：第一次登顶珠峰的时候，有没有这样？

汪建：那次 15 分钟就往下撤了，因为天气没那么好。这次万里无云，一点风都没有，暖暖和和的，在雪地阳光反射下，我感觉的温度是可以不戴手套，在峰顶大概待了半个多小时。

问：珠峰顶的氧气含量大概只有海平面的不到 1/3 左右，那个时候如果不吸氧的话，人是什么感觉？

汪建：28.8%。那时兴奋地想着科研项目，哪管得着那些。

问：这次珠峰行动以后，我们预计会有什么样的产出？

汪建：在生态、考古、生命演化、高原生理学、高原多组学、高原眼科、高原脑科学等很多方面都会有高质量的产出。目前已经有很多有影响力的期刊来约稿了。

大家保留了 30%、40% 的体力

问：这次整个珠峰的行动当中，没有生死时刻吧？

汪建：我们华大登山队没有，最后大家保留了 30%、40% 的体力，才能从峰顶撤下来。

女队员两个脚指甲盖都没了

问：这次珠峰行动里，有没有令您印象特别深刻的队员？

汪建：旦增旺姆。她很多东西都是现学的，比如那些纯医学的东西，她就是从网上查以及跟医生现学，然后拿自己做实验。

还有刘欢欢，她是革命的“牦牛”，苦活、杂活，从头干到尾。下来的那天，她两个脚指甲盖都没了。回到大本营的那天晚上，我是12点钟睡觉的，她干到了凌晨三四点。

有一天，特别感人，就是我们早上起来要去拉练，9点钟出发，她和旺姆是7点钟起来，把检查用的材料都准备好，然后就测量一大堆，抽血抽到9点钟，我们赶紧吃点东西就走了。

欢欢要把采集的血做离心处理，她一个人干了5个多小时，到下午快3点才出发。但是有要求，我们必须从海拔6000米上到7000米，在那适应了，才有资格最后冲刺珠峰顶，那是最后一次拉练，这是铁规矩。

其实我都没到那儿，我大概到了6900米，他们觉得我状态非常好，就让我下来了。下到6700米的时候，就看到冰川上走来两个人，走得很快，我想一定是欢欢，所以我们就走到6666米的地方，坐那儿等她。

大概两公里的距离，她40分钟就走过来了，如果是我肯定要走一个小时的。我就跟那个队长求情，说你看她工作这么长时间了，是不是再上100米，从6666米上到6766米就行了，那个队长就笑。

我说欢欢你上吧，上到6766米，她就噌噌噌上去了。要不然按当时的规定，要是不上到7000米，那她前面30多天的训练就白搭了。我们冰川还没走完，她就已经下来又追上我们了。

还有厉延琳，喘得不得了，还是坚持上山。还有马啸，所有事情他都照顾到，满脑子就是产业怎么搞。还有周千龙，高山摄影师，也是很敬业的。还有其他几个加入我们的华大登山队的队员，赵志华、吕钟霖、余国明等。

华大人喜欢登山的背后：挑战自我

问：这支队伍真的不容易。我想再请问一下，现在华大已经有10个人登顶珠峰了，还有若干人登上雪山，为什么这么多华大人喜欢登山？这背后是什么？

汪建：还是挑战自我。华大有这个氛围，也好玩。你到外面去登山，没有队伍，不安全，我们形成了自己的队伍，大家互相照顾。

在我眼里，到处都是机会，到处都是挑战

问：华大登山队是一支极其特殊的登山队，我想特殊之处就在于始终坚持科研。这么多年来，华大人对青藏高原、珠峰一直情有独钟，"钟"的是什么？

汪建：在高原，心灵打开了，心胸也开阔了，可以非常放松，而且在缺氧的时候会有很多"胡思乱想"，思想更加放飞，也经常会有重大项目出现在脑子里，蛮有意思的。

过去这些年，在西藏，我们不仅做了棘球蚴病检测、出生缺陷防控，还有青稞、牦牛、藏羚羊基因组研究，以及藏汉基因组比较研究等，这些科研成果都是可以载入史册的。在我眼里，到处都是机会，到处都是挑战。

国内登山第一城：一种文化现象，一种精神现象

问：深圳也有六七十人次登顶珠峰了，是国内登山第一城，在您看来，为什么会这样？其中相当一部分是华大人，您觉得是深圳这座城市的基因注入了华大，还是华大的基因注入了深圳这座城市？

汪建：深圳对于我们在生命科学领域的发展而言，是一个转折点，起到了一个划时代的作用。但是真正的探险和创新，在社会层面上是有相关性的。一个社会的创新精神，跟它的社会探险的数量是有比例关系的。实际上它是一种文化现象，是一种精神现象。

2007 年，我们号召大家来深圳的时候，北京很多人说，我到渔村去干吗？那时候深圳才 5000 亿元的 GDP，北京那时候一万多亿元了。但是有一群人，不管他们向往什么，他们来了。这个冒险精神和"闯"字，跟深圳是契合的。深圳的文化不一样，精神状态不一样，创新也不一样。我

们华大敢跑来跑去，敢做人类基因组计划，从来都是一个“闯”字。

但也不能说我们影响了深圳，最早是王石、曹峻他们。曹峻是北大山鹰社的，他在20世纪90年代就登过好多山。还有张良那一帮人。我们登完了以后，郁亮他们又是一拨人，又带动了一大拨，现在年轻人就很多了。

说过的事情一定要做到，心中想到的事情也一定要做到

问：您觉得登峰和普通的登山有什么区别？

汪建：我20世纪70年代、80年代出去，但凡要在一个城市住几天，就要游一下那边的河，登顶周边最高的峰。刚开始是一个强制性的，也是一个很难受的事情，慢慢地就变成一个自觉的事情，然后就变成一个良好的习惯了。我说过的事情一定要做到，我心中想到的事情也一定要做到，不管它有什么艰难困苦，我都要做到。

登山可以目的性弱一点，登峰的目的性是非常强的，始终要求要下决心把这个峰登下来，不能半途而废，慢慢就磨炼成了一个坚强的意志了。现在董办的小家伙们，我都要求他们磨炼自己，要有这种意志力。

深渊之行“当然值”

问：现在回头看，我们几年前那次深渊之行是值得的吗？

汪建：当然值。不仅有这么多科学发现，还结识了这么多朋友。目前，我们已经有几篇文章通过了顶级学术期刊的二审了。

温度那么低，又是极地，为什么有那么丰富的海洋生物多样性

问：不是珠峰，就是深海，就是深渊，地球上最高的地方、最深的地方都去过，您下一步想去哪儿？

汪建：南极、北极的下面，想要看那些浮游生物是从哪儿来的。温度那么低，又是极地，为什么可以有那么丰富的海洋生物多样性？

另外，我们想做一个"四极"贯穿的项目，不仅是几个极点，而是从北极到南极，从珠峰到深海，把地球全贯穿起来。这是一个全方位、全周期的探索，不要理解成四个极点，而应该是"四极"贯穿。我们的工具足够支撑我们完成这项研究。

做了一些南、北极动物和苔藓的组学研究

问：目前，在"四极"找矿中，我们在南、北极方面的科学研究，主要是做的南、北极动物吗？

汪建：对，做的是动物那一块。磷虾、企鹅、北极熊等，也做了一些苔藓的组学研究。前几天我们还有人去了一趟格陵兰群岛。韩默从珠峰大本营下来，就直接奔格陵兰岛去采集土壤微生物等样本了。动物样本方面目前是跟国外机构合作。

沿着大目标前进，坚持四个"贯穿"

问：后辈的科研人员，包括华大人，我想他们也都是攀登路上的登峰者，您对他们有什么样的要求和期盼？

汪建：要求就是必须沿着这个大目标前进，继续"产学研"贯穿，继续"生活染"贯穿，继续"四极"贯穿，继续"四个面向"贯穿。

胸怀大志向、胸怀大目标、胸怀天下，学会宽容，学会保持奋斗精神

问：我提个小建议，华大科学家，尤其是下一代科学家，要像领导者一样培养他，可能还是要像您这样心怀天下。

汪建：心怀天下也是慢慢来的。要能快速成长起来，胸怀更大，这都是期望。有的人成，有的不成。首先他得衣食不愁，最好还要真正尽快进入不追求奢华的财务自由状态。

你要追求奢华的话，财务永远不可能自由。我能够自由，是因为我不

追求奢华，我花不了几个钱。

所以要让他们胸怀大志向、胸怀大目标、胸怀天下，在“吃饱了撑着”的时候，要学会宽容，学会保持奋斗精神，有正确的三观。

我们星球上所有的生命都相互关联，而读出 DNA 里达到字母排列就能揭示出它们是如何关联的。通过比较 DNA 序列，我们能统计和计算出我们和任何生物的亲缘关系，从猴子到有袋类再到爬行类、两栖类、鱼类、昆虫、甲壳、蠕虫、植物、原生动物、细菌——随便哪个都行。

——《生命的跃升：40 亿年演化史上的十大发明》，[英] 尼克 · 莱恩

无尽前沿，带来无穷挑战、无限乐趣、无垠前景

——汪建访谈录

导言　在"异想天开"中，拓展人类认知边界

尽管海浪很大，还是两次乘坐深潜器到1000多米深的南海海底执行取样、观察任务，而且是白天、晚上各一次；

尽管晕船，还是坚持参加每天船上的科研交流会，而且不断思考，不断提出新问题、新构想；

…………

这，就是汪建，华大集团董事长、联合创始人，很多人又叫他"老汪"或者"汪老师"。

一辈子，老汪都喜欢挑战，从年轻时学了西医又学中医，到后来回国创办诊断试剂企业，开创性地研发出国产艾滋病诊断试剂、梅毒诊断试剂，再到后来挑战人类基因组计划这看似高不可攀的大科学工程；从应对非典时千方百计找到患者样本、研制出快速诊断试剂，到"不发国难财"捐赠30万人份试剂，到国家开发银行贷款买下美国测序仪企业几乎一年的产能，把自己武装成全球最大测序工厂，再到后来被"卡脖子"，实在没办法了，才毅然走了购买、消化吸收再创新的道路，许多看似异想天开甚至"疯狂"之举，老汪不仅带领团队挑战，而且成功了。

南海之旅，"探索二号"科考船上，两次面对面的深度访谈，更让人见识到了一个喜欢挑战的老汪。

——对海洋感兴趣，是在2016年华大实现测序工具自主以后。汪建当时"就在想生命领域几个深层次问题如果不解决，生命科学会不会进行不下去"，特别是那时候，也就是2016年科学家探测到了引力波的存在；2017年前后人类捕获到了来自双中子星并合的引力波。他说："如果不从宇宙起源、地球起源、生命起源做起，我们很

难回答生老病死、万物生长等根本问题。所以那个时候，我就觉得一个很重要的科研方向是探索生命起源。”

——汪建说：“生命起源和长达几十亿年的演化过程，是随着整个地球的变化、气候的变化、环境的变化而逐步演化过来的，中间最重要的一环就是海。在好多好多年前，陆地上什么都没有，地球最早是个火球、冰球，后来才变成一个水球。火球持续了好多年，然后才有海底的生物爬上来，形成植物、动物，才有今天绿色的地球，这是一个谁都否认不了的事实。”

——实现深海探测以后，最重要的就是关于生命起源的研究。汪建说：“这个研究和探索过程，给人们带来很多的问题和启发，比如，海底氢气是怎么产生的？甲烷是怎么产生的？硫化氢起了什么作用？生命的‘神仙汤’怎么来的？生命到底是从深海起源，还是从浅海起源，或者说是从哪儿起源的？这些科学问题，都值得我们去逐步探索。”

——他的思绪，已经飞出了地球：“我们是唯一的人类，地球是唯一的生命体。地球之外究竟还有没有生命？地球以外，还有没有超级智能的生命？这些都是大家探索的目标，也是人类认知必须突破的必然。从远未认知到超越人类知识边界的探索，是一个必需的过程。”

“正是这种前瞻性、探索性、无尽的前沿性给我们带来了无穷的挑战、乐趣和潜在的发展方向，带来了无限的力量和无垠的前景。”这一段话一语中的，理解了这段话，才能对永动机似的不断追求新事物、探索新疆域的老汪有更好的理解和认知。

汪建不仅从前瞻探索中感受到了动力和兴趣。他说：“我也是非常现实的，前沿性探索中也有无穷的产业机会，光有乐趣有啥用？还得给同行的人带来可预见成果的未来啊，不能老飘浮在幻想之中、乐趣之中，还得给社会发展带来实实在在的东西，给年轻人带来实实在在的获得感。"

敢于挑战，是有底气的。

汪建说："关键的关键，是我们有了自主开发的工具，通量、成本、质量基本可控，这些东西原来我们是不可控的，因为原来我们是买别人的'枪'打自己家林子里面的'鸟'，现在我们扛自家的'枪'打天下的'鸟'，做对人类有意义的事情。"

谈及基因技术的发展，汪建说："现在典型的矛盾就是缺少应用场景，缺乏相应的支持。明明投入产出比这么好，比新能源还要好……光有先进的科学技术，没有一个先进的、开放的环境，怎么搞得成？"

10多年前，当老汪憧憬"天下无唐"（唐氏综合征）、"天下无聋"（遗传性耳聋）、"天下无贫"（地中海贫血）时，多少人视作不可思议，今天，伴随一系列地方的实践，这些梦想正一步步变成现实。

昨天的异想天开，到今天往往成了理所当然。历史前进的车轮不可阻挡，科技革命和产业变革的浪潮滚滚而至。

无论是攀登生命科学新的未知前沿，还是利用基因技术造福人类，面对新的挑战，人们期待在华大的引领下，基因技术这样的前沿技术早日变成普惠技术，早日惠及人人。

第一次访谈时间：2024年7月20日

地点："探索二号"科考船

2017年与深海结缘："这些科学问题，都值得我们去逐步探索"

问：您是研究生命科学的，什么时候开始对深海产生兴趣，或者结缘的？

汪建：对海洋感兴趣，是在 2016 年我们测序工具自主了以后，就在想如果不解决生命领域几个深层次问题，生命科学会不会进行不下去。在深圳国家基因库 5 楼，有一块 20 多米长、占据整整一面墙的大黑板，上面写满了当初的总体思考和路线图，当时提出了一系列理念，包括农业经济、工业经济、信息经济、生命经济 4 个时代的划分，包括大目标、大工具、大产业、大民生，现在过了 8 年了，当时的认识到现在还基本是对的，基本判断没有变化。

特别是那时候——2016 年，科学家探测到了引力波的存在；2017 年前后，人类捕获到了来自双中子星并合的引力波（通过引力波可以直接观测到黑洞以及占据宇宙质量 95.1% 的暗物质和暗能量，这次双子星碰撞发生在距离地球 1.3 亿光年的深空，碰撞产生了约 300 个地球质量的黄金，还产生了铂、汞、铀等大量重金属，产生强烈的伽马射线暴，达到 2 万亿摄氏度高温）。如果不从宇宙起源、地球起源、生命起源做起，我们很难回答生老病死、万物生长等根本问题。所以那个时候，我就觉得一个很重要的科研方向是探索生命起源。

生命起源和长达几十亿年的演化过程，是随着整个地球的变化、气候的变化、环境的变化而逐步演化过来的，中间最重要的一环就是海。在好多好多年前，陆地上什么都没有，地球最早是个火球、冰球，后来才变成一个水球。火球持续了好多年，然后才有海底的生物爬上来，形成植物、动物，才有今天绿色的地球，这是一个谁都否认不了的事实，这是第一个。

第二个，就是当年的徐冠华部长觉得深海很有意思，他在两件事情上鼓励我们，让我记忆犹新。一个是 2013 年的时候，他把我们介绍给脑科学首席科学家蒲慕明老师，我当时提出要从疾病入手做脑科学，要从结构开始来做脑科学。那是徐部长做“973 计划”总顾问的一个时期。也就在那稍后一点、中国科学院深海所成立以后，他一直跟我说要到深海所来学习，要看一下。2017 年徐部长亲自陪我们来了位于三亚的深海所，介绍我们认识了丁抗所长，然后又把当时海南省省长沈晓明叫过来，一起讨论华大以什么方式、以什么样的贡献介入到深海这个科研领域里面来。

然后到了 2018 年、2019 年，丁所长几次带队到深圳去，我们也去了三亚。2020 年，记得那时候我们正在农场讨论一些问题，丁老师拿着手机说，我们的船下去了，俄罗斯人的无人驾驶潜器也下去了。所以，就约定 2021 年我们参加第二次马里亚纳海沟深潜，去那儿看一看。就是从那一次开始我们进入深海，进入"高深可测"阶段。正像习近平总书记 2016 年讲的那样，"深海蕴藏着地球上远未认知和开发的宝藏，但要得到这些宝藏，就必须在深海进入、深海探测、深海开发方面掌握关键技术"。下深渊后第二年（2022 年），我们打赢了一场官司，我们测序仪所用的催化酶其实也是从深海里面"找"出来的。

所有这些，都很有启发。就是要有平台、有装置，能把我们带到深海、深渊去，我们要能从深海、深渊取得样本，把样本的数据"测"出来，这就是"高深可测"，下一步就是应用开发了，从科研到应用开发，要形成一个链条。

深海探测以后，最重要的就是关于生命起源的研究，也是科学探索。这个研究和探索过程，给人们带来很多的思考和启发，比如，海底氢气是怎么产生的？甲烷是怎么产生的？硫化氢起了什么作用？生命的"神仙汤"怎么来的？生命到底是从深海起源，还是从浅海起源，或者说从哪儿起源的？这些科学问题，都值得我们去逐步探索。

在北极找到阔叶树化石：确实非常震撼

问：您从小在内地长大，在您眼中，海洋是一种什么样的存在？2021 年，您深入到大海迄今已知的最深处——马里亚纳海沟，又是什么样的感受？

汪建：在我眼里，海洋就是一个字：大。我曾经从阿根廷坐船到南极，去了波兰的南极科考站，在那里看到了生物的多样性、物种的多元化。后来，华大做了很多和极地有关的科研项目，比如南极磷虾、南极企鹅，还有很多极地哺乳类动物的组学研究，很有意思。刚开始就是好奇而已，走进去看一看，结果发现那是一个无穷无尽的宝库。为什么南极周边每年有 70 亿吨的磷虾？磷虾的食物链是怎么形成的？在南极，可以看到大鲸鱼、海狮、海象、海豹、企鹅，形成了一个完整的食物链，那么这个食物链的起源是什么？为什么有这么丰富的多样性？北极也一样，我去过 3 次，都进到北极圈里面了，和合作伙伴一起，去了俄罗斯、乌克兰共用的科考站、矿山等，特别是在北极斯瓦尔巴德群岛上，我们花了一天时间去有岩石的地方找阔叶树叶化石，我捡了几块，确实非常震撼。有阔叶林的地方一定是热带，寒带只有针叶林。所以盘古开天辟地以来地球整个变化如果不搞清楚，我们何以谈未来？

不知过去，怎知未来？看到这些变化，确实是印象极其深刻。那我们华大能做什么？随着华大的发展，运用基因组技术、多组学技术，我们不光能为上海交大从事生命起源研究的团队作贡献，也可以为更多从事生命研究的团队作贡献，比如从事光合作用研究的团队、从事神经细胞研究的团队、从事听觉细胞研究的团队等。

真正地追到科学的底层问题上去

问：某种程度上，它是生命的引擎？

汪建：对啊。然后你又得问，地球上氢气、甲烷是从哪里来的？氧气的来源讲得非常清楚，二氧化碳也讲清楚了，但更早的氢气是从哪里来的？一环扣一环，最后只有真正地追到科学的底层问题上去，搞清楚真正的底层逻辑和定性原理，才能回答生命的根本问题。

工具基本有了，为什么不延展到探索、扩展到应用

问：是什么让您有这样的底气或者足够的技术自信，尝试去讲清楚这

一切?

汪建：我不能说我能讲清楚。但是如果不去探索这些未知的领域，我们将永远跟在西方国家的后面亦步亦趋地发展。

对探索生命的基本现有成分来说，就是生物化学那些东西，从无机物到简单的有机物，再到高分子、可复制的分子，到原始的生命，到中心法则，到时空法则，一步一步推过来。现在从时空法则到中心法则，从基因组学、细胞组学、时空组学，探索的工具我们基本有了，而且是全世界唯一一家把所有工具都能在一个地方制造出来的机构，那我们为什么不延展到探索，为什么不扩展到应用?

为了更好地应用，很值得进行深入探索，只有这样，才能发现更多全新的、有自主知识产权、有理论创新的知识体系，更能指导我们在应用开发上作出新贡献来。关键的关键，是我们有了自主开发的工具，通量、成本、质量基本可控，这些东西原来我们是不可控的，原来我们是买别人的"枪"打自己家林子里面的"鸟"，现在我们扛自家的"枪"打天下的"鸟"，做对人类有意义的事情。

一环扣一环：技术发明支撑科学发现，也进一步拓展产业的发展

问：工具是指解读生命"天书"的基本语言，掌握了生命 A、T、C、G 4 个字母的解读方法?

汪建：不光是 A、T、C、G，还可以再往下走，化学、生物化学的，然后再到中心法则、多组学的，一个个过来。最早的工业革命以后，最先兴起的是物理、化学、工业，到了 20 世纪中期以后，DNA 的双螺旋结构被发现，生命的基本构成就搞清楚了。生命的信息传导过程叫中心法则，从 DNA、RNA、蛋白质、小分子，然后形成一个膜，形成一个完整的生命个体。从 20 世纪末到 21 世纪初实施的人类基因组计划，让解读所有生命的蓝图成为可能，尽管现在解读的还是一小点，可能还不到生命的百万亿分之一，但是那条路已经打通，你可以看得见，从最重要的生命生老病

死过程，再逐步延伸到万物生长。

当我们生活条件更好一点，收入更多一点，生老病死和万物生长的很多问题都能解决的时候，我们就去进一步追溯生命起源问题，从生命起源来回答生命的延长等问题。所以它是一环扣一环的，不是一个简单的测序。而且今天工具的进步、计算的进步、智能化过程的快速进步，从生物信息学到人工智能、深层次的生物智能，科学以前所未有的速度在进步。正是这些技术发明支撑着科学发现，也进一步延伸和拓展了产业的发展，所以我们反复提“三发”，是技术的领先性支撑了科学发展，又进一步支撑技术发展、产业发展，这是一个互相促进、相互依托的关系。

超越人类知识边界的探索，是一个必需的过程

问：是不是能这么理解，不管是现实中的生物多样性，还是生命历史的演化，都可以在我们这个工具平台上，通过超大规模的数据化来加以认知和驱动。其实在您眼里，不管是什么物种，都是可以数字化的，是吧？

汪建：我们是在分子层面、组学层面上逐步开始实现数字化。延伸下去还有很多，比如分子下面的元素、无机的元素上，还有物理、化学的相互关系，还有很多不知道。现在这幅生命蓝图正在逐步展现，就像原来航海时拿一个罗盘、指南针，就在海上开始航行起来，500 年了。

现在，我们可以从飞机上看海洋是什么样的，从卫星上、从地球的外层空间轨道上、离地球 400 公里以外的地方看地球，甚至从更遥远的地方，把地球看成一粒沙粒。通过这种宏观和微观的结合，我们为什么不能解决生命的问题？哥本哈根会议后，人类就进入大科学时代、大装置时代，我们可以从航空航天，从哈勃、韦伯望远镜看“外面”，也可以看“里面”，我们的“天眼”可以探测到多少光年以外的宇宙波、电磁波变化，对撞机、中微子探测可以在离子、量子、粒子层面上，在极其微观的层面上来看宇宙、地球的兴衰，看生命和宇宙、地球的关系。

我们是唯一的人类，地球是目前已知唯一存在生命的天体。地球之外

究竟还有没有生命？地球以外，还有没有超级智能的生命？这些都是大家探索的目标，也是人类认知必须突破的必然。从远未认知到超越人类知识边界的探索，是一个必需的过程。

前瞻性、探索性、前沿性带来挑战、乐趣和潜在发展方向

问：能从这个层面理解生命的人，现在多不多？

汪建：越来越多了。希望华大有更多的人能认识到这一块，这虽然跟我们现实生活中每一天的日常工作、认知有一定距离，但正是这种前瞻性、探索性、无尽前沿性给我们带来了无穷的挑战、乐趣和潜在的发展方向，带来了无限的力量和无垠的前景。

前沿性探索中也有无穷的产业机会

问：所以您从中感受到了无穷的动力和兴趣？

汪建：我也是非常现实的，前沿性探索中也有无穷的产业机会，光有乐趣有啥用？还得给同行的人带来可预见成果的未来啊，不能老飘浮在幻想之中、乐趣之中，还得给社会发展带来实实在在的东西，给年轻人带来实实在在的获得感。

问：用通俗的话说，就是既要顶天，也要立地？

汪建：对。

生命只有一个编码体系，共用一套"语言"

问：对宇宙之谜、生命之谜的不断探索，把您一步步吸引到深海来，向深海要答案，向海洋要答案。在研究生命起源的历史上，有一本书是这么说的："**一种新的语言，为历史的深度提供了如此的洞察力。直到不久之前，生命历史研究大概还有两条'大道'：化石和基因。论及探索生命的过往，两者都十分有利，但也各有瑕疵。比较基因序列的细节，使我们得以建立起谱系树，它能精准表达我们和其他有机体如何相关。**"向您请

教，基因这种“语言”究竟能起到什么样的作用？

汪建：这种“语言”是一种生命的语言，就是 A、T、C、G 四种碱基，构成了所有生命体的基本蓝图，就像 0101 构成信息经济的基础一样，A、T、C、G 构成了整个生命体的基本准则，所有生命都是这 4 个字母的排列组合，还有 3 个密码子构成了基因往蛋白质转化的规则。

这一套“语言”体系，从 4 个字母到 3 个密码子，从基因到蛋白质，这个语言的过程就完全确定下来，这套语言现在都不一样，但生命从病毒到细菌到最高等的生物、人类，是一样的，对吧？新冠病毒也好，SARS 病毒也好，都是靠这套“语言”体系，它是一套生命共用的“语言”体系，所以研究这套“语言”体系我们有着前所未有的优势和准确性，几乎所有生命都是用 3 个密码子组成的通用“语言”，生命只有一个编码体系。现在发现只有一个小物种，也就是鞭毛虫有一点不一样。

这套生命“语言”体系，我觉得是化石不可比拟的。当然化石确实有它的优势，比如我现在找到一个螺，或者其他什么生物化石，通过三维扫描、3D 打印重现，拿着化石，在丛林、高山、大海中找到同样的东西，是不是可以认为这种东西就是一个活化石？

四种碱基、三个密码子，确定了生命的共同语言——“四三语言”

问：那这种“语言”，就叫“生命的语言”？

汪建：没有人敢说哪一件事情能“一统”江湖，但是四种碱基、三个密码子，确实确定了生命的共同语言，你还找不出什么东西来辩驳。所以化石和基因的重要性还是不一样的，至少我看是不一样。因为化石就是两个要素，一是三维形态和碳 -14 等标识的形成时间，二是要找很多化石来证明这个相关性。

但是“4 × 3”的这种“生命语言”，干脆我们编个词，叫“四三语言”吧，确定了 20 种氨基酸的排列，你把这个读透了就行了，生命的基本构成就是那样。

一个个“解剖”这些问题，就变成很有意思的事情

问：从这个角度讲，生命真的是太神奇了。

汪建：但是很遗憾，A、T、C、G 不是我们发现的，3 个密码子跟我们中国人也没有多大关系，20 个氨基酸那一块，我们试图作出一点贡献，胰岛素那一块，最后变成个很遗憾的事情。

问：对生命之谜的无穷兴趣，把整个华大一步一步引向深海。想请您说一下，这个航次和您 2021 年参加的马里亚纳海沟那个航次有什么关系？这次的主要目的是什么？

汪建：原来那次马里亚纳海沟之行，还带有很多的遐想，因为不知道深海深渊是什么。当时我最深潜水也就是在澳大利亚大堡礁和中国三亚，深度充其量就是 20 米吧。黑暗的中间是什么，不知道。当时还有些虚荣心，搞一个深海，可以显摆显摆。但是到深海里面取到样本的过程确实非常震撼。事后总结，我们给世界新发现了 6.9% 的新细菌、24% 的新病毒，可供药物开发、工业酶开发的东西，就不得了了。一次性科考的数据成果，比欧盟支持的、法国人为主的联合国教科文组织项目十几年获得的数据还要多，非常有意思。

这次来深海科考，目的性就更强一点。丁抗老师反复讲，生命起源过程中，氧气的生成非常清楚，那么氢气是怎么来的？氢气、甲烷等生成过程中，能够产生哪些物质，从而构成了生命起源最原始的必要元素、必要分子？我们一个个“解剖”这些问题，就变成很有意思的事情。所以我们来看看浅海（其实 1000 多米也叫深海）。另外一个，非常重要的研究课题，就是氢气的生成，氢是从哪里来的？是水和岩石反应形成的高温，水在自然条件下水解成为氢气和氧，还是有生物学的转化过程？大家不知道。所以说，氢的来源和生成是一个探索性的课题。

还有光合作用的产生问题。叶绿体整合到细胞里面去的过程，也是一

个很值得探索的命题。然后如何形成一个体系？海底的地壳运动，比如冷泉、热泉、火山、板块碰撞等产生的后果是什么？其实是地球内部能量的释放，导致形成了一个新的生态圈。昨天晚上深海所有人讲到过去中海油在海马冷泉区域勘探油气，打了一个洞下去就没管了，几年过去以后，他们找到洞口，发现形成新的生态体系、新的食物链，这就很有意思了。地球深部的能量物质、营养物质往外输送，形成了全新的生态体系。这正是我们需要的新的水产发展方向，能不能用这种模式来替代利用土地、肥料和光合作用产生的淀粉、蛋白质、碳水化合物来养鱼？能不能把地球能释放出来，把地球深部的营养元素释放出来，再利用表面的太阳能来形成海洋生态、海洋水产发展的新模式？

这次我来的真正目的，是要帮助人类摆脱对土地的依赖。百分之七十几的地球表面是水，为什么要用那一点点陆地上的东西来反馈海洋呢？陆地对地球能力的利用已经非常有限了，它基本上是靠太阳能，靠的是核聚变。在地球的内部还有这么多的核裂变、这么多的能量，每次的火山爆发、大地震，都是地球深部能量的释放造成的。

不能老盯着地球上 30% 的陆地

问：所以这次我们直奔海底冷泉，既要研究生命起源之谜，也要解决有可能向现实生产力转化的问题？

汪建：当然，最主要是要往现实生产力转化。我们要进行产业创新，既要有理论创新，也要有生产力的创新。

问：除了纯粹的科学研究外，我们还要研究工具的适用性、可能性？

汪建：当然了。我们是从这些科学道理中来找出新的产业发展方向。新的产业发展需要什么样的工具、需要什么样的系统、需要什么样的工程，我们得一步步来。

问：那这次我们要检验哪些工具？

汪建：还是得取样。要有化学、物理、生物化学、生物学上的检验。

问：测序仪本身，也要进行检验？

汪建：那是生物学的东西，一点问题都没有。我们现在更看重的是生态系统和化学系统的东西。

问：中海油海底勘探留下来的洞的周围会有什么？呈现在物理上会是什么样的东西？

汪建：不知道啊，得下深海去看呀、抓呀、探测啊。高深可测，一定要测，你哪推理得出来？在地壳上打一个洞，那个地方就变成一个丰饶的水产基地，至少周边有一个全新的生态系统了，到现在还没有过这种现象，这就是值得我们观测的。所以不能老盯着地球上 30% 的陆地，按照现在的海洋法，我们还有几百万平方公里的海洋没开发，无论是搞开发还是搞研究，有的是地方。

给年轻人更好的前景，让他们做更多的大事情

问：为什么要选择即将去的这片海域？

汪建：因为那里是一个海底冷泉集中区。热泉现在最主要分布在大洋中脊和西印度洋，去那里还不太方便，对我们来说太遥远，这次时间上、经费上都是最好的、最佳的，时间短，能够迅速到达地点，水又不深，可以迅速取得样本。

问：您是 5 月 21 日登顶珠峰，才上珠峰，又下深海，究竟是什么让您对极端环境如此着迷？除了您前面说的生命之谜、宇宙之谜的吸引力外，是不是还有一些东西在吸引您？

汪建：就是响应习近平总书记提出的向"四极"进军——科学研究向极宏观拓展、向极微观深入、向极端条件迈进、向极综合交叉发力，不断突破人类认知边界。

问：您就是想彪炳史册？

汪建：我对这个没兴趣。彪炳史册就那么回事，身后事，费那个劲干吗，对不对？我就寻思从深海里面捞点什么好东西出来，给年轻人更好的

前景，挖几个“大坑”，让他们做更多的大事情。

希望年青一代胸怀大志，面向未来

问：给华大这支队伍画几个“大饼”？

汪建：对，希望年青一代胸怀大志，面向未来。

问：《海底两万里》那本小说里，有一个生物学家、博物学家和他的仆人一起乘坐“鹦鹉螺”号周游海底，游历了世界上许多海洋，看到了无数罕见的海生动植物和水中的奇异景象。这部作品确实启发了很多人把对海洋的幻想焕发到了极致，也表现了人类对海洋的好奇心。您对海洋有着怎样的幻想？

汪建：我跟《海底两万里》里面的生物学家不一样。我们都有实实在在的东西。我在印尼附近的海洋里面倒腾过，在普吉岛潜水过，在巴拿马运河两头的太平洋、印度洋两岸潜水过，你看我身上的疤痕（指着右胳膊上一处印痕）还是在巴拿马附近海域潜水时被水母咬后留下的。我在南极、北极游过，在南非游过，在北极圈内的挪威也游过，这些地方我都有亲身体会。看《海底两万里》干吗？我比那位生物学家“走”得多得多，我还在南太平洋走了好几个国家，都亲身体会了，我还看以前科幻小说里的生物学家干吗？我比他经历得多得多。我不光去坐船，还一定要到水里感受一下，游泳远远不够，要深潜。

上珠峰、下深海“不是冒险”

问：上珠峰有一定的危险性，下深海更有一定的危险性。这种危险性，您原来有没有考虑过？

汪建：只要有人，我就不怕。

问：那不是冒险？

汪建：那不是冒险。我都算过，我这么“金贵”的人，怎么会去冒险呢？我是走在极少数人已经走过的路上，去我还没去过的地方。都有人去过，现在已经没给我留下机会去没人去过的地方，马里亚纳海沟也有人去过。

问：我看深海所的杂志上写的是截至目前中国已有五十几个人下潜到了海平面 7500 米以下，远比登顶珠峰的人少。

汪建：登珠峰也是这几年商业化以后人才多了，原来很少有人上去。深海要是现在开始商业化，再过几年，人数肯定是翻番地增长。珠峰也是翻番增长，但是珠峰容量有限。

要有技术创新，也要有科学理论的创新、产业创新

问：《海底两万里》这部小说还是综合了很多研究的，书里说，地下涌出的氢气在我们的星球上是罕见的礼物，通常来说，生命都不得不去寻找隐藏的氢来源。这些氢紧紧锁在其他原子中间，就像水或者硫化氢这样，要把氢从这些分子里面撕开，让它和二氧化碳结合，这需要能量，能量的终极来源是太阳的光合作用或者热泉世界的化学不平衡，只有在直接使用氢气时反应才会自发进行，尽管十分缓慢。所以您究竟怎么看？这实际上就是生命起源问题了，生命起源和氧这些元素的关系是什么？

汪建：是啊。特别是我们在海底取沉积物样本时，伴随的就是甲醛、氢气、硫化氢这几样东西，这几样是早期生命形成最关键的营养物质，形成水，释放电磁，就是能量传递过程，化学反应方程式都可以写出来，我们跟上海交大的专家正在搞这个事儿，叫逆中心法则：小分子是怎么形成蛋白质的？蛋白质是怎么形成 RNA 的？RNA 是怎么形成 DNA 的？然后 DNA 是怎么被膜包裹起来形成一个完整生命体的？那就是我说的食物链，生命起源一定是从下往上，食物链是从上往下，生命中心法则是从上往下的，DNA 的生命起源一定是从下往上的，叫逆中心法则。

既然有“逆中心法则”，从热力学来看，它从一个有序的受精卵变成一个人的过程，然后衰老的过程就变成无序了。那能不能“逆热力学方法”？所以我最近才提出“熵变”。最早是上海交大充满激情的肖湘教授

提出了“熵逆法则”，我们提出过“时空法则”，给它改一个字，叫“熵变法则”。我们一定要有技术创新，也要有科学理论的创新、产业创新。

我往前面跑，东西太多，太吸引我了

问：很好奇，您上次参加马里亚纳海沟深潜，历时多长时间？到那么深的海底，黑乎乎的，就三个人，那时候有没有压力？

汪建：没有压力。中国科学院深海所的同事们不是这样形容嘛——深潜就像上班下班一样，频率很高。要有平常心。

问：到海底看到生物或其他东西的时候，就兴奋起来，是吧？

汪建：对，当然兴奋。我们在海底看到好多东西，拍了好多东西。所以你们回去得找几个人总结出来。我为什么不太喜欢总结历史的东西？因为我往前面跑，东西太多，太吸引我了，所以创造历史的人不要去写，交给大家去写就是了。但是那种惊心动魄的东西，记忆力就很深刻。

自己去探索，写出自己的教科书来

问：请教一个严肃的问题，如果说一个国家对大洋的深潜探测能力是综合国力的体现，在您看来，“读”“写”“存”生命的能力，是否也能算国力的一部分？

汪建：当然了。你都不认知，瞎搞有什么用？不能老是去读白人的教科书，你要自己去探索，写出自己的教科书来，对吧？能读就能改写它。你要实在是读也搞不明白，写也写不了，先存起来，再说“读”“写”“存”。

我对科学发展规律的直觉、直感，还是非常准确和稳固的

问：这和一个国家的发展有着怎么样的关系？密切吗？

汪建：太密切了。生命的“读”“写”“存”，是生命的（3×2）的N次方。

第一个“3”，是“读”“写”“存”，是生命的三部曲、绘制生命蓝图的根本。第二个“3”，是“产”“学”“研”。要把年轻人教出来，要有产业来支撑“研”，所以我对每一个项目都是写个 3×2，然后大跨步、N 次方。比如 DNA，是“读”“写”“存”，中心法则、多组学也是“读”“写”“存”，时空组学也是“读”“写”“存”。但如果是横着讲，医学也是“读”“写”“存”，农业也是“读”“写”“存”，海洋也是“读”“写”“存”，都一样。分到不同的时间轴，我们的分子也是“读”“写”“存”，基因组学也是“读”“写”“存”，蛋白质组学也是“读”“写”“存”，代谢组学也是“读”“写”“存”。

这几天晚上，我睡不着的时候就爬起来，我写作很慢，键盘敲得也慢，但是想明白了，敲下来，就定格在那儿。就像我 2016 年“定格”在深圳国家基因库那面墙上，我原来一直要他们擦掉，后来我也不吭声了，8 年了，基本思路和大目标都没有变、没错，只是在增加新内容。

这说明我对科学发展规律的直觉还是非常准确和稳固的。没有今天说这个，明天说那个，然后东一榔头西一棒子，这种自成体系的认知过程是经得起时间检验的。就像我 1998 年还是 1997 年，在泰国一个旅馆里面住了 7 天，基本上一天下一次楼，在那里写基因组计划和未来发展规划。当时说做人类基因组，至少要 500 人、400 台机器，那个胆气也是全世界罕见的，才几个人，就敢想 10 亿元、100 亿元的事儿了。那时也是挺敢“想入非非”的，对不对？20 多年过去了，现在已经有实打实的 100 亿元收入，今后不得再加 2 个 0，做到万亿元吗？

有时候前瞻性的大胆预测很准

问：当年您说的几件事，都实现了。詹姆斯·沃森 18 年前在杭州的第一次国际基因组学大会上梦想的三条也都实现了。他评价当时中国的基因组学“非常不错”，但“还不是领导者”，希望中国成为 Number One，作为发展中国家，以自己的高效来激励其他国家投身基因组学和生命科学。沃森当时的希望，现在某种程度上也实现了。

汪建：他们是希望中国带动整个发展中国家的发展。当时他们还是高高在上，再过几年来到基因库，态度就变了。有一个诺贝尔奖获得者跟我谈了一段话——我还做了一张幻灯片——他说“我们都是在为你们打工”，他说：“我用你们中国人的仪器提出一个新的理论，又为你们的应用开辟了战场，我们就变成没用的人了。”

问：这位诺贝尔奖获得者来基因库，是咱们有了工具以后来的吧？是最近几年的事吧？

汪建：对。他不是想用我们的工具吗？2016 年，还是 2017 年的时候，我去找他，他在西雅图华盛顿大学下面一个机构工作。当时刚成立了国际细胞图谱联盟，是扎克伯格赞助的，那一年同时获得诺贝尔奖的一位科学家的夫人是那个联盟的领导，我们就请她介绍，去拜访这位诺贝尔奖得主，谁知并没有达到预期——她给获诺贝尔奖的科学家发了一个邮件，那个人就见了我一下，等于开了门，但不许拍照，不许录音，谈了大概不到一个小时就散了。后来我就跟徐讯讲，不要听他们的，我们不要看人脸色，我相信我们自己干，一定会干起来的。现在距离那时候，也就是八九年时间。

那时候我们已经有了测序仪器，正在做单细胞的工具。所以我有时候前瞻性的大胆预测很准的，是吧？我不敢说别人，我说我们自己定的目标都很准。

问：您总体的大的判断是非常对的。您能否预测一下，基因技术未来会以多快速度进入寻常百姓家，更快实现您说的人人基因组的 1%，也就是 8000 万人的目标？

汪建：技术上完全能实现这个目标，只是希望政府加大点支持力度。

问：实际上对国家来讲，如果把基因技术用起来，就是一举多得。

汪建：还是要多关注前沿科学，关注民生。那天我跟周其仁谈了六七个小时，他就讲两个字：认知。他们的任务就是研究如何让大家认知我们这一块，我们的任务就是研究如何把这个宣传出去。

极端条件下，生命是最顽固、最顽强的

问：您两次上过珠峰，然后又下到马里亚纳海沟。在您看来，海底和珠峰有什么异同？

汪建：最高峰到最低处，有个共性，那就是极端条件下生命是最顽固、最顽强的，极端环境下少数物种还能够生存，随着环境的变化，生物物种越来越丰富。越靠近海平面、靠近低海拔，生物就越来越丰富。所以珠峰和海底有很多共性的东西，如果找出这些共性的东西，为人类社会发展找出一些有用的东西来，就变成一个很有意思的事情。两者不同的地方是，海底是压力越来越高，珠峰是压力越来越低，珠峰是辐射量越来越大，海底是啥都看不见。

那么高压的情况下，有壳的东西都会被压成碎片，那些生命为什么没有被压成碎片

问：所以您能够把"三四极"贯穿起来。用什么贯穿？

汪建：对啊。4×3 啊，A、T、C、G 实际是怎么样的？那个 3 是怎么变的，2 是怎么变的，然后它形成的生命体。比如，在那么高压的情况下，有壳的东西都会被压成碎片，那些生命为什么没有被压成碎片？我搞了半天才搞明白，生命实际上是半透的，压力穿过去了。就像我们在地球上，地球表面面临的压力增加了多少倍，但是我们感觉不出来，地球那么快速转动，我们也感觉不出来，生命适应了，生命的整个生理机制，都以时间和速度作为你的极限。所以它完全不一样，太多有意思的事情了。

只要打开应用场景，我们就能实现这些目标

问：您预测我们什么时候能实现 1000 元人民币的多组学检测？什么时候基因技术真的能更广泛地进入寻常百姓家？我们的一系列工具，什么

时候能铺天盖地“铺”到六大洲去？

汪建：5 到 10 年肯定实现了。

问：这几个目标，都能实现？

汪建：对。但是我铺不出去，不广泛应用，有什么用？现在只要打开应用场景，我们就能实现这些目标。新冠检测从 200 元钱一个人降到 2 元钱，去掉两个 0，就是 3 年时间。

如果给我应用场景，我 3 年就能做到，对吧？现在没有场景，就没法弄，不敢做，做了之后卖不出去，超前技术有什么用？

问：华大内部有人预言，我们自主研发的高通量基因合成仪 5 到 10 年后就会实现规模化和商业化，这可能吗？

汪建：不好说。基因合成仪也得有人用，没有场景是没有用的，对吧？生产力和生产关系的创新是两件事，一个是科技工作者的生产力创新，一个是管理者的生产关系创新，我只有一个创新，我说能实现就能实现吗？

生命科学的发展前景，一定比前面讲的几种前沿技术的前景还要大

问：习近平总书记说，技术创新进入前所未有的密集活跃期，人工智能、量子技术、生物技术等前沿技术集中涌现，引发链式变革。您怎么看这种“链式变革”？这是一种怎样的链式，是不同学科之间产生关联吗？

汪建：是。我们本身就是链式变化，生命科学本身就是链式。现在的人，老是把生命科学在几个学科里往后放，生命科学的发展前景一定比前面讲的几种前沿技术的前景还要大，因为人命关天啊。

量子不就是计算能力和用电的问题吗？它没有基本工具，还是需要很长时间往前走的。人工智能领域，我们现在最要命的是没有硬件。大模型大数据都可以做，为什么医学没有一个人工智能成功？连大数据都没有，你怎么做？

美国人提出了30万亿美元的生物技术和生物制造市场目标，我们还把量子技术放前面。人家整个量子和人工智能都是企业干的，不需要政府管了——量子是IBM、谷歌那帮人干的，人工智能也是这帮人，硅谷都管起来了。你不想一想，生物技术现在处于大攻坚战阶段，美国都提出30万亿美元的量化目标啊。

我们跟别人最不一样的，就是大目标模式

问：想向您请教，华大25岁了，华大的特色文化是什么？是否也应该固化这些文化，建设一批载体？

汪建：我们跟别人最不一样的，就是大目标模式。谁都在提创新，我从来没提过创新文化，我们就是大目标导向，这个目标是围绕着全人类，也是从我做起的文化，因为有了"大"字，后面这一系列不一样的东西全出来了，大目标一定要大平台支撑，一定要有自主的东西支撑，一定要大团队合作。国家基因库7楼那面墙上的"图"画得清清楚楚，大目标、大资源、大平台、大合作、大科学、大产业、大团队、大数据……现在过了10多年了没变过，非常准。

实际上我自己写人类基因组计划项目书时常在想，"人类"两个字，是不是有点铁马冰河的感觉？还有比这更大的吗？没有，我们从人类基因组起家，大目标就没变过。

我第一次想"大"字，是什么时候？是1974年在乡下的时候，我想建一个水电站，又让我去采种，我想是不是能把全县都搞富裕了，然后自己跑了40多个公社，一家家地跑，借着采种、买种的机会，我想我能不能做点大事，然后就买了几本书，研究农村水电站怎么建设，还把公路修了。水库后来没修，也是遇到这样那样的问题，搞不定，但是公路修了，我们弄到了炸药、雷管，请大家帮忙修了一条8公里长的公路。

我上大学以后，第一件事情就是看附近几个村子里近亲结婚生下的那些智力障碍者，看这问题能不能解决。华大老朋友、深圳市原副市长唐杰

问我你怎么能这样思考问题？我说我吃饱撑的。他说那你从小就这样？我说是。所以才写了那一段，我五六岁的时候，父母亲讲，你是在供给制下长大的，弟弟妹妹都不是，因为 1956 年以后就取消供给制了。然后到了 1960 年吃了很大的苦，但是在全县比较起来，我们家是最好最有钱的，所以要比大家好多了。我上学每天拿一块钱，那是人家三五口人一家的伙食费，但是我一个人的零花钱，这是小学一年级。那是 50 年代，父母两个人一个月将近 200 块钱的收入。所以在那时候，相对来说，我们家属于富有的阶层。在我下乡的时候，我力气也比别人大，干的活也多，然后工分挣得多，家里每个月还给我补贴 15 块，我就不拿乡下的钱，乡下钱挣得再多，也挣不到 10 块钱一个月。我其实就很好了，然后上学读书我也从来没觉得难，出国的时候没打过一天工。我就没有难过过，再困难我三下两下又活过来了。

因为有这种生活条件，想的和干的一定都是吃饱了撑的活，这就有了一个“大”字，没有吃饱撑的是不敢想“大”字的，你都是想着怎么活下去。因为我的生活需求也不高，所以我不需要考虑这个问题。

第二次访谈时间：2024 年 7 月 28 日

地点："探索二号"科考船

对这次南海科考的结果"非常满意"

问：这次科考马上结束了，您对结果满意吗？感受怎么样？

汪建：非常好，非常满意。我们感兴趣的，也是想要解决的前沿科学问题，就是生命起源、物种起源——生命是怎么从海里跑到岸上去的？地球内部的能量和物质，是如何传输给生命体系的？在光合作用下，生命是如何变得更加丰富多彩，更有效率、产量更高的？

这次科考中所看所思所讨论的，对上述这些问题的研究都有巨大的启发。从海底的氢气、甲烷到硫化氢，转化成微生物的营养物质，再到各种宏生物、宏生物的共生寄生系统，然后生命如何从深海到浅海到陆地，如何跟地球内部核裂变、太阳核聚变实现能量互补，形成一个全新的、人类认知完全不足的生态系统？这是人类赖以生存、发展的一个根本科学问题，也是一个具有重大实践意义的产业问题，这是我两个最大的体会。

当然，这些问题的破解，需要核心技术支撑，第一是需要有潜器，能够在深海深渊下得下去，能够把生物样本拿回来。第二是要有工具，把这些生物都转化成数字信号，分析它们之间的相互关系，这是一个前所未有的系统生物学问题。

从地球无机有机化学成分到生态链

问：这次科考的主要目的是研究深海冷泉和周围的生物群落，是什么原因让您这么满意，甚至让您觉得对解答生命起源问题、物种起源问题都会有帮助？您看到了什么，采集到了什么？

汪建：原来丁抗老师反复讲了，深海深渊热泉周边有极其丰富的生物群落，也看了好多纪录片，确实非常丰富，非常有意义。中国海域附近的深海只有冷泉，也有和热液一样的异曲同工之妙，刚才讲的那些地球无机、有机化学成分孕育了大量的微生物、孕育了浮游生物系统，给海底的贝、虾等各种生物提供了极其丰富的营养物质，生态链就形成了，这都看得见。

海底生命世界“蔚为壮观”：完全超出我们的想象

问：这次科考，您两次下潜，能不能描述一下您在海底看到的景象？

汪建：蔚为壮观。在冷泉附近，也就是甲烷产生的地方，周边有大量海底的固体宏生物，以白贝、贻贝为主，其次是海参、蠕虫、蛇尾鱼等，各种各样的东西，非常多，然后在山上、有沙的地方、悬崖上，有大量的海绵、珊瑚这类的，各式各样的生物，完全超出我们的想象。

甲烷带来一系列化学变化

问：冷泉系统一般都分布在海平面1000米以下，那里的环境是高压、无光、低温吧？这种情况下，您看到的这些生物究竟靠什么生存？

汪建：还是甲烷带来的一系列化学变化，甲烷跟硫酸根反应形成的硫化氢，是最主要的营养来源。先是生物化学反应，这些反应就孕育了微生物，硫化氢是微生物的食物，微生物再往下，就是各种生物了。

微生物在生态系统里面处于最底层的位置

问：中间有个环节是微生物？微生物在生态系统里面，究竟处于什么位置？

汪建：最底层的位置。从原始的古细菌到后来的细菌，细菌成为真菌，再往上走，真菌变成真核细胞，真核细胞变成多细胞，多细胞变成软体动物，软体动物变成脊椎动物，对吧？脊椎动物就爬上岸了，变成两栖动物，鱼类上岸就变成两栖动物，蛇、蟒、鳄鱼、恐龙这一类的，对吧？

然后经过长期演化，变成哺乳动物，变成灵长类，直到人类，这么一个进化过程。

问：您这次科考两次下潜，第一次下潜就看到了蔚为壮观的海底生命现象，主要是贝类吧？第二次下潜看到了没有？

汪建：第二次主要看见的是珊瑚和海绵，以这两个为主，珊瑚长得像森林一样，海绵像遍地的雪莲花或者是棉花一样。

问：漫山遍野都是？

汪建：对。

问：也在冷泉附近，是吧？

汪建：没有。所以就不知道它的生成机理和营养来源是什么。

问：海绵在海平面以下多少米？

汪建：我们这次下潜水深 1400 米，水深 800 米、900 米还有海绵，这些东西都没有系统研究过，都值得去做。

为什么不去认真学习大自然？

问：这个航次我们跟很多人聊了，说是酝酿了两年之久？最开始是哪个“火花”，产生这个航次的？

汪建：就是构想“海底牧场”，如何把地球能和太阳能结合起来，形成一个新的水产发展思路，结果发现有太多的科学问题没有解决。怎么做？

我是看了以后才有“海底牧场”这个想法。马尼拉海沟那么深的海里面，都有那么丰富的微生物群落，对吧？都是一个生命起源的问题，不是智人产生以来围绕土地和太阳来做的。最早地球没土地，一万年农业革命以来，农业进步其实就是与时俱进的，不是一个颠覆性的，所以我们希望从“海底牧场”入手，把太阳能和地球能结合起来，这是不是一场革命性的进步？所有的海洋生物并不要喂养，所有的草原和森林也不需要人工去喂养，为什么不去认真学习大自然？而且顺着我们的农业模式去做，是一个根本的颠覆性的想法，这个是从马里亚纳海沟一上来就讨论的事情，讨论两年半了。

先把科学问题搞明白

问：“海底牧场”的想法看起来很浪漫也很美好，但是怎么把它变成现实生产力？

汪建：先把科学问题搞明白，再说那些。没有那么简单的，也没有那么着急的事情。人类进化以来，从打猎、采集到刀耕火种，几万年了，我们短短几年时间，有这么多的想法、这么多进步，已经不得了了，急什么？

和马里亚纳海沟比：“这次的生物现象、生物群落生态性完全不一样”

问：这次深潜和两三年前那次马里亚纳海沟深潜对比，有什么相同和不同的地方？

汪建：就是去的路程长一点、短一点，其他都一样，没什么不同。这次的生物现象、生物群落、生态性完全不一样。

问：这次南海冷泉附近的生物量，明显比马里亚纳海沟大？

汪建：那就没法比了。大得多。马里亚纳海沟没有这么多的宏生物。

南海海底冷泉附近生物量：“五彩斑斓，莫名其妙”

问：能否用一两个成语来形容您在南海海底冷泉附近看到的生物量？

汪建：五彩斑斓，莫名其妙。

问：能说漫山遍野、铺天盖地吗？

汪建：可以，是在局部区域。

互相听得懂，互相能支撑，这就是科技的结合

问：这次是一个联合科考团队，怎么看这种联合科考的模式、大合作

模式？

汪建：要揭示生命的起源和生物的演化过程，既要技术支撑，也要有科学思路。上海交大团队和深海所团队在生物领域的造诣是非常强的，我们在技术支撑上也是非常强的，互相听得懂，互相能支撑，这是前所未有的科技结合、共同的进步，一定会带来产业的突破，会培养出大量的优秀人才。

成立一个联合的南山实验室

问：在船上一周多时间，日夜相处，这种跨学科的交叉，又擦出什么样的火花？

汪建：大家定下来，第一是成立一个联合的南山实验室，第二就是瞄准极端条件下对生命起源和演化的影响，进一步探讨物种多样性的生态关系，为下一步的产业发展奠定坚实的科学基础。一个是科学，一个是产业，支撑是技术，带来的是产业和人才，这4个，老是来回转的，是吧？有了工具，就可以更加深入地进行科学探讨；有了科学探讨的进步，有了新的科学原理的发现和创立，就可以带动和衍生出新的产业方向。通过这种学习和实践过程，大量的人才又成长起来了。

还得继续取样，一个个填补空白

问：联合的研究团队下一步，会走向更多的深海和资源吗？

汪建：我们有个小"四极"，高的、矮的、南的、北的，都要搞个遍，登峰探极，高深可测，还是这两句话。

问：从您自己来讲，这次冷泉考察以后，下一步极端环境瞄准哪儿呢？

汪建：热泉啊，南、北极啊。还得继续取样，一个个填补空白。

第二部分

登珠峰者说

我的研究将认知洞察力视作一种网络分析模式，它显示出，对那些有更大可能或更强能力通过头脑中的联想网络来搜寻更长联想路径的人来说，他们可以将别人根本想不到或觉得奇怪的两个想法或事实联系起来。看起来随机，事实可能根本就不是这样——只是别人没能看到其中的联系罢了，因为他们的思维跟不上那么长的联想链。

——《奇才：连续突破性创新者的创意启示录》，[美]梅利莎·席林

有形的山终能抵达，无形的山更需要攀登

——曹峻访谈录

中国登山协会委员，华大运动 CEO，深圳市登山户外运动协会常务副会长，广州登山协会副主席。

大学时期加入北大山鹰社（当时叫北京大学登山协会），担任第二任社长，1990 年登顶青海玉珠峰。1998 年担任北大百年校庆卓奥友峰登山队队长。30 多年登山经历，3 次抵达南、北极点，2013 年登顶珠峰。2014 年至今先后完成了超 50 场全程马拉松，5 次百公里越野赛，2 次完赛八百流沙极限越野赛，2019 年 2 月完成世界马拉松挑战赛（简称“777”）。

公益足迹：2003 年担任深圳登协首任秘书长，创建国内民间登山组织的新型运营模式；2008 年参加汶川地震救援与灾后支援工作，在遵道镇建立志愿者协调办公室，先后从深圳组织了400人次提供赈灾服务，后组建深圳公益救援志愿者联合会，担任创始会长；2010年带队参与万科珠峰零公里环保行动；2019年在世界马拉松挑战赛中参与松禾关爱成长基金募捐活动。

导言　登山，是一种人生状态

曹峻在湖南常德的洞庭湖畔长大，未曾见过真正的山川，却在大学期间机缘巧合加入了彼时刚刚成立的北京大学登山协会（后更名为“北大山鹰社”），从此与登山这项运动结下不解之缘。

北大山鹰社是我国民间第一个以学生社团名义组织登山活动的攀登队伍，后来数十次刷新大学生及民间登山纪录，并直接促使国家登协出台《国内登山管理办法》。1990年，曹峻参加了北大山鹰社的第一次登山活动，自此一发不可收，把脚步一遍遍迈向国内外多座高海拔雪山。

毕业以后，曹峻的攀登之路并未止步于雪山之巅。2006年，他选择全职加入深圳登山协会，全身心投入户外运动的推广和规范工作，致力于让更多人了解并参与户外运动。

2013年，曹峻带领万科成立的菜鸟队登顶珠峰。比起登顶世界顶峰所带来的成就感，这次经历更令他记忆深刻的是科学训练的重要性。在计划攀登珠峰的前一年，他因滑雪不慎导致膝关节韧带受伤，手术之后，通过一系列严格的康复训练恢复了自身状态，最终完成珠峰攀登。

于是，当华大集团董事长、联合创始人汪建在2016年邀约曹峻加入华大，创办华大运动，为运动人群开展相关检测并服务于运动健康管理等工作时，他欣然应允。

2022年，华大珠峰行动开始筹划，在这次行动中，曹峻担任登山队队长。尽管此前他曾从北坡登顶珠峰，对路线以及途中可能遇到的障碍难点等都较为熟悉，但从团队整体人员分工的角度考量，他选择留在大本营，负责此次活动的后方联络和后勤保障工作，并全程协调科研工作顺利开展。在这个过程中，他与队员们"关关难过关关过"，最终不仅攀登队队员全员成功登顶珠峰，还刷新了多项纪录，为科研工作提供了宝贵的数据和样本。

从第一次尝试雪山攀登，到把登山这项爱好作为职业，并登顶珠峰，抵达南、北极点，再到加入华大，带领华大运动践行"我的健康我做主"，提升全体华大员工乃至更多人群的健康水平……

如今，曹峻与登山结缘已有30余载，他认为，登山其实就是一种人生状态："有形的山峰终究是有规律可循的，有很多现成的准备路线、方法……但在生活当中，有很多挑战是你找不到可参照的经验去解决的，需要自己去摸索。""希望大家看到的是攀登故事背后，能够激励我们前行的精神层面的东西。"

越是艰苦的环境，越能启发我们对大自然的好奇心

问：您最初是怎么跟登山这项活动结缘的？

曹峻：我老家是湖南常德，在洞庭湖边上，根本就没有见过正儿八经的山。上大学的时候，1989年北大登山协会成立，后来改名叫北大山鹰社，我机缘巧合看到了招新的海报，有点好奇，就去填了一张申请表，经过了一番筛选，包括体能测试，然后通过了选拔。我记得特别清楚是1989年4月1日，我们参加了协会正式成立后的第一次活动，在北京怀柔的国家登山训练基地体验了攀岩，后来陆陆续续有一些登山训练。

1990年有了第一次的雪山攀登，去登了青海的玉珠峰。这里面有很多的故事，包括我们怎么找路，怎么跟当地的淘金者结下友谊，历经千辛万苦才登上第一座雪山。我觉得，越是这么艰苦的环境，越是能够激发我们对大自然的好奇心，而在这个过程中建立的友谊，会让我们对这项运动更加热爱。就这样一晃到现在35年了。

雪山攀登是一片空白

问：当时民间登山处于什么样的状态？

曹峻：完全是启蒙阶段，国内20世纪80年代末有一些民间的探险活动，比如徒步、漂流，但雪山攀登领域是一片空白。我记得1988年参加高考的时候，有一道时事题，是指中、日、尼三个国家联合双跨珠峰，南、北两侧两个登山队分别南坡上北坡下、北坡上南坡下，当时只是从时事政治里面了解到有这种登山的事件。所以可能北大算是最早以学生社团的名义组织登山活动的民间攀登队伍。

需要让协会去发挥更大的作用，提供更多规范的服务和指导

问：从什么时候开始把登山这项爱好当成职业？

曹峻：最开始还是想把它当成一个爱好，因为觉得登山毕竟不能当饭吃。直到2003年在万科工作的时候，深圳登山协会成立了，第一任会长就是王石，他让我来做登协秘书长的时候，就把我引到这条路上来了。

2006年，我们感觉到户外运动在发展过程当中，需要让协会去发挥更大的作用，提供更多规范的服务和指导。所以当时我就决定全职加入登协，把专职的队伍组建起来，那个时候就把它变成职业了。

在珠峰顶往回看，整个青藏高原远处的地平线是弧形的

问：您在2013年完成珠峰攀登，现在还记得当时登顶的心情吗？有哪些记忆深刻的细节？

曹峻：虽然看过很多照片，也听过很多人讲，但自己走一遍还是不一样的。有几个细节我记得很清楚，一个是在冲顶的过程当中，我沿途看到了7个遇难者的遗体，因为那时候好多地方还没有做整理，所以有些遇难者的遗体就在路上，从他们身边经过的时候，其实心里面还是有点发紧的感觉，因为你知道这是一个非常残酷的事情。非常恶劣的环境下，有的人

在尝试的时候，会付出生命的代价。这也给自己一个提醒，一定要很认真很严肃，很小心谨慎地对待这个事情。

还一个是到了珠峰顶的时候，往回看，整个青藏高原远处的地平线是有一条弧线的，这是飞行员的视角。然后你再看远处大本营那条山沟，其实看不见大本营在哪儿，你只能隐隐约约知道我就是从那边过来的，整个过程持续了 40 多天，像只小蚂蚁一样一点一点慢慢挪到这个位置，所以觉得挺感慨，虽然很远很难，但是自己也慢慢挪上来了，觉得还是挺有成就感的。

再一个细节是我们登顶之后往下撤，我当时在队伍里算是走得比较快的，快到海拔 7790 米的营地时，正好是一个大风口，一阵风一吹，人啪地就倒了，刚站起来，风一吹又倒了，突然就发现你像一根软面条一样已经直不起来了，这个时候隐隐约约就开始有点脖子发凉，突然一下就没力气了。而且这种没力气的状态，你还没办法通过快速地吸两口气就能缓过来。好在看到离营地大概也就 100 米的距离，向导还在身边，就让向导过来搀扶着慢慢地走过去，我就在那儿歇了半个多小时，喝水吃东西。

我后来就想，很多时候可能因为你的目标在那儿，当你全神贯注去做这件事情的时候，会忽略身体的一些信号，可能体能已经开始急剧下降了，但你没有意识到这一点。很多攀登者的经历可能也相似，只不过没有我那么幸运。没有离峰顶那么近，或者身边没有向导可以及时提供帮助，也许就回不来了。这给我的一个启发是，我们在应对这些恶劣环境，或者是制订这种极度的探险计划的过程当中，必须按一定的规范，定时补给，定时休息，这样你的身体才能够有一个规律的节奏，包括恢复。所以攀登的科学性是非常重要的。

在当地立了一块碑叫“以山为家”

问：除 2013 年登顶之外，您跟珠峰还有什么其他故事吗？

曹峻：还挺多的，比如在 2010 年，汪建老师和王石在南坡登珠峰的时候，我们组织过一个队伍做珠峰的环保清洁工作。2013 年登顶珠峰之后，下来我们大家一起成立了一个高山救援基金和环保基金，当时募集了一笔钱捐给西藏，在当地立了一块碑叫“以山为家”，想表达两层意思，一个是珠峰可能是所有登山者的精神家园，第二就是我们要像爱护家一样去保护当地的环境。

华大珠峰行动从立项到现在大概经历了两年的时间

问：这一次华大珠峰行动，您主要负责哪些工作？

曹峻：我的身份是整个登山队的队长，负责后方的联络和后勤保障，还有科研工作的协调。因为我之前是从北坡登顶的，我很清楚北坡的环境是什么样子，跟登山公司的配合以及跟后方的联系应该怎么来做。汪建老师和马啸之前都是从南坡登顶的，这次从北坡再上一次对于他们来讲都是弥补了一个空白，所以马啸是作为攀登队长，负责前方的攀登过程。

问：登山队是如何在确保登山安全的同时，还保障科研工作顺利开展的？前期做了哪些训练和准备工作？

曹峻：华大珠峰行动从立项到现在大概经历了两年的时间。确定了科研目标之后，我们从 2023 年攀登慕士塔格峰开始为科研任务做准备。

样本采集方面，需要考虑采血、分血的整体设计，采样人员的操作流程，以及在山上需要准备的设备、耗材、通信条件等。除了血样之外，还有唾液、粪便等样本要如何采集，采集完要怎么保存、往回运送。当时我们分了几个阶段，从慕士塔格峰到卓奥友峰，经过几次高海拔雪山攀登的现场实战之后，才把整体的科研流程走顺，把实际流程中可能碰到的问题都解决了。

汪老师和团队经常一天连翻两座山

问：除了设备之外，人员上的前期准备工作有哪些？

曹峻：人员选拔方面，我们从 2022 年攀登慕士塔格峰的时候就开始做准备，从卓奥友峰下来基本就把登山队员确定了。队伍从 2023 年年底开始做一些集中的体能训练，包括在华大时空中心的健身房锻炼、拉练等，汪老师和团队经常一天连翻两座山，从梅沙尖再到梧桐山，会走 8 到 10 个小时，30 到 40 千米，爬升 2000 米。此外，还有华大的低压氧舱训练，在出发之前我们安排队员进行了 6 到 8 次低压舱的预适应，在模拟环境里进行体能训练。

此外，也通过华大一些典型的科学训练手段，对队员进行个人针对性训练。比如厉延琳，我们测评发现她的肺活量偏低，肺通气的能力偏弱，这对于登山来讲是很不利的。当时发现之后就给她订了一个训练计划，每天都让她吹气球，戴一个阻力呼吸面罩。通过一个月的肌强化训练后，她的肺活量从原来的 2500 毫升提升到 4000 毫升。像这样的训练方法其实还有很多，包括功能性的训练，肌耐力、核心力量等，比如像汪老师的膝、髋关节原来有一些损伤，就会让他做康复训练等，这是一个整体的、系统化的准备过程。

华大的队伍是在实战当中锻炼出来的

问：本次华大登山队不仅全员成功登顶，还刷新了中国登顶珠峰最长者纪录，传回了世界首份珠峰峰顶超声图、脑电数据，国产测序仪创下迄今最高海拔运行纪录。您认为华大登山队为什么能够做到这些？

曹峻：我觉得是两个核心的原因，一个是目标明确，一个是华大的队伍是在实战当中锻炼出来的。

首先，珠峰行动刚开始的时候，目标就已经确定了，我们不是简单登山，而是同时要实现攀登的突破和科研的突破。这肯定是最主要的，你得把目标树在那儿，才能够竭尽全力地去实现。

其次，华大的历史文化中就有这种基因，过去的这些年里，包括我们在西藏抗疫的时候，积累下来的战斗力和团队的配合，让我们能在极端环境里咬着牙坚持。

有很多事情是我们原来没有做过的

问：能否举例分享一下，珠峰行动在执行上的挑战性体现在哪些方面？

曹峻：第一个是攀登队伍。第二个是科研目标，当中也分成几条主线，比如到顶峰如何保障我们设备的正常运行。第三个是沿途在不同海拔每位队员的生物样本要如何采集。第四个是在珠峰大本营的实验团队，如何解决实验场地、设备运输、电源、通信、人员停留安排等问题。

后来汪老师加了一个任务，就是采集多组学的数据，包括超声、眼科、生理生化等，增加了大量的采集工作量和人员安排工作。还有在登顶之前，汪老师确定要做一次科研交流会，这里面协调起来的难度是非常大的，必须扛住很大的压力。

现在的科研目标拉得更宽，战线拉得更长

问：跟早期珠峰攀登相比，华大登山队这一次在哪些方面的保障有所提升？

曹峻：显然现在的科研目标拉得更宽，战线拉得更长，而且组织的系统性也更强。另外，大本营的条件比以往也确实要强很多，现在有通信、有电，而且有非常好的公路。

举个例子，我们早上采的血样当天中午就可以送到100多千米外的定日县城去做生理生化实验，再把剩余的血样带回来做分离和提取，之后再通过冷链往回运。这个工作实际上就是一管血同时保证几个不同的用途，而这个东西必须靠快速的交通物流才能够实现。

只有像华大这样做好了充分的准备，才能把这个事情做完

问：在峰顶进行科研采样的主要难点是什么？

曹峻：第一是要把这些设备带上去，并且保障能够正常工作，这个很

不容易。第二是到了这种海拔，其实一般人是很难在上面停留那么长时间，反复地去做这样的操作的。你看照片就知道，要把整个羽绒服拉开，把设备掏出来，从怀里伸进去，再把那个影像打出来。

1975 年潘多在山顶上做过一个心电图，她是事先把探头埋在衣服里面，然后在顶上躺下来，把这个设备接上去就记录下心电的信号。

但是旦增旺姆实际上做了心脏的超声、颈部的超声，还给汪老师做了脑电，采了汪老师面部的皮肤微生物样本，这是一组动作。只有像华大这样做好了充分的准备，而且天气条件良好，大家的体能状况也没有出现严重下滑的情况下，才能把这个事情做完。

问：您怎么看待汪建老师 70 岁二次挑战珠峰？您觉得汪建老师在队伍中发挥了什么样的作用？

曹峻：这件事情我觉得背后是两层含义，第一是汪老师依然很健康，他依然有能力、有体力去面对珠峰这样的挑战。

第二是需要科学的方法，包括技术手段、山上的保障。所以这是对整个队伍、后勤指挥、管理系统的一个很大的考验，目前证明我们也确实具备这个能力。虽然说天气好是运气，但实际上你也得知道到底什么时候天气好，对吧？我们有充分的信息能够预测天气，又有科学的方法来制定战术，还有相应的技术装备来做保障，这件事情的安全系数和成功的可能性就大很多了。

汪老师的作用，首先是一个旗帜和灵魂，有好的地方，也有增加难度的地方。好的地方当然是吸引了一群人往前走。制造难点的地方在于，他会临时增加一些任务，这些任务当然有非常积极的一面，能够让大家一起往这个明确的方向去努力，把你的潜力都调动起来，但是也增加了一些不确定性，我们在操作的时候就需要把这些因素考虑好，平衡好。

问：完成 2024 年华大珠峰行动这个项目对您来说是什么感受？

曹峻：如释重负，不辱使命。

华大的队伍具备坚强的意志和抗压能力

问：两次组织珠峰登顶和科研行动，多次到高原采集微生物样本进行研究，在公共卫生事件中多次赴西藏支援……从本世纪初开始，华大人一直对青藏高原和珠峰情有独钟，在您看来，缘何如此？

曹峻：其实我们在很多地方都在做这些事情。只不过在西藏这边可能会更难，因为在这种非常缺氧的环境下，人必须有非常坚强的意志才能坚守下去。更何况这次珠峰行动还定了一个这么高的目标，实际上是对我们的一个考验，也是一个检验。

一般人在这种环境下做不到，只有一个身经百战、经历了磨炼的团队才能做到。我们前两年在这里抗疫的时候，其实就有一个巨大的反差，有的队伍过来，有人就直接说“我要回家”，但华大的人不会这样，尽管有困难也一定会咬着牙去坚持。还有像我们组织一些检测人员来协助的时候，华大人是一天两班倒，每天 12 个小时，但人家来了以后说“我受不了”，说“我在这只能做 8 个小时”。其实就会显示出来，华大的队伍具备坚强的意志和抗压能力，也因为这样，当地人才会对我们有非常深刻的印象。

这群人骨子里就有这样的精神

问：您怎么看待华大人的“登山”文化？

曹峻：在科研领域，华大在走到无人区，在做很多的探索，这种特质跟登山是非常吻合的。创新、敢于挑战，不怕困难、迎难而上，基本上是华大从成立以来到现在一直都有的状态，这群人骨子里就有这样的精神。

另外，领导的特质也是起决定性作用的，从汪老师、王石到陈芳，再加上我跟马啸作为华大运动带队者加入进来，都有登山和攀登珠峰的背景，就会把团队往这方面去引导。

其实登山可能是一种生活状态

问：华大在深圳也算是登顶珠峰人数比较多的企业吧？

曹峻：绝对是最多的，没有第二家企业能够跟华大比，全深圳 61 个人登顶过珠峰，其中 1/6 的人都在华大这个楼里面。

问：登山就要登峰，登峰就要登第一高峰！在您看来，和普通的登山者比较，是不是有一群与众不同的登峰者？这是一群怎样的人？

曹峻：其实登山可能是一种生活状态，或者是一种个人爱好。我周末去登个梧桐山，是抬腿就可以走的，如果要去登一座 6000 米、7000 米的雪山，就需要花十天半个月的时间做更多的准备，需要付出更多的努力。选择登珠峰的人，一定是那种把目标定得比较高的，能接受更大挑战的。

跳出攀登过程本身，去看待它背后的作用和意义

问：深圳登山协会从 2023 年到 2024 年，组织了两次"不止于攀登"演讲活动。您怎么理解"不止于攀登"这个主题？

曹峻："不止于攀登"指的是我们会跳出攀登过程本身，去看待它背后的作用和意义。每个分享者都会说自己在生活当中其实碰到了很多困难和挫折，然后慢慢地从这些困难和挫折当中走出来，同时希望通过攀登珠峰这一件事情来印证自己是不是能够实现对自我的突破和挑战。

你会看到像盲人、截肢的人、中学老师、狱警、大山里面走出来的女孩子等不同职业和身份的人，他们都会在生活中面临各种各样的挑战。这里面有一句话叫"攀登最高的山是为了不再惧怕生命当中更大的挑战"，世界最高峰我都登上去了，还有什么样的困难会打倒我呢？我们希望大家看到的是攀登故事背后，能够激励我们前行的精神层面的东西。

有形的山峰终究是有规律可循的

问：以您个人的经历为例，登珠峰跟攀登其他高海拔雪山，有没有给

您带来什么不一样的感受或者感悟？

曹峻：可能就是内心层面信心会更足一点。但对我来讲，登山算是我比较擅长的领域，因此也就不觉得登珠峰是一个非常大的挑战，因为有形的山峰终究是有规律可循的，有很多现成的准备路线、方法，只不过可能当年登的人还不太多，可以参照的经验少一点。但在生活当中有很多挑战是你找不到可参照的经验去解决的，需要自己去摸索。

也许不知道自己的顶峰在哪里，但要一直保持向上行进的状态

问：现在网络上还是会有一些声音说登珠峰就是有闲有钱的人玩的游戏，在您看来，登珠峰最重要或者最需要的是什么？

曹峻：其实这些评论我现在已经不再关心了，也不再想去做解释了，因为你再怎么解释对方都会觉得你是装的。我想我们能做的就是看看身边的人，他们是怎么完成主动判断的，他们的人生经历中哪些是比较出彩，而且可以给别人提供帮助和借鉴的，我们把这些正能量的故事提炼出来，让更多人听到就可以了。这也是我们给自己定的目标，只有看到比你优秀的人的闪光点，自己才能有更多进步。

有一位盲人攀登者叫张洪，2023 年他拍了部电影，最开始的名字是《让世界看到我》，因为他自己说过一句话，“虽然我看不到这个世界，但是我要让这个世界看到我”，你听这句话会知道他是一个不屈服于命运安排的人，他是一个跟命运顽强抗争的人，他通过自己的努力去克服，成为一个内心的强者。

但后来电影上映的时候，名字叫《看不见的顶峰》。从电影名字的改变就知道他已经完成了自己内心最重要的转化。因为之前认为自己是个弱者，所以要拼搏，要成为一个强者，但后面发现，其实拼搏的过程就是在不断向上行进，而我们每个人其实需要的就是这种状态。

电影里，当他快到顶峰的时候画面就黑了，只听到他的呼吸声，突然有一个声音说“张洪，祝贺你到顶了”。而对他来讲，其实这个时刻和 10

分钟之前看到的没有任何变化。实际上我们在生活当中也是这样的，你以为你的目标在那儿，但是你走着走着突然就会问：这就是你的顶峰了吗？不是。你要做的事情就是，也许不知道自己的顶峰在哪儿，但要一直保持向上行进的状态。可能生活当中经常是看不到顶峰的，但你能够做的就是今天比昨天好一点，一直保持向上的状态，这是我们追求的一种目标。

华大走在无人区

问：自然山体的攀登可以登峰造极，那么科学上可能实现登峰造极吗？

曹峻：不可能。谁能知道顶点在哪儿？现在的顶点只不过是阶段性的位置，你站在这个位置往前看，它一定会有更高的地方。

问：科学上很难真的实现登峰造极，但华大一直以来不断在探索珠峰、深渊、南极、北极“四极”科研。在您看来，华大创始人究竟有着怎样的理想或梦想？这种理想和梦想，会不会太“高远”？

曹峻：华大探索“四极”，这个“极”其实只是方便大众去了解，因为这几个位置是能够被大众认知到的。

但华大团队在这个领域里面去探索的未知，它真的是没有“极”的，只能不断地去往前走，不断去突破认知的边界。就像华大当初自己研发测序仪一样，最开始只是为了不被“卡脖子”，接着有了一定的知识产权之后，我们就会继续突破它，让它的速度更快、准确度更高，然后方法上面可能又有新的突破，不断地去往前走。走到最前沿的时候就发现，像汪老师经常说的一句话——华大走在无人区，无人区你是根本不知道“极”在哪儿的。这就是我们讲的“极”的概念。所谓的“极”是你现在能够看到的最远处，但当你走到这个位置之后，你会发现还有一个更远的地方。

感觉就是到了另外一个星球

问：您曾经以探险队队长的身份到过南、北极点，这是什么样的

经历？

曹峻：最开始是好奇，因为总是想去没去过的地方，然后碰上探险队伍的计划，帮王石策划“7+2”（七大洲最高峰及南、北极点），就希望能够参与进去。后来发现去过一次以后，又有人邀请你去第二次、第三次，2005 年到 2010 年那段时间去得比较多。

问：南、北极探险的经历，有给您带来什么不一样的感受吗？

曹峻：到了那儿以后，看到的景观跟平常是完全不一样的。感觉就是到了另外一个星球，尤其是南极，整个地理上的尺度根本看不到边缘，距离最近的人类居住的地方大概在 4000 公里以外。这种地方没有国家的概念，大家是按照《南极条约》在进行自我的约束和管理，你可以理解为就是一个纯粹代表人类跟自然交流的领域。当时在那儿跟不同国家的探险者交流的时候，我还是挺开心的一种状态。

从最早汪老师向我发出邀请到加入华大，用了 10 年的时间

问：您是哪一年加入华大的，当时为什么会选择加入？

曹峻：2016 年年底加入的。从最早汪建老师向我发出邀请到加入华大，用了 10 年的时间。我跟汪老师是 2004 年在登厄尔布鲁士峰的时候认识的，2006 年年中我离开万科，专职做深圳登山协会的工作。2007 年华大刚到深圳，汪老师、王石和我们都是山友，一起聚会的时候他就邀请我来华大，我说可能我的目标是做登山运动的推广和普及，所以当时就没来。

一直到 2016 年，汪老师又提出来说华大希望组建一个部门，叫华大运动，你喜欢运动，跑那么多马拉松，登山、越野跑、极限运动都有，你能不能带一个队伍，一是给运动人群做相关的检测，二是未来服务于运动健康管理。那个时候汪老师就把我说服了，然后就加入了华大。

普通人也是可以去完成极限运动的

问：运动健康管理相关的工作为什么吸引您？

曹峻：2013 年登珠峰之前，我做了膝关节的韧带重建手术，身体有些损伤，但通过系统的康复训练之后，发现身体状态比原来还好，所以登完珠峰回来就开始跑马拉松，跑了很多百公里极限越野赛。

后来在华大做基因检测，发现我没有任何适合做高水平运动员的基因，耐力状态也不好，最大摄氧量能力也不强，但是也能够完成这些极限运动。

所以我就在想，其实通过健康管理的手段和方法，进行日常的科学训练，人的身体状态是可以变得更好的，普通人也是可以去完成极限运动的，包括登珠峰。

因为我自己是受益者，所以当汪老师发出这样的邀约时，我就接受了。它对我个人来讲是非常有帮助的，相信也一定会帮到更多我这个年龄段甚至全年龄段的人。

"基因科技造福人类"和"我的健康我做主"

问：华大"基因科技造福人类"的使命，在华大运动的工作里是怎么体现的？

曹峻：这里面有两句话，"基因科技造福人类"和"我的健康我做主"。

华大有一些工具和方法，可以为你提供认识自身身体健康的角度。对我们个人来讲，如果不看自己的身体数据，就很难预测或者判断身体处于什么样的状态，你只能说今天睡得好不好、吃得香不香，但实际上身体里面有很多需要去了解的信息，需要从基因、肠道免疫等很多层面去获取这些数据，这是其一。

其二是我们要跟踪数据变化的趋势，我们自己能直观感受到的就是体测的台阶指数是不是变好了，呼吸功能、心肺功能是不是变强了。如果你的身体数据是连续走下坡路的状态，你就要想办法把它扭转回来。

所以我觉得“基因科技造福人类”，是先从了解自己开始的，要让每个人成为自己健康的第一责任人。你需要关注自己的健康，同时也能够掌握自己健康管理的一些工具和方法，甚至还能影响身边的人。

从华大的角度来讲，员工的健康素养肯定是国内相关机构里最好的之一。我们给员工提供的健康数据是最全面的，对员工的健康管理服务也是做得最到位的。当然这个还只是指华大员工，其实华大的理想和情怀是面向全人类的。

不按套路，不受约束，有创新的基因在

问：从加入华大到现在，您个人历经了怎样的成长历程？最大的感悟是什么？

曹峻：从知识层面，可能有更多的补充，对生命科技的理解会更加全面一些，包括身边有很多专业人才，你需要什么方面的知识，随时都很容易找到人请教。另外，这还是一群特别有个性的人，他们都愿意去探索未知领域的事情，好奇心、学习能力都很强，一群学霸在这里不断地互相激励，这是华大的特点。

我觉得在华大工作一方面能够了解自己的身体状况，一方面是有一群人能够在团队里去追求自己的目标。

问：如果有一种精神是“华大精神”，您认为它的内核是什么？

曹峻：不按套路，不受约束，有创新的基因在，这是华大的内核。

硅谷文化一向对失败非常宽容，失败甚至是荣耀的经验。

硅谷有一句名言：“把失败当作积累经验的过程。失败越多，也就越可能接近成功。”

伊隆总说：“如果失败得不够多，说明你不够创新。”

——《在火星上退休：伊隆·马斯克传》，[美]亚当·杰佛逊

一生很短，我就想站到最高处看看这个世界

——马啸访谈录

华大运动首席运营官（COO），国家级社会体育指导员，运动健将。中国登山协会委员，中国登山协会户外专业委员会委员，深圳市登山户外运动协会副会长兼秘书长，深圳西北农林科技大学校友会常务副会长，西北农林科技大学校友企业家联盟常务理事，广东恩友公益财务理事。曾多次攀登四姑娘大峰、二峰，以及哈巴雪山、玉珠峰、雪拉普岗日、洛堆峰、慕士塔格峰、卓奥友峰等，2021年和2024年两次登顶珠峰。

导言 在攀登之外，也要有勇于挑战的精神

马啸对于攀登的态度，似其名，驰骋向前，无畏挑战。

人生第一次了解到雪山攀登，还是因为2003年非典期间，马啸在大学宿舍里看到电视节目上播放王石登顶珠峰的消息。后来，马啸的足迹从学校附近的太白山，到四姑娘山、玉珠峰、慕士塔格峰……逐渐踏遍祖国各大山川。

除了喜欢登山这项运动，马啸也珍惜通过登山结交的纯粹友谊，"那种背对背的信任，是其他的运动或者社交活动很难达到的一种关系"。

马啸和汪建也是在登山活动中认识的。结识近10年后，华大运动成立，马啸选择加入华大。

在这次华大珠峰行动中，马啸担任攀登队队长，不仅要保证华大登山队全体队员的安全，也要确保前线的科研工作顺利开展。在带领队员进行体能训练的同时，马啸也要和大家一起，学习如何完成科研采样工作。

华大登山队的特别之处，从几位男队员的发型也可窥见一斑。在出发前，马啸和汪建、吕钟霖三人一起剃了光头，为的是在抵达峰顶之后，能够以更短的时间、更便捷地采集到脑电数据。

后来，从珠峰下撤到6500米营地时，马啸忍不住问汪建，到底为了什么要在70岁高龄二次挑战珠峰？得到的回答是："言出必行。"对于自己之前说过的事，汪建要一件一件去实现。

通过这一次攀登行动，马啸真切地感受到了自己心境上的变化："第一次完全是为了我自己，去实现我20年的一个梦。"而这一次，从前期筹划到登顶之后，马啸想的都是要让团队成功登顶，要完成科

研任务。这背后，是他对攀登精神的进一步理解和实践。

在马啸看来，华大的攀登精神，是一种不止于攀登本身，更是勇于挑战、不断创新的精神。这种精神既体现在登山运动中，更渗透在华大的企业文化和科研工作中。华大 25 年来的发展，正如马啸所说，是这种“穷棒子”精神的体现，是不畏挑战，集中精力干大事，才让华大实现了从最初的跟跑到并跑到如今在个别领域领跑的跨越。

谈及对攀登精神在工作和生活中的延伸，马啸认为，“我们热爱攀登，但是不仅仅是攀登本身的事情，在攀登之外，我们做任何事情都要有坚韧不拔的品质，都要有勇于挑战、勇于创新的精神”。

就这样一步一步，攀登的爱好就培养起来了

问：您一开始是怎么跟登山这项活动结缘的？

马啸：我在西北农大上大学的时候，那年刚好非典，我们在大学宿舍里面出不去，但是可以看电视，刚好有一档节目在播王石登顶珠峰。那个时候第一次有了登山这个想法，心想我什么时候可以去登珠峰。

当时学校那边有一座山叫太白山，是秦岭的最高峰，我们只要有空都会去爬爬山。慢慢地，后面又去登四姑娘大峰、四姑娘二峰、玉珠峰，就这样一步一步，攀登的爱好就培养起来了。

登山会让你结交很多过命的朋友

问：您在 2016 年登顶慕士塔格峰、2021 年登顶珠峰，其间也多次攀登多座高海拔雪山。为什么能一直保持这项爱好？

马啸：对，确实这些年登了不少山，并且有些山我去了很多次，比如慕士塔格峰登过 2 次，玉珠峰、哈巴都登过五六次，洛堆峰可能登顶了 8 次。

其实登山呢，一个是喜欢登山的这种感觉，喜欢雪山这种白雪皑皑的景象。还有一个是登山会让你结交很多过命的朋友，在登山的过程当中交的朋友是比较纯粹的。大家一起喝同一杯水，一起住同一个帐篷，一起在没有信号的地方待了好久，那样培养起来的感情，那种背对背的信任，是其他的运动或者社交活动很难建立的一种关系。

心理方面，你怎么说服自己去登珠峰

问：2021 年您个人攀登珠峰是怎么计划开始的？当时整个过程花了多长时间？

马啸：我是从 2018 年开始计划登珠峰，每年攀登 3 —4 座雪山，保持自己对高海拔的适应力。同时也在积极地做体能训练，跑了很多的马拉松，我到现在差不多跑了 80 多场马拉松，平时每天早上都有 5 —10 公里的晨跑训练，就是一步一步地去做体能方面的储备和积累。

心理方面，你怎么说服自己去登珠峰？因为你有可能去了就回不来了，你怎么去想生和死的问题？怎么去征得家人的同意？这些都是需要长期不断地去沟通，取得他们的信任，让他们相信我是肯定能回来的。

问：说服家人花了多长时间？

马啸：一整年。2020 年的时候我就想去，于是和我妻子商量，她开始不同意，后来同意了，但因为疫情没去成。2021 年我又想报名，又花了很长的时间说服家人。小孩也会说爸爸危不危险，你别死在上面。我会说爸爸肯定会回来，你们得给我点祝福。我两次登珠峰都让孩子们画了画，也都带到峰顶上去了。

其实当时还是比较惊险的

问：在您这么多年攀登高海拔雪山的经历中，有没有看到过一些比较惊险的时刻？

马啸：有掉到冰裂缝里面去的，但是会被救上来。还有人是高反导致脑水肿，然后被拖下来的。还发生过雪崩的情况，眼看着气浪都快打过来了，就问躲不躲、怎么躲，其实当时还是比较惊险的。

问：前期训练会包含风险应急吗？像出现雪崩这种意外的情况要怎么应对？

马啸：这种学得不多，但是我们冬天会去攀冰，会进行一些技能方面的训练，包括绳索技能、攀冰技能，这些是要去学习的。

汪老师还是很认真地在对待这个事情

问：在这次华大珠峰行动中，您作为攀登队的队长，是怎么确保整个登山队的安全的？前期主要开展了哪些训练？

马啸：有了攀登珠峰的想法之后，我们从 2022 年攀登慕士塔格峰就开始有了训练和科研计划。那一次我和汪老师比较快，其他队员因为是第一次登，速度比较慢，但是我和汪老师当时采取了吸氧快速攀登的方式。我们 6 月 30 日到喀什，7 月 5 日就登顶了。这个山普通人一般可能需要 15 天时间，我们花了大概 5 天时间，当时还是比较快的。这种快也是基于平时的训练、体能的积累、科学的氧气的供给。

登慕士塔格峰结束之后，2023 年去了卓奥友峰，卓奥友峰结束马上就开始了登珠峰的集中训练，珠峰队伍的人员情况也基本上就确定了。

其实卓奥友峰汪老师也是第二次登，所以说，这次登珠峰呢，汪老师还是很认真地在对待这个事情，因为像这些 7000 米、8000 米的山他都去过，但是毕竟是 10 多年前，所以我们还是一步一步，从四姑娘山开始，到慕士塔格峰、卓奥友峰，然后登了珠峰，一个海拔一个海拔有把握了才去走。对于山，我们还是应该心存敬畏。

在组建登山队的时候，尹总再三嘱咐，我的责任主要就是安全，负责队伍的安全。我们制订了非常详细的训练计划，平时会让他们一起去做，包括力量训练、耐力训练等，然后大家在群里打卡。

日常我们在华大时空中心的健身房做体能训练，然后爬楼梯，我们把时空中心所有楼梯都爬完了，训练的要求是一天累计爬升要超过 2000 米。还有基本上每一两周就有一次比较长距离、长时间的拉练，从时空中心出发，翻过梅沙尖，再到梧桐山，穿越 20 多公里 2000 多米海拔的地方。

仪器设备也要自己学

问：华大登山队除了攀登之外，还带着科研任务，是怎么同时保障这两件事情都能够顺利完成的？前期是否也需要一些训练？

马啸：需要。首先我们就自己去学习采血，开始的时候扎假人的胳膊，后面我们就扎自己，然后相互扎，最后旺姆是扎得比较好的，所以后来在山上主要是旺姆负责采血，欢欢负责分区。我不敢给别人扎，但是我自己扎自己是可以的。仪器设备也要自己学，学习如何打自己的甲状腺，如何找自己的颈动脉。

问：这些对您来说都是属于非常陌生的事情吧？

马啸：是啊，因为我是个文科生，但是也不怕，就多打几次，多学几次，图像就出来了。

我们既然要做这个事情，就必须完成

问：本次华大登山队不仅全员成功登顶，还刷新了登顶珠峰中国最长者纪录，创造了世界首份珠峰峰顶超声图、脑电数据，国产测序仪创下迄今最高海拔运行纪录。您认为华大登山队为什么能够做到这些？

马啸：信念吧，我们既然要做这个事情，就必须完成。

科研是绝对没问题的，因为我们在下面都做了无数次的训练、练习，最不可控的就是在上面低温环境之下没电了，旺姆最后背了 4 个掌超设备上去，无论怎么样，只要能打得出来就成功了。比较难的是一个 70 岁的老人如何能登上去，一开始汪老师还给我灌"迷魂药"，说"你不要太在意我，我们要成就年轻人"。但我觉得不一样，汪老师上去了，第一，证明他没有老；第二，汪老师是我们的精神领袖，华大的这股子精气神都不一样。

汪老师有一颗不服输的心

问：最后这个任务真的完成了，虽然说汪老师一直在做体能训练，但是70岁的年龄摆在那儿，您觉得其中比较难的事情是什么？

马啸：汪老师有一颗不服输的心，他骨子里面觉得自己肯定能上去。但汪老师有一个习惯，就是见了人会不停地去“安利”华大，去讲华大的故事，一讲就很兴奋。在高海拔说话其实很累的，但他能说两三个小时，这种时候我们就得去提醒他，他的主线任务不在这儿，让他少说话多喝水。实际攀登过程中，汪老师的速度其实并不慢，到了8300米我就基本上觉得他这个体能是可以登顶的。

秩序就是那一根绳子

问：登山季在山上出现排队或者比较拥挤的情况，有人会维护秩序吗？还是说靠大家自觉？

马啸：没有人维护秩序，秩序就是那一根绳子，离开那根绳子就掉下去了，那一下去就是2000米。

问：是在冲刺峰顶之前？

马啸：不是，我们全程都有路绳的，都会挂到绳子上，不然就会掉下去。之所以排队，是因为我们在第二台阶有两个梯子，就是1975年去攀登的时候，架了两个梯子在那儿，过梯子的时候很晃动，所以只能一个人一个人上，就会出现排队的情况。

当时我们三人都把头发剃光了

问：峰顶大概有多大？当时你们上去之后都做了哪些事情？

马啸：峰顶大概有十来平方米吧。我上去第一时间先自己做脑电，做完就给汪老师做，因为我、吕钟霖和汪老师的任务就是做脑电，当时我们三人都把头发剃光了，上去以后一套脑电帽马上就触点了，因为它有 32 个触点，如果头发多的话就很不容易连接全面。

前期还考虑如果峰顶风太大的话，我们要如何完成这个任务；也尝试了一些办法让头皮不至于被冻伤。但是非常庆幸，我们上去时天气非常好，我们没戴帽子，也没戴手套，就完成了所有的工作。

这一次登珠峰在我心里面只有一个"大我"

问：这一次登顶珠峰，有没有顾及自己个人的心情方面？

马啸：完全没有。我觉得两次登珠峰的区别就是，第一次完全是为了我自己，去实现我 20 年来的一个梦。因为我身边有太多的人登顶珠峰了，我认识的登顶过珠峰的人可能有两三百个。所以听他们讲珠峰故事，我就在想，我自己也要去看一下，我要站到世界之巅去看看这个世界，那是我第一次的想法，我觉得这可能是绝大多数登珠峰的人的想法。

这次呢，因为我去过那个顶，我知道在顶上这个世界长什么样，它旁边有哪几座高山，天际线真的是弧形的，这些都不需要别人告诉我，因为我自己去过。所以这次对我来说，一个无形的山就是让我的团队能上去，让我们的科研任务能坚决完成。这是这一次的重点。

所以第一次登珠峰是满足"小我"，这一次登珠峰在我心里面只有一个"大我"，虽然做不到汪老师的那种"无我"，但是至少这一次是心中有"大我"了。

基本上我们所有预定的科研工作都完成了

问：作为攀登队长，在调节队员心态的工作方面，对您来说有挑战性吗？

马啸：我觉得这一次比较难的事情是，如何和我们年轻的队员去讲清楚团队的任务和他们成就"小我"之间的关系。因为年轻人都是想着登珠峰肯定是一座非常大的人生的里程碑，那你如果很空洞地给他讲"大我"

这些概念是没用的。如何把团队目标内化成自己的，把团队的荣誉感和个人的荣誉感结合起来，其实这个是比较难的事情。

后来我是觉得不要抛开个人利益去谈团队利益，其实和我们平时的管理工作是一样的，于是告诉他们一定要完成个人登顶，但登顶之后第一时间要去完成团队的工作，后来大家都是非常认可的，基本上我们所有预定的科研工作都完成了。

我们的队员都很敬业

问：攀登过程中，有没有发生什么团队故事是能反馈给您一些正面能量的？

马啸：我们的队员都很敬业，像刘欢欢，我们最后下来徒步了 18 公里，已经徒步了 8 个小时，她还要提前回去找采血管、采血，采完血之后还去分区，还要自己去做检测。还有旦增旺姆，上去的时候她就很焦虑，一直在想万一设备没电怎么办，这是她最焦虑的。我只能告诉她，如果真的是因为没电做不了，那任务失败和你其实也没什么关系。但只要有电，你就一定可以在上面第一时间打出一张非常好的 B 超图像。后面她做得很精彩，在珠峰顶上不吸氧一个多小时，这是很多人做不到的。我们的队员最后都非常棒地完成了这些任务，他们这种勤勤恳恳的工作状态，让我觉得这个团队是个真正的团队，不是一个搭伴去登山的团伙。

让我更加坚信这 10 多年跟着老汪是对的

问：这一次华大登山行动有没有给您带来什么变化？

马啸：有。我觉得通过这次登珠峰，让我更加坚信这 10 多年跟着老汪是对的，我会一直跟着他，沿着他指的方向和确定的道路坚定不移地走下去。

后来下撤到 6300 米的时候，我问他为什么一定要来第二次，汪老师激动地说，言出必行，之前说过的话，我们都要一件一件去落实。

我的一生也很短，我就想站到最高处看看这个世界

问：外界有一些声音说登珠峰是有钱人玩的游戏，您怎么看待这种说法？

马啸：在现代社会，让有钱人拿出 50 万元，是一件不那么难的事，可以这么说，对吧？但是去登珠峰的人有几个？而且登珠峰不为自己，而是为了科研任务，真的没有几个。所以它和有没有钱关系不大，和想不想去做关系很大。

这个说法从 2003 年王石登珠峰开始，就有很多人提。实际上他压根儿就没有想到问题的关键，才会说"这些人吃饱了撑的"。那为什么会去干这个事呢？它背后的意义是什么？或许你觉得没有意义，但是对于有些人来说，可能是他穷极一生要去追求的事情。我身边这么多人去珠峰，其实有些人就是因为觉得人类很渺小。我也很渺小，我的一生也很短，我就想站到最高处看看这个世界，再去回望一下我的一生，我如何度过我的一生，这个我觉得是非常正常的事。

这一次在南坡有一个攀登者叫马超，他没什么钱，为了省钱他准备了很多很多年，自己上了很多次 6500 米，又上了很多次 7900 米，自己给自己背东西，一点一点运输上去，最后自己去登顶，没有请向导，就交了个注册费。所以说没钱也有办法可以去。

早期攀登肯定谈不上科学

问：现在攀登珠峰和早期相比，科学性的提高体现在哪些方面？

马啸：早期攀登肯定谈不上科学，因为没有经验。像王石他们 2003 年登的时候都是去国家队的训练基地训练，请国家队的教练。现在都不需要了，因为现在有很多商业登山公司都有训练计划，而且比以前的更科学。还有就是攀登装备，以前的很笨拙，现在我们的攀登装备很轻便，也很保暖，这些都是人类科技文明进步的一个表现。

这一次登珠峰，全程吸我们的氧气上去

问：如果仅仅只是登山，需要带哪些装备？

马啸：首先登山靴、连体服、睡袋，这是包里面最占空间的三个大东西。再就是技术装备，冰爪、安全带、上升器，然后就是帽子、袜子、毛线帽、毛线袜、内衣裤、食物等。

问：我们自带的跟别人不一样的就是岁隆氧气吗？

马啸：实际上我在食品方面也做了一些准备，一个是华大营养为这次攀登专门做了一款适合于高海拔的益生菌，我们从 6500 米、7028 米、7790 米到 8300 米，每天三餐都会吃。另外我们自己也带了一些高糖高脂的食品，包括一些速干米饭、速干面条，在高海拔胃部痉挛或者高反不舒服的情况之下，可以吃得进去的一些食品。下来之后汪老师也提到，其实我们华大运动和华大营养，可以联合起来去开发一些适合高海拔攀登的耐力类食品和耐力类饮料。

岁隆氧气，主要是我上一次登珠峰的时候，我们用 7 天上去，用 2 天下来，总共花了 9 天时间，用了 5 瓶氧气。我就发现登山氧气这一块全部都是国外产的，所以回来给汪老师讲了国产替代这个事情，他就很支持，说其实华大可以去做这个事。所以我从 2021 年年底开始筹划，到这一次登珠峰，全程吸我们的氧气上去。花了不到三年的时间，把这个事情算是做成了。

华大能不能利用最先进的基因技术去造福高原

问：华大两次组织珠峰登顶和科研行动，多次到高原采集微生物样本进行研究，在公共卫生事件中多次赴西藏支援……从本世纪初开始，华大人一直对青藏高原和珠峰情有独钟，在您看来，缘何如此？

马啸：汪老师说西藏是他的福地，在他有一些迷茫的时候就喜欢去西藏，在这个地方他能顿悟，所以他就想给西藏更多的回报。西藏在高原其

实医疗条件不好，有很多的地方性的疾病。华大能利用最先进的基因技术去造福高原，这个是他的初衷，有了初衷之后，就会有后面我们做的这些事情，包括一开始想要消除棘球蚴病，到后面我们在上面建医检所，再到后来建"火眼"实验室。

深圳算是业余登珠峰人数最多的一个城市

问：深圳现在是国内登山第一城，在您看来，为什么会这样？

马啸：深圳现在有 70 人次登顶珠峰，在全国乃至全球来讲，深圳都算是业余登珠峰人数最多的一个城市。大家都知道深圳是个移民城市，很多人都是从外地来的，它有这种创新产业聚集的特质和能力。而来的这些人，其实也是有这种特质的。再就是在深圳有很多创新科技公司聚集，这也是深圳创新性的一个表现。

在攀登之外，我们做任何事情都要有坚韧不拔的品质

问：您是什么时候加入深圳登协的？

马啸：2007 年。登协是 2003 年成立的，到 2007 年想更好地推动户外运动规范发展，所以当时就招募更多的人去做这个事情。我也是在 2007 年一次登山的过程中认识汪老师的。

问：您个人怎么理解"不止于攀登"这个主题？

马啸：不止于攀登，其实是表达一种攀登的精神，就说我们热爱攀登，但是不仅仅是攀登本身的事情，在攀登之外，我们做任何事情都要有坚韧不拔的品质，都要有勇于挑战、勇于创新的精神。

问：您提到了攀登精神，您觉得它最内核的东西是什么？

马啸：攀登精神最内核的是，勇于挑战的勇气和坚韧不拔的毅力，这个可能是最关键的两个点。

把主动健康作为我们华大的一个文化

问：您是哪一年加入华大的？选择来华大的原因是什么？

马啸：2016 年，华大运动成立之后，我就加入了。就想把运动和运动健康这个事情给做起来。运动健康我们主要是做员工的体质测评、评估和一些运动干预，现在还有主动健康。

问：华大运动成立这几年以来，在员工健康管理上做的效果比较突出的项目是什么？

马啸：一个是，我们原来在“二办”（华大原第二办公区）的时候做了电梯绿卡、北山夜登，还有几个健身房的课程，这些都是华大运动这边持续在做，还给员工做一些 CPET 心肺的评估等。

一般企业会把这些事情给到工会去做，我们这边会从运动健康的角度，把主动健康作为我们华大的一个文化，会把它做成雇主品牌里面非常重要的一环。我们连续几年都获得了一些优秀雇主品牌和健康企业的示范单位的支持，这些都是我们日积月累慢慢一点一点地做起来的。

从兴趣的角度让大家达到健康的状态

问：从 2023 年大家搬到时空中心之后，在主动健康这块有没有什么比较大的变化？

马啸：主动健康的本质是让大家动起来，所以我们尽量多地去安排多功能厅的羽毛球、乒乓球、健身房的活动。另外我们每年举办 3 次运动会，春季运动会、秋季运动会、“99 健康节”，还有现在人力、区域各个部门带头，在做健康打卡，比如提出来深圳十峰打卡，都很卷，但我觉得有这种比较卷的方式也非常好。我们也在路军的带领下准备举办第二届“小胖营”减脂大赛，现在正在报名，已经有几百人觉得自己是胖子，要通过减脂大赛来达到健康的目的。

就是通过多维度、多样化的活动，从兴趣的角度让大家达到健康的状态，而不是说我要逼着你去做健康的事情。所以说如何让大家“从我做起”，这是个学问，毕竟主动健康都是人不愿意主动选择的，遇见好吃的不能吃，每天还要去出汗，去跑步，多累啊。我们让人将不愿意做的事情变成自己能上瘾的事情，这才是真正能把主动健康做好的关键因素，这就是我们华大运动要持续去做的事情。

问：从 2016 年加入华大，您个人最大的变化或者最大的感悟是什么？

马啸：我觉得在华大反正赚多少钱不是最重要的，至少我能落下一个好身体。我爱运动，但我管不住嘴，而且经常喝酒，体重管理是个问题。现在虽然也胖，但是比以前瘦了 20 斤。

华大这 25 年不容易，一直是“小牛拉大车”

问：华大从 1999 年因为人类基因组计划诞生，到 2024 年成立 25 周年。25 年来华大在生命科学领域，从一开始跟跑、并跑，到现在个别领域实现领跑。您认为华大走过了一条什么样的路？

马啸：我觉得华大这 25 年不容易，一直是“小牛拉大车”，虽然我们力量不大，但是骨子里面的志向远大。因为生得伟大，所以志向远，虽然能力有限，但是有突破创新的精神和勇气，不停地往前去走，而且华大有“穷棒子”精神，我们能集中精力去干大事，一件一件的大事，就这样走过 25 年真的是不容易，但是我觉得也是辉煌的 25 年。

在极端环境之下，我们的工具可用、有用、会有大用

问：您认为登峰精神在华大“四极”科研工作中是如何体现的？

马啸：首先“四极”是物理的，它是一个地理的极限，在极端环境之下，它的科研科考都是非常有价值的，我们也能坚信这里面会有很多的产出。从精神上来讲，“四极”实际上是需要我们突破极限，不断创新，不断去探索、探求的，叫求极精神。

问：珠峰上的科研交流会提出“高深可测”，您怎么理解？

马啸：字面意思就是，从最高 8848.86 米到最深渊——海底 1 万多米的马里亚纳海沟，都可以用我们的工具去做检测。但汪老师深层的意思是，在极端环境之下，我们的工具可用、有用、会有大用。

我是觉得在这一次珠峰行动中，其实一开始我们是没有跟得住汪老师的。我们想的是，基于已有条件去做我们能力范围内能解决的事情。但是汪老师的想法并不是我们有什么就做什么，而是我们做的这个事情要能真正出来什么样的东西。

在拉萨的时候，汪老师听了我们的汇报之后，觉得生理学的东西太少了，不足以支撑我们这一次所采的样本反映的问题。因为你要通过生理学的各项指标和我们已采的这些人体的宏基因组、皮肤宏基因组、肠道宏基因组、血液等，你到最后要能对得上，不能说只从一方面去想问题。在这个方面真的就是老汪给我们上了一课，比起汪老师，我们的科学素养还是不够，科研的思维方式也是非常局限的，后面我们也是积极地去补充，去完善，达到了汪老师想要的科研设计的目的。

持续小赢原则的背后，是人们内心对意义感的追寻，而这种追寻需要落实在每一天微小的进步中。重大的胜利固然很好，但在我们的人生中太过罕有……小赢不怕“小”，只要能够和意义感、目标建立连接，再微小的胜利也值得肯定，只要永不为零，就会带来巨大的改变。

——《韧性：不确定时代的精进法则》，张晓萌、曹理达

登顶那一刻，我的想法就是赶紧把科研任务完成

——旦增旺姆访谈录

现任西藏华大基因科技有限公司助理指挥官，毕业于武汉大学生命科学院，生物工程硕士。

旦增旺姆参与了西藏包虫病防治项目，协助西藏自治区政府完成了全区7个地市的筛查工作，并与国家卫生健康委重点实验室、西藏自治区疾病预防控制中心、西藏自治区第二人民医院等合作开展包虫病筛查新方法学和技术应用的研究等，目前已在SCI、ASMUS、PIPPI、MICCAI等国际科学杂志上发表5篇文章，另外还协助建立了西藏包虫病样本库。

她参与华大集团珠峰科研项目，刷新了8300米超声实时连线颈动脉诊断纪录，于8848.86米珠穆朗玛峰顶上工作两个多小时（其中一小时无氧工作），进行心脏和颈动脉超声数据采集工作，是西藏首位民间女性登顶珠峰者。此外，她还完成了其他山峰的攀登和采样工作，曾5次带队登顶海拔6010米的洛堆峰、2次带队登顶海拔6178米的玉珠峰、1次登顶海拔7546米的慕士塔格峰、1次登顶海拔8201米的卓奥友峰。

她带领团队在西藏开展"沙膜技术"试验地种植，寻找适合高海拔的优良作物品种，为西藏防沙治沙生态修复工作作出贡献，通过新技术实现"沙改土"的目标，项目于2023年完成1.5亩试种后，2024年继续扩大至100亩，在高原进行"沙膜技术"实践。

导言 心之所向，素履以往：一位藏族女性攀登者的“珠峰之路”

她叫旦增旺姆，一个带着高原阳光般笑容的藏族姑娘。她是西藏成功登顶珠穆朗玛峰的民间女性第一人，是全球首份来自世界之巅的超声影像图的操作者。然而，褪去这些耀眼光环，生活中的旦增旺姆，也和你我一样，是一位热爱生活、喜欢运动，会为了工作废寝忘食，也会为了陪伴孩子而努力平衡时间的普通女性。

与珠峰的缘分，或许在旦增旺姆还是个孩子时就已悄然埋下。在藏族文化中，许多山峰都被视为神山，珠峰也不例外。这份敬畏和向往，伴随着她从懵懂走向成熟。加入华大后，旦增旺姆的人生轨迹发生了奇妙的转变。她笑称，华大的文化就是爱运动，而她自己也在这种带动下，从一个从未想过攀登雪山的人，一步步走向了更高的山峰。

2019 年，旦增旺姆第一次挑战 6000 米以上的洛堆峰。回忆起那次经历，她坦言最初的紧张和担忧，但也强调了过程中的快乐和享受。“真正攀登的时候，那些紧张已经没了，就一直享受过程，跟大家聊一聊，拍一些很漂亮的照片，见一些我从来没有见到过的风景”。登顶后的喜悦和震撼，更让她难以忘怀，“我觉得不管在什么山，什么高度，你在顶上看到的风景，当时的心境，完全不是那种在大城市能见到的。让我重新爬，我可能还会再去一趟，那是一种不会讨厌的过程”。

从 6000 米到 7000 米，再到 8000 米，旦增旺姆不断挑战着自己的极限。她将这份勇气和毅力，部分归功于藏族人独特的基因优势，“我们藏族人从祖先开始就能耐受高海拔，其实就是与生俱来的基因"。当然，除了天赋，更离不开后天的努力和坚持。为了备战珠峰，她开始了各种体能训练，徒步、健身房撸铁，还有不停地登山。

然而，对于旦增旺姆来说，攀登珠峰的意义远不止于征服一座山峰，更重要的是肩负着华大赋予她的科研使命。在极端环境下进行超声数据采集，是她此行的重要任务。为此，她克服了重重困难，从设备的学习，到自身身体状况的调整，再到解决可能会遇到的各种临时问题。因为担心掌上超声在温度太低的情况下电池耗尽开不了机，登山的时候她和向导甚至把掌上超声、充电宝、凝胶等都绑在腰上。

2024 年 5 月 21 日凌晨两点，大多数人还沉浸在睡梦中时，旦增旺姆和华大登山队的队友们已经踏上了冲顶的征程。黑暗中，他们互相鼓励，一步步向着目标迈进。8 点 36 分，旦增旺姆成功登顶，成为此次华大登山队第一个登顶世界之巅的人。然而，终于登顶的她，心中更多的是对科研任务的责任感。在珠峰顶端，她克服着缺氧带来的种种不适，坚持完成了无氧状态下的超声数据采集，为高原医学研究提供了宝贵的数据资料。

她坦言，这次经历让她有了很大改变，"我觉得未来会有更大的自信可以坦然去面对、接受新的挑战"。

从一个普通的藏族姑娘，到登顶珠峰的科研先锋，旦增旺姆用行动诠释了"心之所向，素履以往"的真谛。她对科学的热爱、对生命的敬畏，以及对挑战的勇气，都将激励更多人勇敢追梦，攀登属于自己的人生高峰。

专业性的登山是在加入华大之后

问：您从什么时候开始知道珠峰？小时候有听过吗？

旦增旺姆：我小时候还不是特别了解珠峰，但是我们藏族人将很多山视为神山，比如冈仁波齐。珠峰也是一样的。真正听说专业性地去攀登珠峰这件事情，可能在高中了。但没想过自己会爬上去。专业登山是在我加入华大之后才有的，因为华大的文化就是爱运动。在登珠峰之后，我才感受到真正的专业登山需要准备什么，自己心里是什么样的状态，爬到顶上又是什么样的感受。这些都是我在华大才有机会体验的。在华大，忙的时候我可以连续忙个三天三夜，不忙的时候，时间我自己可以掌握。

问：加入华大之后，第一次爬 6000 米以上的山是什么时候？爬完有什么感受？

旦增旺姆：2019 年，洛堆峰。其实我第一次听到要爬 6000 多米的洛堆峰的时候，还是有点紧张的，因为确实我没有爬过，而且也听说有很多冰裂缝，一些专业性的东西我也没学过，当时也是有过担心，不知道自己的体能行不行，算是对自己的一次挑战。

但是爬的过程中确确实实还是很快乐的，那些紧张已经没了，就一直享受过程，跟大家聊一聊，拍一些很漂亮的照片，见一些我从来没有见到过的风景，这种过程，第一次体验确实是很不一样。到顶上更不用说了，我觉得不管在什么山，什么高度，你在顶上看到的风景，当时的心境，完全不是那种在大城市能见到的风景。虽然缺氧，让我重新爬，我可能还会再去一趟，那是一种不会讨厌的过程。

与生俱来的基因可能就是我的优势吧

问：后来您又登了 7000 米、8000 米的山，包括这次登珠峰，这些山爬下来，是否会觉得自己体能上有一些优势？

旦增旺姆：在 2010 年，华大有一个科研项目，发现了藏族人有一个基因叫 *EPAS1*，这个基因可以在高海拔环境下有极强的表达。我们藏族人从祖先开始就那么能耐受高海拔，其实就是因为与生俱来的这些基因，这些都是我的优势吧，所以在山上我在体力以及其他一些方面，相对会比低海拔长大的人好一点。

运动带来的多巴胺是可以持续两三天的

问：咱们登珠峰之前，做了哪些准备工作？体能方面是怎么锻炼的？

旦增旺姆：我们这次登山队总共有 9 人，其中有 5 人常驻深圳，他们设计了一个很系统的方案，比如每天做多少个仰卧起坐，徒步多少小时，但我在西藏，跟他们离得很远，我又是那种希望被人督促的人，平时比较忙的时候我就根本没时间弄，白天上班，晚上带娃。

所以我没法跟着他们的节奏走，他们就给我出了一个主意：周末背着我的娃上西藏 4000 多米的山，来回背。我的娃两岁多，当时差不多有 15 公斤，我试了一下，真的好重，背完了累的不是身体，是肩膀，我说我放弃了，不干了。后来我又跑到健身房里练，有时候一天撸三四个小时的铁。我们日常运动量还是蛮大的，因为我们华大平时对员工健康的要求非常高，我们部门每周要交 7 万步的运动量，每个月其中一天要有 3 万步，所以我就不停地走，在家走，在公司院子里跑。然后每个月的那一天，我差不多要走个 10 多公里，再加上连续爬 3 座 4000 米以上的山才能满足 3 万步的要求。

平时我回深圳总部，也在爬山和爬楼梯的过程中。我在 8 楼办公，早上爬楼梯上来，拿个快递爬楼梯，吃个饭也要爬楼梯，反正就是一直在爬楼梯的路上。大家的团建活动大多还是上山，我跟他们开玩笑说，我好不容易来个大城市，你们又拉我到山上。不过我觉得这个文化还蛮好的，运动带来的多巴胺是可以持续两三天的，很舒服的，真的。

我们睡觉的地方变成了斜坡，整个人是坐着睡觉的状态

问：在这次珠峰行动中，您主要负责哪一块儿？

旦增旺姆：这次珠峰行动我负责高海拔的抽血和超声数据的收集，我们团队其实都蛮累的。因为我们很多时候就是在做科研的准备，不像其他队员，拉练完了就可以好好休息，我们不是。

我这次登山感觉一直在采集各种数据，做完这个做那个，每天从躺在床上没睡醒开始采集数据，包括代谢、呼吸、睡眠监测、血样、粪便、眼科、体脂、心肺超声和脑电等各项数据。我负责的超声，主要看我们在不同海拔梯度心肺有没有变化、心室有没有变大、有没有反流的现象，等等。

问：在山上怎么休息呢？您身体上有没有什么变化，如睡眠、呼吸这些？

旦增旺姆：有，主要是睡眠，但可能我是几个队友里相对不那么明显的。我们休息的地方是户外帐篷，大本营其实特别好，每个人都住一室一厅大帐篷，还有活动帐和休闲帐，比较丰富，但是从 5800 米开始都是户外的两人小型帐篷，越往上环境越差，刮大风下雪超级冷。从 7028 米到 7790 米和 8300 米都是在雪地上，我们只有一个很薄的防潮垫，虽然可以防潮，但不保温。到上面我们睡觉的地方就变成了斜坡，整个人是坐着睡觉的状态，一个小帐篷睡 4 个人，特别挤，我有一次一个晚上保持一个动作，就没翻过身，整个人大脑是清醒的，只不过闭着眼睛在那里休息。

从 8300 米开始冲顶的那天，我们是凌晨 12 点就起来了，1 点开始准备装备和食物，2 点出发，所以睡眠根本就不够，体力也完全没有恢复过来，就已经开始在路上走了，迷迷糊糊走上去。

问：在这种情况下冲顶，还有科研任务，更是又困又累了。

旦增旺姆：但是说实话，可能一是这次有这样的任务，心里很紧张，困意也没那么厉害了。二是在面临一个新的挑战和高度的时候，可能有一些兴奋，或者是担心，各种情绪很复杂，所以一路上都保持清醒，咬着牙上。

往旁边迈一个脚，就是悬崖了

问：凌晨 2 点出发，天还是黑的吧？要戴头灯吗？

旦增旺姆：我应该是 2 点 08 分准时出发的，然后一直在上。我们本来每个人有自备的头灯，但因为我和我向导的头灯都有问题，我们俩凑合着一起用一个灯。但在一台阶、二台阶、三台阶的地方一次只能通过一个人，相当于在悬崖上面，往旁边迈一个脚就是悬崖了。上台阶的时候，就我上一级台阶，再回头看他，他上来了，我再上一级，再回头看他，这样一步一步上去，确实蛮危险的。

登顶那一刻，我的想法就是赶紧把我的科研任务完成

问：您是几点登顶的？登上峰顶那一刻，您的心情是怎样的？在峰顶都做了什么呢？

旦增旺姆：我是华大登山队第一个登顶的，8 点 36 分。正常情况下，我可能会像其他人一样激动得哭了，或者高兴得笑了，但实际上，登顶那一刻，我的想法就是赶紧把我的科研任务完成。8000 米是极端环境，我在上面待了两个小时，其中无氧（不另外吸氧气）待了一个多小时，主要是为了测试在无氧极限状态下我的心率和心肺情况，还有我的耳鸣现象是否明显。其实如果没有科研任务的话，我可能会在顶上坐下来好好感受一下站在世界之巅的那种美，还是很漂亮的。现在就只能看手机上的视频回忆，原来当时是这样的。

在珠峰峰顶：为了测数据，无氧待了一个多小时

问：为什么要无氧这么长时间？

旦增旺姆：之前我们做科研计划的时候汪老师说，只要在自己身体允许、环境允许的情况下，就尽量做这个事情。因为这个事情对科学也好，对高原上的人或者过来攀登的人也好，都非常有意义，可以帮助大家了解极端环境可能会造成什么样的身体变化。

所以当时我在珠峰顶上，尝试看在 8000 多米的高度无氧情况下，我的身体会发生什么变化，我接下来的脑意识是什么样，为了测这个数据，就无氧待了一个多小时。无氧确实变化蛮大的，因为在珠峰大本营和攀登

的过程中，我的反流很少，基本上可以说没有，但是在珠峰顶上我心律是不齐的，同时反流也非常明显。但是我的脑子又非常清醒，包括说话等各方面。

我和我向导把掌上超声这些东西都绑在腰上，看起来就像怀孕了一样

问：您觉得在攀登过程中，最大的挑战是什么？

旦增旺姆：我这次攀登过程中最大的挑战是我负责的掌上超声检测。首先是短时间内掌握超声检测技术，相当于从零开始，担心自己学不好；其次是要解决设备在极端环境下开不了机的问题。大家都知道在海拔极高、温度极低的条件下，电池是靠不住的，所以我和我的向导每人多备了一台设备，共带了 4 台掌上超声设备、两台充电宝，万一一个不行，还得有一个备用。同时，我还要确保它们的温度，我把我能想到的办法都用上了，一是我把设备的散热口全堵上，用胶布粘上；二是攀登的时候，我和我的向导把包括掌上超声、充电宝、凝胶这些东西都绑在腰上带上去，从衣服外面看我们就像怀孕了一样，全是胀的，连脚都抬不起来，就是因为东西太多了。

问：听说您爱人来接您了，是在哪里接的？

旦增旺姆：是在海拔 5600 米，其实不只是接我，他还想接汪老师。他很崇拜汪老师，那是他的偶像之一。因为汪老师是一个可爱又霸道，又很独特、很有魅力的老爷爷，而且还很接地气，和什么人都可以聊天，很和蔼。

对我来说这次攀登的不仅仅是物理高峰，也是我心理上的高峰

问：如果说这次攀登的是一座物理高峰，您希望以后再攀登什么高峰？

旦增旺姆：我觉得每个人心里都有一座珠穆朗玛峰。对我来说，这次

攀登的不仅仅是物理高峰，也是我心理上的高峰，我能真正去面对它、尽全力去攀登，并且也做到了这个事情，站在了世界最高峰，完成了心愿。

在最开始的时候，我和领导、团队都说了，我可以接受超声这个挑战，但我不能保证我能做得好，不敢保证一定能在珠峰顶留下数据。所以这整个过程中，我其实一开始是没有信心的，自领了任务后自己也在不断地不分白天晚上地看视频、看资料、看人体结构，不断地练手法，直到在珠峰顶上把任务完成了，得到了汪老师、团队、医生的认可，那一刻我终于放松了，这一次我勇敢地接受了跨领域的挑战，在这个过程中也付出了很多努力，并且我做到了，心理上的高峰又一次登上了，那是一种无法形容的感觉，要感谢汪老师，他一直在背后支持我、鼓励我，给我很大的信心，我才能有这样的成就。

所以未来的话，就像这次攀登珠峰一样，不管遇到什么样的问题，我可能不会惧怕了，我觉得会有更大的自信坦然去面对它、接受它，慢慢地去解析它、理解它，所以说这次的攀登对我来说也是一个很大的收获，也在改变着我。

感恩神山接纳了我们所有人

问：您是西藏首位民间女性登顶珠峰者？

旦增旺姆：对，非常荣幸，也非常感谢汪老师，因为遇到了汪老师，既可以在自己的家乡工作，做自己喜欢的事情，又可以攀登心中的珠峰，感谢华大给了我这样的机会。我也能像潘多老师那样完成一件伟大的事情，珠峰上面又多了一位藏族女性的脚印。

所以对我来说，我为能传承藏族人的基因、展示我们的优势和潘多老师的精神，为能成为"潘多二号"而自豪。同时，真的很感恩。感恩神山接纳了我们所有人，感恩有专业的团队和我的向导扎西平措，更感恩所有华大的同伴们一路上对我的照顾和支持。

华大所有岗位上的人，多多少少都会有一些科学家精神

问：您之前不是直接从事科研相关工作，对吗？

旦增旺姆：虽然不是一个直接的科学研究的岗位，但因为华大本身是科研出身，很多工作都与科研相关，所以我觉得华大所有岗位上的人多多少少都会有一些科学家精神。对待问题也好，对待工作也好，秉着实事求是、科学解决问题的心态，打开新的领域和天地。

华大是科研出身，我觉得它追求的是能为人类做些什么

问：这次珠峰的经历后，您对华大科研精神的理解和感受会不会有所不同？

旦增旺姆：华大是科研出身，我觉得它追求的是能为当下和未来做些什么。科学家可能更多的不仅仅是自己喜欢干什么，或者说想干什么，而是解决真正需要解决的问题。虽然可能也会有很多外界的质疑或者身边人的不理解，但是他们一直默默地在坚持，不断地突破，不断地去解决这些问题，这是我觉得科学家们值得所有人学习的地方。

就像我们这次的珠峰科研，我自己亲身经历，华大的团队为了能够完成这样史无前例的科研，所有人都付出了很多，他们不惧怕艰辛，不惧怕挑战，甚至不惧怕可能会影响到自己的生命，他们来到高原，即便身体很难受还是不分昼夜地工作。最让我敬佩的是汪老师，他年纪这么大了还亲自带头设计科研，途中虽然身体很难受但从未说过放弃，带领并鼓舞着我们整个团队，坚守自己心中的那份信念和执着，一步一步完成了自己的计划，其实华大有很多像汪老师那样的科研人，他们朴素、坚韧，默默坚守在自己的岗位上，为自己热爱的东西付出一切，给这个世界带来了很多精彩的故事和美好。

在你最需要帮助的时候，哪怕是很小的事情，在当时也会无限放大

问：这次行动中有没有令您印象深刻的团队故事？

旦增旺姆：这次不管是拉练还是正式攀登，过程中如果遇到困难，哪怕是感觉自己体力透支了，或者身体不行了，团队的人都会去帮你。帮倒杯水都是一件很开心的事，因为在高山上，能自保、自理的人并不多，而且极端环境下见人品，当有些东西已经威胁到你的生命的时候，大家考虑更多的是自己，但是我们团队几个人是在自己还能说话、还能走的时候，都会想到照顾一下对方，哪怕是嘴上一句安慰的话，“一定要加油”“行不行”“冷不冷”，或者说，“什么东西没有了，我可以借给你”。

比如说刘欢欢，在我工作比较忙的时候，如果她手上的事情忙完了，就会来帮我，哪怕帮我拍个照。在山顶很冷的，但是她会脱下手套帮我拍照，这种举动很温暖，在你最需要帮助的时候，哪怕你现在看起来是一件小事，在当时也会无限放大的。

像汪老师就总想着要当第一个受试者，他永远都是这样：“先给我采，赶紧，我都准备好了！你们要什么数据？我随时过来！”即便他已经走了很长的路，很累了，也依旧这样。我觉得作为老板也好，作为我们科研团队的带头人也好，这个年纪能这样，让我感触还是很深的。

一个 70 岁的人还这么努力，这么坚持

问：经历了这次，对咱们团队的认识会不会和之前有所不同？

旦增旺姆：肯定有。比如刚刚提到的刘欢欢，以前在公司见到，可能觉得她是一个性格比较温顺的姑娘，但经过这么多天的相处，我觉得她很牛，很要强。说实话，她挺辛苦的。一路上我们采集的样本的处理工作都是她在做。有空的时候我们几个队员也希望能帮上忙，但她跟我们说得最多的一句话就是：“没事，我不辛苦，你们好好休息。”或者说：“你们

忙！”我在她身上看到的是一个科研人员只要在自己感兴趣的领域，就算再枯燥、再累，也能自己一个人默默地把事情干好的精神。我觉得这姑娘身上值得学习的地方还是挺多的。

另外感触最深的是汪老师，一个70岁的人，在我的概念里要不就是躺在家里休息，要不就旅游，但是他不是这样的。爬山不说，关键他还精力充沛——可以从早上聊到晚上十一二点，他还不睡觉，把我们几个叫过来，继续聊科研的事情，在每一个细节上，和我们讨论该怎么做，就像一个30岁的小伙子。我觉得他对我们团队来说真的是一个精神领袖。在攀登的过程中，如果我自己很累了，我一定会想到汪老师，一个70岁的人还这么努力，这么坚持。

其实我在山上问过汪老师为什么要再次挑战珠峰，他说，他每次有重大的想法，或者要做一些重要决定的时候，他可能会找一些类似于这样比较安静又比较极端的环境，面对这样的环境，他可能会有更多的灵感。我猜可能是因为在这样的极端环境里，你面对的是直接的问题、直接的事情，是真正在想自己想要做什么、能做什么，而不是被周边嘈杂的声音和工作环境所干扰。

他是一个很倔强的老头，很累的时候也不会去说

问：攀登过程中汪老师状态怎么样？

旦增旺姆：我们能看得出来，他的状态没有像在深圳那么好，走路或者平时各项体能方面会有一些减弱，但他还是我们一直想追上的人。给他氧气之后，他就一直在前面走。我觉得他是一个很倔强的老头，而且他很累的时候也不会去说，可能是不想给我们带来更多的压力，他都是自己咬牙坚持。

你不努力，10个向导、100个向导也不可能把你带上去

问：有很多人说，有钱有闲就可以登珠峰，在您看来是这样吗？

旦增旺姆：钱和时间肯定是要的，毕竟你上的是8848米，但是有钱有时间也并不代表你就能登上去，在这种极端环境中和高海拔上，如果遇到什么危险，你有钱有时间也改变不了任何事情。所以一是要有上天的眷顾，神山保佑有个好天气；二是你有充沛的体力，前期做了很多的训练，以及做好体能上、心理上的各种建设才可以。

因为这条路上你自己是最关键的，你不努力，10个向导、100个向导也不可能把你带上去，攀登的路很窄，下面就是悬崖，别人是没办法帮你的，还得自己努力。

攀登前：做各种适应性训练，包括系统性地做低压氧舱训练

问：早期的时候，很多人登珠峰带有一些盲目性，您觉得咱们这次的科学性体现在哪里？

旦增旺姆：在过去，可能受技术或其他方面的限制，而且没有一些标准的指标，所以登山可能会存在一些盲目性，死亡率相对较高。但现在，首先我们的装备越来越好了，像羽绒服、冰爪、鞋子这些。以前的人确实装备都是不齐全的。其次是我们的氧气，以前可能更多的是国外的产品，现在慢慢国产化了，包括我们华大已经开始做岁隆氧气了，不仅仅是2024年登珠峰，之前我们已经在7000米的慕士塔格峰和卓奥友峰都用过了，也在不断改进。

另外，为什么说科学性，包括这次我们做科研也是，是为了以后能更科学，我适不适合去做这样的事情，适不适合去攀登，要做这个事情我应该提前准备什么。我们这次攀登前，除了去其他6000米、7000米、8000米海拔的山地训练，我们还有系统性地做低压氧舱的训练，还有提前到西藏的各种高海拔区域进行适应等。所以也是在慢慢地完善，这次数据出来之后，如果有更大的发现，对我们后期的工作肯定也会有更多的帮助。

人生不只有攀登，还有攀登过程中收获的东西

问：深圳登协即将组织“不止于攀登”的演讲，您怎么理解这句话？

旦增旺姆：对我而言，我觉得人生不只有攀登，还有攀登过程中收获的东西。这个过程中有没有得到快乐，有没有得到你想要的东西，或者说有没有更不一样的发现，这个是很重要的。所以登上山顶不是最重要的，重要的是过程。

登峰精神，就是不断挑战自己的极限

问：如果说有一种登峰精神，在您看来，这种精神的内核是什么？

旦增旺姆：我觉得登峰精神就是不断迎接挑战，挑战自己的极限，极限之后看你还能不能再坚持。其实你能坚持，只是你的身体某些方面会告诉你，你不行了，但你可以告诉身体，你是可以的。

我觉得我应该代表自己也代表西藏地区人民跟他说一声“谢谢”

问：两次组织珠峰登顶，多次组织高原科研，在公共卫生事件中多次赴西藏支援……从本世纪初开始，华大人一直对青藏高原和珠峰情有独钟，在您看来，缘何如此？

旦增旺姆：我觉得华大对高原的情结，应该是从汪老师这里开始的。汪老师曾经因为一些问题很烦恼，一脚油门来到了西藏，他当时缺氧特别厉害，还在医院里边吸氧边继续思考，后来他又来到了聂拉木县樟木口岸，之后就想开了。

可能当人到了生命的极端环境的时候，有些东西就不那么重要了，做自己认为对的事情，不留下遗憾，才是最重要的。所以后来他说，藏区是他的福地。从那以后，他每年都会去西藏。2018 年西藏华大正式成立。我想，这可能也是他看到周边这些淳朴的藏族人民，想为他的福地也做些什么吧。其实西藏人口很少，才 300 多万，成立公司肯定是不赚钱的，但

汪老师说，他想在西藏做更多的事，帮助更多的人。他其实也是在帮助像我们这些来自偏远地区的孩子，接触更多的前沿科技。华大不仅协助西藏自治区疾病预防控制中心完成了包虫病 lgG 抗体检测，还捐赠了很多高科技设备。

所以汪老师对西藏的情结还是很深的，我觉得我应该代表自己也代表西藏地区的人民跟他说一声“谢谢”。

华大带给西藏的最大的变化

问：2024 年是华大参与人类基因组计划 25 年，作为这个领域的从业者，您觉得这个领域发生了什么变化？

旦增旺姆：说实话，25 年对我来说感触肯定没有像汪老师他们这么深，但是从西藏华大成立以来，我感触最深的是，我们解决了很多小孩出生缺陷的问题，以及一些疾病上的问题，比如肿瘤的早期发现等。这个是我觉得华大带给西藏的最大的变化，在过去，包括很多公立医院都没有条件，也没有能力去做这些事情，现在华大来了之后，解决了很多的问题。

华大精神应该是造福，带动其他人一起造福

问：2024 年是华大成立 25 周年，25 年来，华大在生命科学领域已实现从跟跑到并跑甚至个别领域领跑的跨越。在您看来，华大走过了一条什么样的道路？

旦增旺姆：我觉得有些东西是别人无法理解、无法想象的。从开始可能会怀疑你，到稍微觉得你还可以，慢慢发现你已经跑起来了。从跟跑到领跑的这个过程，华大的这种经历跟我们个人的人生经历其实很像，这个过程中只有自己去坚持，确定自己想要的目标在哪里，想要做什么。中间出现的其他事情、别人的目光，都不重要了。过程虽然艰难，但终究会走到自己理想的状态。

我相信华大一定会是我们中国乃至全球非常有影响力的机构，而且会

造福更多的人。作为一个科研起家的机构，我觉得就应该有这样的精神，解决终极问题，而不是只看眼前。

问：那您觉得科研的终极目标是什么？

旦增旺姆：解决一些我们现在无法解决的问题，去探索更多新东西。

问：您认为华大精神的内核是什么？

旦增旺姆：我觉得华大精神的内核应该是造福，带动其他人一起造福。

不要只看眼前，要看到远方，去想更远的事情

问：加入华大近 7 年，您觉得自己经历了一个怎样的成长过程？

旦增旺姆：对我而言，华大是我的第一份工作，我在这个环境里，从一个学生的状态，慢慢变成一个能独立面对问题的状态，不管是能力上还是信念上，考虑问题也更全面了。华大还教会我遇到困难不要停留在现在的状态，不要只看眼前，要看到远方，去想更远的事情，这个是华大给我的很直观的感受。

创造性发现的过程有时会很艰难，但收获远胜于艰辛。创造者的人生是充满惊喜的。独立或与人合作形成想法，最终创造新的产品、新的服务、新的程序，这一过程让人活力倍增。做一名创新者可以给自己的心理和情感带来极大的满足感。

——《创新者的基因》，［美］杰夫·戴尔、赫尔·葛瑞格森、克莱顿·克里斯坦森

想让更多人更安全、更舒适地去亲近大自然、亲近雪山

——刘欢欢访谈录

现任华大生命科学研究院生物技术副研究员（二级）。毕业于山东大学生命科学学院，发育生物学硕士。2015 年 6 月加入华大，后入选华大攀登队。2023 年 2 月加入“2024 珠峰行动”科研项目，现任高原人群研究专项负责人。2024 年 5 月 21 日，华大攀登队全员从北坡成功登顶世界最高峰——珠穆朗玛峰，其随队攀登并完成全程科研样本和数据的采集。

攀登经历：

2020 年 6 月

——玉珠峰　6178 米　登顶　攀登队员

2022 年 7 月

——慕士塔格峰　7546 米　登顶　攀登队员

2023 年 7 月

——慕士塔格峰　6300 米　C2 营地　科研专员

2023 年 10 月

——卓奥友峰　8201 米　登顶　科研专员

2024 年 1 月

——四姑娘山三峰　5355 米　登顶　攀登队员

2024 年 5 月

——珠穆朗玛峰　8848.86 米　登顶　科研专员

导言　不仅是攀登一座物理高峰，更是攀登一座科学高峰、精神高峰

对于大多数人而言，雪山是遥不可及的梦想，是心中那份对未知世界的向往与敬畏。然而，有这样一群人，他们不仅将攀登雪山视为挑战自我、探索极限的方式，更将这份热爱与科学研究相结合，希望让更多人能够更安全、更舒适地亲近大自然。刘欢欢，便是这群勇敢探索者中的一员。

刘欢欢，一位在华大集团默默耕耘的科研工作者，她与雪山的故事始于 2020 年的那场初次邂逅。当时，作为华大运动“人生第一座雪山攀登”活动的参与者，她与家人一同踏上了攀登玉珠峰的征途。尽管高原反应带来的不适让她初次感受到了攀登的艰辛，但那份与家人携手共克时艰的温馨记忆，以及成功登顶后的成就感，却在她心中种下了攀登更多高峰的种子。

随着时间的推移，在华大的攀登精神和高原研究项目双重动力的驱使下，刘欢欢的攀登之路越走越远，从慕士塔格峰到卓奥友峰，再到世界之巅——珠穆朗玛峰，她一步步挑战着自我极限，同时也与团队一起，将科研的触角延伸到了这片人迹罕至的极寒之地。

在珠峰科研计划中，刘欢欢不仅是一名勇敢的攀登者，更是一名严谨的科研工作者。她负责在攀登过程中采集队员们的样本，进而开展后续的蛋白质组、代谢组、基因组等多方面的科学研究，以期揭示人体在极端海拔环境下的高原适应性机制。

攀登珠峰，对于任何人来说都是一项巨大的挑战，更何况还要在如此恶劣的环境下进行科研工作。然而，刘欢欢却以超乎常人的毅力和专业素养克服了重重困难，圆满完成了科研任务。在海拔 6500 米

的营地花费了4个小时的时间做完样本处理，才出发进行这次攀登前必须完成的拉练，差点没能赶上。在登顶珠峰后的短暂时间里，她更是争分夺秒地进行着各项检测工作，与团队成员紧密配合，共同完成了多项科研任务。

这场珠峰科研之旅，刘欢欢用自己的实际行动诠释了她心中"勇于探索、科研攀登"的华大攀登精神。她与队友们所追求的不仅是攀登一座物理上的高峰，更是攀登一座科学的高峰、精神的高峰。他们用自己的热情和汗水，为更多人打开了一扇通往大自然、亲近雪山的大门。

第一次与雪山结缘是在2020年

问：您是怎么跟6000米以上的高峰结缘的？能说一下这个过程吗？

刘欢欢：第一次结缘是在2020年，华大运动组织了一个"人生第一座雪山攀登"的活动。当时攀登的是玉珠峰，所需要的时间不是很长，报名费也不是很贵，当时就报名了。而且是带着我老公，我们两个一起报名，去参加了我们的第一座雪山攀登。

一旦接触了雪山，心里就会种下一颗攀登的种子，有机会就想再尝试。后来，华大运动又组织了一次海拔7000多米的慕士塔格峰的攀登，我又报名了。在这次攀登过程中，我了解到高原项目，并决定加入这个项目，在攀登过程中做科研。2023年和2024年，我又依次完成了慕士塔格峰、卓奥友峰以及珠峰科研的攀登。

雪山其实离我们并没有很遥远

问：一般只有极少数人会去攀登雪山。您认为是因为华大的这个氛围推动您去攀登的，还是如果不在华大您也会去？

刘欢欢：主要还是有华大平台的优势，如果不在华大，可能会和雪山无缘深交。一旦接触到了雪山相关的信息，或者身边有攀登雪山的人，你就会知道，雪山其实离我们并没有很遥远。当然，深圳也是国内登山第一城，登山氛围很浓。

面对困难，两个人互相搀扶慢慢走

问：最初攀登玉珠峰，产生了一些很好的感受吗？

刘欢欢：其实当时在大本营的时候高反还是比较剧烈的，头疼、犯困。当时比较艰难，但现在回想起来还是比较美好的，既有大团队，又有我们的小家庭。因为过去很久了，现在回忆起来，印象比较深的就是我老公把力气用在了向上攀登，而在下撤的时候基本没有力气了，每挪一步都很困难。因此，我们俩也是最后下来的两个人，可以说是提前体验了未来生活中的困难。面对困难，两个人互相搀扶慢慢走。

问：玉珠峰和慕士塔格峰的攀登经历，是不是让您觉得自己还是比较能适应的，就愿意去参与更多？

刘欢欢：是，这也是打下了一个基础，知道自己的体能在高原上也还可以，能够攀登，稍加训练也可以参与在高原上的科研工作。

加入高原项目，开始科研攀登

问：后来真正开始想登珠峰，是2022年？

刘欢欢：2022年，汪老师在慕峰C2营地给我们讲大课，在山上说可以怎样做高原研究项目。我下山后进行了一些了解，也跟高原项目的负责人金鑫老师谈了几次，因为加入这个项目是需要承担一些高海拔采样工作的，工作内容会发生变化。在充分思考之后，我决定加入高原项目，开始了后面的科研攀登。

能把工作与喜欢的事情结合起来，是非常棒的人生体验

问：当时知道这个计划，您是觉得“太好了，我能参加”，还是会有一点犹豫？

刘欢欢：肯定是有一些犹豫的，跟家里也商量了。不过能把工作与喜欢的事情结合起来，真的是非常棒的人生体验。因为如果没有参与高原项目的话，我的珠峰攀登时间线可能就会拉得很长，不会在这么短的时间内，从 5000 米、6000 米、7000 米一直到 8000 米再到珠峰。

他的奋斗精神，是我们很多人的榜样

问：在登山方面，您有没有榜样或者想成为的那种人？

刘欢欢：汪老师。他不仅仅在 70 岁这个年龄去攀登珠峰，而且也是我们的科研受试者，还主动承担科研工作。他把自己的专业跟兴趣结合，他的奋斗精神是我们很多人的榜样。

华大运动的曹峻老师，北大山鹰社第二任社长。以他为代表的前辈引领了中国民间登山运动的发展，他的攀登经验非常丰富。还有王石先生，他计划在 81 岁再登珠峰！

团队合作也是非常重要的

问：这次华大登山队的平均年龄也就是 30 多岁，您在登山队里处于什么样的一个水平？您入选华大登山队的主要优势是什么？

刘欢欢：年龄处于中等，最小的是 2000 年出生的，最大的 70 岁。

我觉得体能是基础，首先要有登雪山的基本身体素质。毅力也是一个很关键的因素，因为在你觉得坚持不下去的时候，就只能靠毅力往上走。当然，团队合作也是非常重要的，因为我们是一个大团队，各方面保障很完善。在珠峰大本营，我们还设了“珠峰实验室”，有很多的检测项目要完成，有好几个团队一起合作，既包括华大自己内部的，也包括华大外部

的合作方，我们需要一起去完成。

问：您过往的科研经验是不是也很重要？

刘欢欢：我之前是在实验室做技术的。在山上采样，其中有一项是血液处理，需要使用离心机、移液器等实验室的设备和仪器。因为有这方面的经验，在山上操作的效率及准确性都会更高一些。

把整个时空中心的楼梯全部爬了一遍

问：知道要攀登珠峰之后，有一个怎样的准备过程？

刘欢欢：攀登珠峰前一两个月，华大运动就组织攀登队员进行各项训练。比如下班之后一起去华大健身房训练，还会约定两周去爬一次山，深圳有很多山，包括梧桐山、七娘山等，我们也曾连爬七娘山和梧桐山进行拉练。

另外，华大时空中心的楼梯也比较多，汪老师还带着我们登山队员把整个时空中心的楼梯全部爬了一遍。整体来说，我们在体能这一方面做的训练还是挺多的。

海拔 6500 米营地：耗时 4 小时处理完样本后从营地出发，最后完成拉练

问：听说在一次拉练当中，您要同时做科研，好像耽误了一点时间，大家折返时看到您，后来您也完成了拉练，这类的情况多吗？

刘欢欢：那是在海拔 6500 米的营地，是我们这次科研采样比较高的一个海拔了。因为现场要把血分离成血浆、单核细胞、红细胞 3 种成分，耗时 4 个小时左右。所以我是在处理完样本完成科研任务之后，在下午 3 点左右才从营地出发，但最后也非常顺利地完成了这次拉练。

适应拉练是爬升到一定高度之后下撤回来，这样可以减少后续攀登过程中的高原反应。有时候当天安排的拉练是短距离的，可能我操作完或者说还没操作完的时候，他们就已经回来了。当然有一些拉练是必须完成的，就是海拔 6500 米的那次，我操作完之后他们还没回来，时间也还好，

所以就去追赶大家，希望把这次拉练完成，也能够让向导放心，知道我有这个体力去完成后续的攀登。

把主机塞到我们的连体羽绒服里，用体温减缓放电速度

问：在前进的过程中，您需要背哪些后续要使用的设备？

刘欢欢：会背一些，但是没有很多。比如脑电仪器，它有一个小小的主机，还有电极帽，特别是主机，因为山上温度比较低，放电会比较快，所以我和旦增旺姆、马啸老师把含电池的设备主机塞到我们的连体羽绒服里，用体温减缓放电速度。另外，每人还揣上充电宝，以防万一。

整个团队在山顶上都挺忙碌的

问：登顶之后，来得及看一下峰顶的风景吗？还是赶紧去做事了？

刘欢欢：登顶后没有想到去欣赏风景，因为我到了之后先用目光扫了一下我们的队员在哪儿。看到旺姆已经开始做掌上超声检测，我就过去协助拍摄。汪老师他们登顶了之后，我又去采了汪老师的皮肤微生物样本，以及马啸老师的口腔微生物样本。我们整个团队在山顶上都挺忙碌且充实的。

等我到了 70 岁的时候，我在干什么

问：下撤的过程中有什么感受？

刘欢欢：下撤是跟汪老师一起的。汪老师能够在 70 岁的年纪登顶珠峰，在体力几乎耗尽的时候下撤到营地。在他下撤的过程中，我能看到他走得并不轻松，但每一步都脚踏实地，我很受感动和鼓舞。我们很多人都会想：等我到了 70 岁的时候，我在干什么？还有没有健康的身体，还能不能正常地走路？

从珠峰峰顶下撤的路上：汪老师步态踉跄，还摔倒过一次

问：他非常艰难的时刻，大概是在下撤的什么阶段？

刘欢欢：在登顶当天撤往海拔 7790 米营地的路上，有些地方比较陡，大小石头也比较多，我一直跟在汪老师身后。能看出来，汪老师步态踉跄，还摔倒过一次。这样的路，我这样的年纪也感觉脚趾极度不适，耐力要到极限。我也好奇地问汪老师有没有不适，汪老师说他的脚也不舒服。能推测出汪老师是顶住困难却没有止步。

极高海拔下执行科研任务，是很大的挑战

问：如果说攀登珠峰本身是攀登了一座物理高峰，那科研任务的执行对您来说是一座高峰吗？它的难度主要在哪儿？

刘欢欢：是的。因为在极高海拔下执行科研任务是很大的挑战。随着海拔的增高，我们要考虑受试者的状态，操作难度也会加大。就我个人而言，时间上是比较紧张的，所以要保持清醒的头脑，否则可能就会出现操作失误，浪费宝贵样本。

希望对去高海拔地区工作或旅游的人及当地人都有一定的帮助

问：能否介绍一下样本采集的情况，以及未来将如何使用这些数据？

刘欢欢：我们前期在攀登队伍里招募受试者，在攀登前的拉练过程中，采集他们的血液、粪便、尿液、皮肤微生物等样本，进行蛋白质组、代谢组、基因组等方面的研究。另外，像旺姆做的超声，属于影像组，我们还有眼科、脑电，等等。

我们还采集了很多生理表型的数据，目的是把整个攀登过程以及回来之后的数据进行横向和纵向的比较和分析，开展人在极端海拔攀登过程中的高原适应性的研究。我们希望将这个模型研究清楚，未来我们希望不仅仅是对攀登人群，还对去旅游的人都有一些帮助，包括对提升高原当地人

的生活水平也有一定的帮助。

更科学、更舒适地去亲近大自然、亲近雪山

问：关于高原科研，您是什么时候开始有很大兴趣的？

刘欢欢：其实登第一座雪山时就意识到了。因为攀登第一座山峰玉珠峰的时候高原反应是最强的，整个人都很难受。后面有了攀登第一座山峰的经验，身体可以适应，后面的山峰攀登就觉得还好。但是第一次的高反感受让人印象很深。

我也希望通过高原攀登的科研项目，能够尽可能降低这种高原反应，让更多想要去亲近雪山的人能够更科学、更舒适地去亲近大自然、亲近雪山，去做自己想做的事情。

更加珍惜生命，更豁达，心胸更宽广了

问：登上珠峰后，您对自己的认知有什么变化吗？会觉得自己的韧性或者其他方面得到了一种新的验证吗？

刘欢欢：看事物的角度不一样了。在登雪山之前，我有时会被一些琐事困扰，但是登雪山之后，或许是经历了生死，看事情会更豁达一些，也不会被小事干扰，精神有了升华。

以前觉得生死离自己很遥远，就很容易被生活的小事或工作上的困难困住。攀登雪山是一项高危险的户外活动，在 2023 年攀登卓奥友峰期间，我们拉练下山时与两位国际攀登队伍的女孩擦肩而过，她们在另外一座雪山上因雪崩去世了。我自己在登山过程中也多次经历危险瞬间，所以会更加珍惜生命，生活态度有很大变化。

把采集到的样本和数据进行归拢，产出数据和分析

问：当说到更珍惜生命，很多人会觉得应该更好地去享受生活，但您可能还是会把更多的时间投入到工作上。您觉得回来之后对科研的认识有

没有什么变化？

刘欢欢：我觉得更坚定了。随着我们这个项目最后一座雪山——珠峰的攀登完成，我们的项目在攀登这阶段已告一段落。接下来，我们会把采集到的所有样本和数据进行归拢，去产出数据和分析。不管是科研文章，还是能切实帮助到大家的一些科研成果，我都比较坚定和有信心。

只要想，去干就行

问：攀登永无止境，对于要尝试登山运动的女性，您有没有什么建议或者鼓励？

刘欢欢：登山没有性别的区别，只要想，去干就行！有很多人有西藏梦、雪山梦，但可能会因为想到高原反应引起的不适，就不敢迈出这一步。我想说，你只要有这个想法就去做，你可以的。

他不仅是我们的引领人，更是精神上的一个支撑

问：这次珠峰科研计划之后，您对华大整体的科研精神有没有一些新的感受？

刘欢欢：这次的攀登成功，对大家有一定的激励作用。汪老师在 70 岁的年龄，还能去坚持攀登，而且过程中还要做科研，为大家树立了一个很好的榜样。每次一起攀登，他不仅是我们的引领人，更是精神上的一个支撑。

过了海拔最高的一个生日

问：5 月 19 日是您的生日，是在营地度过的，有没有在这个节点去看一下过去，展望一下未来？

刘欢欢：虽然那天是生日，但其实我们整天都在行进中，前期都没想这个事，只有傍晚快到营地休息的时候忽然想起是自己的生日。觉得 2024 年的生日非常特别，过了海拔最高的一个生日。

在山上其实没有想太多，因为脑子转得也不够快，就是想着能顺利把科研做好，能顺利登顶，也算在不惑之年的一个不小的收获吧。后续也希望能够在工作和生活上更顺利，希望能够取得一些成果。未来也希望自己脚踏实地，取得更多突破。

我们做了很充分的准备，方案制订也比较周密

问：这次华大登山队不仅成功登顶，还刷新了几项纪录，您觉得为什么能做到这些？

刘欢欢：前期的训练是很重要的。华大时空中心一楼东区的低压氧舱，我们会按预约时间，每次在舱里训练一两个小时，隔天去一次，提高高原适应性，这样到高海拔之后，身体的反应会降低很多，甚至没什么反应。在体能上，除了健身房之外，周末我们还会去野外登山或者在时空中心爬楼梯。另外还有个人的一些加强训练。

科研方面，前期经历了 6000 米、7000 米、8000 米海拔的雪山预演攀登，我们也是做了很充分的准备，方案制订也比较周密。这次珠峰科研，我们也增加了一些数据的采集，像眼科等。咱们的“珠峰实验室”也做了很多准备，华大在几年前就已经开始研发高原设备了，比如脑电和掌上超声一直在开发迭代。

我觉得整体看来，不管是攀登还是科研，大家都做了充分的准备，所以才能取得这样的成绩。

在顶峰大概待了一小时零一二十分钟

问：华大登山队，旺姆是第一个登顶的，您算是第二个是吧？您在顶峰待了多久？

刘欢欢：我在 A 队 14 名队员中第 6 个登顶，在顶峰大概待了一小时零一二十分钟吧。一般人可能待二三十分钟，欣赏下山巅风景，拍登顶照，要综合考虑天气、剩余氧气量和时间，因为下撤也很重要。

问：您之前有计划过要在登顶之后做什么吗？后来都做了吗？

刘欢欢：计划好的都做了，就是采集汪建老师和马啸老师的样本。脑电数据采集基本上是他们自主完成，他们前期做了很多次训练，还把头发剃光了。

旺姆是小牦牛，我是老黄牛

问：汪建老师形容旺姆可能是一个显性的英雄，欢欢可能是一个隐性的英雄，您怎么看他的这句话？

刘欢欢：汪老师分别给了我和旺姆一个动物代称，旺姆是小牦牛，我是老黄牛。我不善于表达，更多喜欢默默做事，旺姆是多边形人才，能说能干体力也非常好，是我们的明星人物。

另外，我们从海拔 6500 米往 5800 米下撤的途中，有一具牦牛尸骨，据说是掉在了冰裂缝里，被主人拉上来一直放在那儿。汪老师在庆功宴上说，他甘愿做华大的牦牛，我理解这是一种甘愿付出自己的精神。

登顶后，发现山顶太小了

问：在攀登过程以及科研过程中，是否有之前没预料到的发现或者惊喜？

刘欢欢：有意外，登顶后发现山顶太小了。还有就是，汪老师这次不管是拉练还是攀登，一直处于领先的位置，他经常领先我们到达营地。

攀登无止境，科研也无止境

问：您怎么看待汪建老师二次挑战珠峰的行为？

刘欢欢：汪老师用二次攀登珠峰，彰显了攀登无止境，科研也是无止境的。还有不惧挑战，也不被年龄束缚。

问：那您觉得他在华大登山队当中发挥着什么样的作用？

刘欢欢：汪老师是我们的精神支柱。当我累的时候，看汪老师还在坚持，我们有什么理由不去坚持呢？

他们戴着头灯在集装箱实验室里做实验

问：在珠峰行动里，有没有一些让您印象比较深的团队的故事？

刘欢欢：华大生命科学研究院的韩默团队很不容易，也很让人感动。他们是在一个集装箱做成的“珠峰实验室”里面做实验，一次因供电故障，他们就戴着头灯在舱里操作实验。有几个晚上，韩默和华大智造的向芙江，还为保障实验顺利运行留宿在集装箱过夜。

另外，曹峻老师作为华大珠峰登山队队长，要处理很多事情，包括住宿、车辆协调，以及设备的运输、人员上下扎西宗的安排，跟探险公司的沟通，等等，非常不容易。攀登队长马啸老师也让我很感动，他要照顾到每个队员的情绪，以及攀登的状态。我觉得每个人都值得学习。

物理上的最高峰已经接纳了我，还有很多其他高峰需要去探索和攀登

问：对您个人而言，登珠峰意味着什么？

刘欢欢：登顶珠峰算是物理上的最高峰接纳了我，还有很多其他的高峰需要我去探索、去攀登。我们在工作或者生活上，都有很多要去面对的，有很多无形的山需要去攻克。

华大有很好的运动氛围

问：目前，华大总共登顶珠峰的有 10 个人，登顶卓奥友峰有 9 个人，登顶慕士塔格峰有 12 个人，您觉得为什么华大人喜欢登山？

刘欢欢：这跟华大的文化有关系。汪老师作为我们的领头人，他在 2010 年就登顶了珠峰，为我们树立了标杆。另外，我们有华大运动这么好的团队，有完善的攀登方案，也能够保障安全。我们有很好的运动氛围。

华大的攀登精神就是勇于探索，科研攀登

问：那您怎么看待华大人的攀登精神?

刘欢欢：勇于探索，科研攀登，这是汪老师坚持的，因为他不是单纯地去登珠峰，他是想在攀登过程中做出一些成果来，最终服务于大家。

特殊登山队：肩负科研任务，不只是单纯的攀登

问：一直说华大登山队是一支特殊的登山队，从您个人的角度来讲，您觉得特殊在哪儿?

刘欢欢：一个是登山队员大多数来自我们华大内部，我们也比较熟悉，是比较团结的。另外，我们也肩负了科研任务，不只是单纯的攀登，所以是特殊的。还有一个特殊，汪老师是在 70 岁这个年龄去攀登珠峰，是目前中国登顶珠峰最年长的。此外，我们还把华大研发的掌上超声和脑电设备带到了山顶采集影像。除了山顶的设备外，还有很多设备也在大本营创了最高海拔运行的纪录。

长远来看，科学没有真正的登峰或者是造极

问：自然的山体攀登有可能登峰造极，那您觉得科学上有可能登峰造极吗?

刘欢欢：科学上可能是阶段性的登峰造极，但是这个阶段过去，总有新的技术、新的工具迭代，所以长远来看，我觉得没有真正的登峰或者是造极。

科研永远有新的东西等着你去发掘

问：您觉得科研最吸引您的地方是什么？或者您觉得科研的魅力体现在哪儿?

刘欢欢：就是它永远有新的东西，有未知的东西等着你去发掘，会让

你不止步于当下。

工具的发展极大地推动了科学的进步

问：2024年是中国参与人类基因组计划25周年，您是学生物的，也是在这个行业从事相关工作的，那您认为这25年，生命科学领域发生了什么变化？

刘欢欢：我感触比较大的是工具的发展，特别是华大自主研发基因测序仪，包括配套的试剂耗材，进行国产化替代。这一路走来，测序仪的不断迭代升级，带来的是测序成本的大幅下降，设备的可及，让很多科研院校都可以使用上，极大地推动了科学的进步。

很荣幸能加入这个队伍

问：您是在什么契机下加入华大的？

刘欢欢：上大学的时候就对华大很熟悉，因为我学的是生物技术专业，会有一些工作跟华大有交集，比如说一代测序是送华大检测的。另外，我们学生物的都知道华大有参与人类基因组计划，所以很荣幸能加入这个队伍。

这里的很多人是很有情怀的

问：您从读书的时候其实就关注到华大，也加入华大这么多年，在您看来华大这25年走过了一条什么样的路？

刘欢欢：有顺利的时候，也有坎坷的时候。这里很多人是很有情怀的，我已经加入华大9年多，也是带着很深的情怀加入华大的。华大的建立就是为了参与人类基因组计划，而且面对突发公共卫生事件和重大民生项目，华大做了很多事情。

问：如果说有一种华大精神，您认为它的内核应该是什么？

刘欢欢：自主、创新。

问：那在这条华大之路上，您个人经历了什么样的成长呢？9 年多来最大的感悟是什么？

刘欢欢：我之前是技术岗，感悟就是踏踏实实干，也要敢于走出舒适圈，抓住机遇，可能就会取得不一样的成果。

其实，自由就在我们的内心深处，但我们往往视而不见，就像我们看不到“牢笼”的出口一样。史蒂芬·柯维曾分享道，他人生中最大的发现就是在每一个外部因素与我们采取的行动之间，都存在着一个空间，这个空间就是选择。而我认为这个空间应该是有意识的自主选择，包括持续学习和行动改变两个方面。

——《创新者的基因》，[美]杰夫·戴尔、赫尔·葛瑞格森、克莱顿·克里斯坦森

每个人心中都有一座想要攀登的珠峰

——厉延琳访谈录

毕业于美国波士顿学院艺术专业，于 2018 年开始攀登雪山，攀登过卓木拉日康、卓奥友等高海拔山峰。2023 年加入华大，设计了华大珠峰登山队 logo，2024 年随队登顶珠峰。

导言 热爱随着一次次挑战变得愈发坚定

"如果我自己放弃了，那明天的我一定会恨今天的自己。"

这句话，是厉延琳在攀登海拔 8201 米的卓奥友峰时对自己说的。彼时，距离她第一次萌生攀登珠峰的念头，已经过去了 5 年。5 年的时间，从最初看到父亲拍摄的珠峰视频时的震撼，到亲身体验高海拔攀登的艰辛，再到最终将登顶珠峰的目标刻进生命里，厉延琳对雪山的热爱，也随着一次次挑战变得愈发坚定。

2018 年，厉延琳的父亲加入了北大山鹰社攀登珠峰的队伍。虽然那一年他未能成功登顶，但父亲带回来的视频，却在厉延琳心中埋下了一颗种子。视频里，珠峰之巅的壮丽景象，以及"会当凌绝顶，一览众山小"的豪迈气概，深深震撼了她的心灵。

自此，雪山便成为她生命中不可或缺的一部分。从海拔 6010 米的洛堆峰，到 7046 米的卓木拉日康峰，再到 8201 米的卓奥友峰，在一次次与极限的对抗中，她不断挑战自我。

2024 年，厉延琳加入华大珠峰登山队，随队踏上了挑战世界之巅的征程。这一次，她不仅背负着个人的梦想，更和团队一起，肩负着科研目标。

然而，攀登珠峰的道路，从来都不是一帆风顺的。极寒、缺氧、恐高、体力透支、不自信……种种挑战，无时无刻不在考验着她的意志。面对恐惧和不安，她选择用顽强的毅力去克服。

"我觉得有可能就是一种延迟享受的快感吧，就像大家很喜欢看足球比赛一样，很可能你要忍受 90 分钟毫无进展的比赛，就为了最后进球的那一刻。登山可能也是这样吧，你经过长时间的痛苦，最后迎来了你想要的结果之后，那种快感是可以持续很久的。"厉延琳这样描述她对登山的热衷。

最终，她成功登顶，实现了自己多年来的梦想。

这篇访谈，记录了厉延琳的登山之路，也展现了她对梦想的执着、对挑战的勇气以及对生命的热爱。在这段非凡的旅程中，她不仅征服了高山，更战胜了自我。

现在，就让我们跟随厉延琳的脚步，一起走进她的故事，去感受那份源自内心深处的热爱与执着，去领略世界之巅的壮丽与震撼。

看了从珠峰顶俯拍的视频，我也想去，真的是“会当凌绝顶，一览众山小”

问：您最早知道珠峰是什么时候？

厉延琳：2018 年，我父亲（厉伟：松禾资本创始人，华大集团监事）加入了北大山鹰社去挑战珠峰的团队，遗憾的是他那年未能成功登顶。他回来后给我看了一段队友从珠峰顶俯拍的视频，看到那个视频，我突然就有一种我也想去这个地方的感觉，那是真的“会当凌绝顶，一览众山小”。我觉得此生能看到那个场景，真的是一大荣幸。

问：实际看到珠峰，与看视频时的感受有何不同？

厉延琳：视频中的景象在我记忆中已经比较模糊了，只记得蓝天和其他雪山。但我的确成功复刻了那个视频。

爱护环境是家里的习惯

问：能聊聊您小时候走戈壁时带走垃圾的经历吗？

厉延琳：那是 16 岁时参加戈壁成人礼挑战赛，虽然当时的心态已记不清了，但可能也是受家里的影响吧。我父亲现在是深圳登协的会长，他每次出门爬山，都会带着大家捡垃圾，感觉爱护环境是我们家里的一个习惯。力所能及的事情，就会去做一下，在那种茫茫戈壁上看到远处有一个垃圾，我心里会很不舒服，而且把它捡起来也并不会耗费我多少体能，那我就会去做，差不多这样的心态吧。

如果我放弃了，那明天的我一定会恨今天的自己

问：在珠峰之外，6000 米到 8000 米的山您还爬过哪几座？

厉延琳：6000 米爬的是洛堆峰，7000 米爬的是卓木拉日康峰，8000 米爬的是卓奥友峰。其实卓奥友峰我爬两次了，第一次是在 2019 年，第二次就是跟华大成员一起，在 2023 年。

第一次我是在最后冲顶那天出现了头晕、恶心、呕吐的症状，已经濒临放弃了，但那次因为山顶有点疑似雪崩，所以最后大家都撤退了，也是全员没有登顶的一次。第二次其实我也没有登顶，当时真的很艰难，因为我把这次登卓奥友峰当成了一个考验，看我在两年没有登过雪山之后，还能不能登到攀登珠峰资格线，也就是海拔 8000 米的位置（在北坡攀登珠峰，需要至少有一次 8000 米以上的攀登经历）。所以在倒数第二天时，我真的每走一步都在跟自己说，我一定要走到 8000 米，至少要走到 8000 米。最后两天我都是这么熬过来的。我跟自己说，如果我放弃了，那明天的我一定会恨今天的自己。

最后走到 8000 米的时候，天刚蒙蒙亮，向导跟我说到了 8000 米，真的有一种想哭的冲动，觉得整个世界都豁然开朗了，自己真的达到了这个一直以来想达到的目标。

如果想活着从珠峰上回来，必须有足够的体能

问：您之前说爬了卓奥友峰之后，发现自己有很多不足，主要是指哪些方面？

厉延琳：体能、心态都有的。从攀登卓奥友峰的过程我就发现，我的体能的确是相对偏弱的。我在下撤的途中出现了力竭的症状。就是头晕，

低头看地面的话就头晕，我就只能仰着头、不看路，这么下撤。当时我就意识到了，如果想活着从珠峰上回来，就必须有足够的体能。也是直到 2023 年爬卓奥友峰那一次，才让我真正对死亡的风险有意识。

登山虽然苦，但是路程中也有很多快乐

问：那登山为什么还吸引您？

厉延琳：是啊，我也觉得这是人很神奇的地方。登山也是一样的，在上山的时候就哭着说我再也不要来了。但是下山之后不到一个月，又开始计划下一座雪山自己要去哪里了。

我觉得有可能就是一种延迟享受的快感吧，就像大家很喜欢看足球比赛一样，很可能你要忍受 90 分钟毫无进展的比赛，就为了最后进球的那一刻。登山可能也是这样吧，你经过长时间的痛苦，最后迎来了你想要的结果之后，那种快感是可以持续很久的。而且登山虽然苦，但是路程中也有很多快乐，比如可以和同伴享受比较纯粹的友谊，可以看风景，可以远离都市的喧嚣，拥抱大自然。

父亲和汪老师是登山榜样

问：在登山方面您有榜样吗？

厉延琳：榜样的话就是我爸和汪老师。毕竟我是一路跟着我爸的步伐这么过来的，而且他在山上一直很乐观，也能交到朋友，融入大家，对我来说这也是很羡慕的一点。汪老师的话，就很佩服他那种吃苦耐劳、能够坚持，并且不喊苦不喊累的精神。毕竟他是我们团队里年龄最大的人，他肯定也有很多的不舒服。但在这个过程中，他没有一次喊过他累了，他要休息，每次都是大家觉得时间差不多了，问他要不要休息？他才说 ok。

2021 年完成全部拉练之后宣布下撤，那次之后就产生了一种执念

问：2024 年是您第三次挑战珠峰，第一次是在 2020 年，那次是您父亲成功登顶，您去迎接他了吗？

厉延琳：对，那次我是没有参加最后的登顶就下撤了，因为当时咳嗽得非常厉害，回日喀则之后照了一个胸片，发现肺部产生了一个阴影，为了保险起见，我还是忍痛下撤了。现在才发现当时咳嗽，其实是因为冰雪哮喘。当时我是想去接一下他，同时也想见见其他队友，恭喜一下大家，但是到了之后，发现大家都在开心地庆祝，一下子就触景生情了，挺委屈的，还有点失落吧，我当天晚上就回来了。

问：您当时会想"总有一天我一定要成功登顶"吗？

厉延琳：其实真正有这个执念是在 2021 年失败之后。那次是因为 2021 年疫情，活动取消了。但那次我们是在完成全部拉练之后，才被要求下撤的。感觉苦都受完了，就剩最后一点甜了，结果没有了。之后就真的产生了那种执念。

最特别的适应性训练是低压氧舱

问：如果不是在华大工作，您会在 2024 年挑战珠峰吗？

厉延琳：这个还真不好说，所以也挺感谢华大的，也是驱动我的一个契机。

问：决定要攀登珠峰之后，您做了哪些准备工作呢？

厉延琳：练习的话基本上就是去健身房、爬楼梯和爬梧桐山，一般周末去爬一次梧桐山，平时有 3 天来爬华大的楼梯，剩下的时间是去健身房。楼梯的话 9 层，爬 10 到 15 趟。在来挑战珠峰之前的一个月，华大运动的曹峻老师发现我的肺活量比正常人要低。正常人是 3700 毫升，但是我的只有 2500 毫升，这可能也是我前几次爬山非常痛苦的原因，明明体

能是够的，但就是喘不上气。当时就戴着阻力呼吸面罩，练习吹气球，就这么把肺活量给提升到 4000 毫升，和正常人差不多了。

我们做的最特别的适应性训练是低压氧舱，就是靠降低压力来模拟高海拔的训练舱，里面有一辆自行车，还有一张沙发，一般来说有两个人进去，把海拔提到 3000 米左右之后，就可以开始骑单车。不仅我们登山队队员做了这个训练，其他的一些要去大本营的小伙伴也都进过舱，所以这一点我觉得特别好，不仅可以帮助我们训练，也可以帮助那些从来没有上过高海拔的人体验一下高海拔的感觉。

心态不算非常好，中途因不同的原因崩溃过好几次

问：在心理上有没有一些要做的准备？

厉延琳：这次我的心态不算非常好，中途还是因不同的原因崩溃过好几次的。主要还是怕自己登不上去，觉得登不上去天就塌了，感觉产生的那种执念已经有点变味了。他们说我压力大，当时我没有感觉，后面想想可能的确是，因为付出了很多，大家都在看着，觉得这次又跟着华大一起努力了这么久，真的觉得自己要是登不上去，谁都对不起，而且也特别想让我爸认可我吧。

我想要努力到最后一刻

问：中间想放弃的时候，这次是用什么来鼓励自己的呢？

厉延琳：这次觉得坚持不下去的时候，也产生了和登卓奥友时一样的想法——如果现在临时出现什么天气上的风险，那我就可以无痛下撤了。毕竟因为客观原因放弃登顶也不丢脸。但其实想完之后发现，我不想要这样，这次我想要努力到最后一刻。

我还真的挺争气的，直到登顶都没有咳得很厉害

问：您觉得团队之间的氛围，跟之前登山的时候有什么不一样吗？

厉延琳：因为有共同的科研目的在，所以更团结，有点从"小我"到"大我"的意思吧。

问：听说整个登山过程您都在咳嗽，在登山前会判断它的影响吗？

厉延琳：会的，在拉练休整的时候，我就回日喀则照了个胸片，这次很幸运，没有阴影，其实在等肺片的途中还是很担心，怕又出现跟以前一样的情况。之后我还让医生开了那种最强效的药，还连打了 3 天，6 个吊瓶，给硬生生压下去了。后来我还真的挺争气的，直到登顶都没有咳，从登顶回来之后才再开始咳。

最大的挑战是克服自己的恐惧

问：在整个攀登过程中，包括训练和后期，您觉得最大的挑战是什么？

厉延琳：最大的挑战我觉得综合起来说还是克服自己的恐惧吧，因为这个恐惧不仅有恐高的问题，也有对自己的不自信，包括心理上会出现的一些动摇，综合来说，可能克服心理上的困难会比克服生理上的要更加重要和艰难。

我情绪不崩溃的时候，走得还是挺快的，可以在大部队中段的位置。但是情绪一崩溃，我一定会落到最后一个。

这是唯一一次让向导拽，其他时间我都是自己走

问：崩溃是发生在登顶冲刺的过程中还是在营地？

厉延琳：都发生过。有一次从 5800 米营地向 6500 米拉练时，风雪交加，因为我本身就比较怕冷，那天穿得也不够厚，全程身体都没热起来，快到终点时就走不动了，蹲在地上哭。当时余国明老师（华大运动的专家顾问）一路陪着我，还帮我找来向导，让向导慢慢带着我走，后来到了一个休息点，旦增旺姆直接脱了外面一条裤子给我穿上。

还有一次是在爬第二台阶时。珠峰北坡上有 3 个难点，分别是第一台

阶、第二台阶、第三台阶。第二台阶是最难的，传说中的“中国梯”就在第二台阶。我在这里看到了以前一位登山者露出的靴子，当时就心里咯噔一下，然后爬到了“中国梯”的顶部，顶部上面不是平台，而是还有一块大石头，我就在那块大石头上卡住了。

当时我心里开始慌了，不知道脚和重心该怎么放，怕万一我也下不来，以后就要留在这里了，后来就在那里悬停了一小会儿。这时向导拽了一下，把我拽了上去，这也是我唯一一次让向导拽，其他时间我都是自己走，或者让向导帮扶一下。爬上去之后，我就跪在地上，掉了几滴眼泪。

到了珠峰顶，看到队友们在做科研

问：咱们是凌晨2点出发冲顶，当时的天气怎么样？您的状态呢？

厉延琳：其实当天起床的时候，没有觉得特别难以忍受，就像是要凌晨起来赶火车一样，只觉得困。我们运气非常好，听说这是百年一遇的好天气，没有风，雪也下得非常好，正好把路上的很多石头覆盖住了，我们更好走了。

问：咱们是一队人出发，大家戴着头灯，那就是一串灯走下来的感觉吗？

厉延琳：是的，还可以看到对面南坡的灯。当时我就想，如果我有力气的话，就要把头灯摘下来跟他们挥一挥。但结果是完全没力气。

问：那您后来登顶是几点？

厉延琳：10点48分登顶。

问：一路上还来得及看一下风景吗？

厉延琳：其实没怎么看。一路都盯着时间。真正登顶了之后才看了看风景。用手机在峰顶拍了一个360度的视频。到了珠峰顶，还看到队友们在做科研，我当时觉得太牛了，非常敬佩。让我在上面把衣服脱一会儿或者把氧气面罩摘掉，我自己想都不敢想。

终于达成了一直以来的目标

问：登顶之后的心情是怎么样的？

厉延琳：激动，虽然没有想象中那么激动，但还是非常开心和感动的。开心的是自己终于达成了一直以来的目标，感动的是觉得得感谢山神、感谢队友、感谢向导，有大家的帮助，让我上来了，另外也很开心能和大家一起达成这个目标。

亲眼看到珠峰峰顶的景色

问：您拍的这个视频，和您当年看到的那个视频，感觉差别大吗？

厉延琳：理论上差别应该不大，但对我来说感受上完全不一样。之前那个看着更多是一种震撼、一种憧憬，是那种高不可及的目标。但是这次我自己亲眼看到之后，就更像是一种纯粹地欣赏美景的感觉，更纯粹了。

作为受试者：项目基本都做了，除了没被采血

问：这次华大登山队除了攀登以外，还带着科研目标。您这边主要参与的有哪些项目呢？

厉延琳：我主要还是受试者，每一个项目基本都被采了，比如心电、脑电、眼动、眼底、超声等，基本都做了，除了没被采血，因为我的血管太细了，在山上很难抽出来。

虽然爬雪山很苦，但是有种上瘾的感觉

问：汪老师两次挑战珠峰，您觉得以后还会再去吗？

厉延琳：珠峰不好说，但我觉得雪山我肯定还会再爬的，因为虽然我觉得爬雪山很苦，但是实际上爬了之后，还是有那种上瘾的感觉，或者说，依赖性。但是如果下次再爬雪山，我会成为团队里一个照顾者的角色，而不再是一个被照顾的人。比如像马啸老师他们一样，可以帮助其他

队员，能给大家介绍一下雪山怎么爬，等等。

你征服的不是山，是过去那个没有登上山的自己

问：有很多登上珠峰的人都不会用“征服”这个词，而是说感谢老天，您怎么看待人和自然这种关系？

厉延琳：我也是绝对不会说“征服”的那一类人。因为你也的确没有征服它，或者说它不可能被你征服，你只是爬上去了而已。我感谢它接纳了自己，如果说征服的话，你征服的不是山，是过去那个没有登上山的自己。

感觉自信了很多

问：登顶珠峰后，您对自己的认知或评价有什么变化吗？

厉延琳：有，我感觉自信了很多。因为以前会觉得好像一直没有完成一件让自己特别骄傲的事情。但是完成了这个之后，也就向自己证明了自己也是可以的，很多事情只要努力，也是有这个能力去做到的。

体能确实有了实质性的提升

问：在整个攀登过程中，有没有什么让您很惊喜的发现？

厉延琳：对我个人而言，最让我惊喜的是在冲顶那天，我深刻体会到了自己体能的显著提升。回想起在卓奥友峰面对 8000 米高的岩壁时，我曾感到力不从心，即便在向导的帮助下也难以继续。然而，在珠峰相似的地形上，我发现自己能够轻松地依靠自己的力量攀升，这令我意识到我的体能确实有了实质性的提升。

此外，在攀登过程中，我曾担心自己的颈椎病会再次引发头晕问题，尤其在负重时。然而，即便在海拔 7000 米以上出现轻微头晕时，我也通过调整姿势，成功克服了。这也是一个令我感到惊喜的突破，我靠自己避免了一个可能会出现的身体状况。

至于团队方面，我听说汪老师在海拔 8000 米的地方发现了类似微生物的生命形态，挺期待最终的研究结果的，因为我没想过在这样一个连鸟都难以企及的高海拔区域，还能有生命存在。

希望下次自己能做一个照顾者的角色，把在山上得到的帮助回馈给下一次爬山的人

问：团队里有没有让您印象比较深的人？

厉延琳：第一肯定是汪老师，比如我们在拉练的时候，上到 5800 米就没有信号了，我仅有的乐趣就是打牌和听汪老师讲课。每天基本上除了做检测之外就干这两件事情，汪老师非常喜欢跟大家分享他的故事，每天他可以滔滔不绝地从早上讲到晚上，我听累了就打牌，打累了就接着听他讲。

然后就是刘欢欢，她是我的室友，也是我觉得团队里面除了向导之外，最照顾我的人之一。我们攀登的时候，她好像肠胃方面不是特别舒服，但是每天晚上我起夜，比如有时候有些不舒服，叫向导来帮忙的时候，也会把她吵醒，但她从没向我抱怨过，没有发过一次脾气，这个特别感谢她。

还有余国明老师，我有两次走不动的经历，都是他陪我，基本上陪了一整路，他明明是团队里体能最好的人，可以比我早 3 个小时走到终点，但是他都选择来陪伴我、鼓励我，让我不要放弃。后来我的连体羽绒服破了，他还跪在地上帮我把它贴起来。

然后是马哥（马啸），其实他对我的鼓励和批评是一半一半的，他是为数不多对我比较严厉的人，当时我可能还会不开心，但后来想想，他严厉都是为我好，因为你自己叹气，也会让自己的信心减少，所以现在真的很感谢马哥，在山上对我也还是很照顾的，所以就很开心有这样一个来不断警醒我的人。

其实团队里每个人都帮我做过很多事情，比如华叔（赵志华）知道我

肩膀不好，每天都帮我捏一捏，说是给我“发功”。还有旦增旺姆，她本身体能很强，只要是找她，她都可以帮忙。还有周千龙，我们俩年龄比较接近，互相开玩笑，一起玩，跟他在一起很放松。包括吕总（吕钟霖），也会鼓励我。整个团队对我帮助都很大。所以我说希望下次自己能做一个照顾者的角色，把我在山上得到的这些帮助回馈给下一次爬山的人。

如果没有向导管你，这么睡过去基本就醒不过来了

问：这一次对于体能的重要性会有更深刻的认识吗？

厉延琳：我觉得比起更深刻的认识，可能更像是得到了一次佐证吧。其实我的体能比登卓奥友峰时好了很多，但是我下撤的时候还是遇到了困难，因为卓奥友峰的地形和珠峰地形完全不一样，珠峰的顶峰对一个恐高的人来说是非常吓人的，所以在我下撤的途中，在我没有意识到的情况下，我的恐惧把我的大部分体能已经耗没了。其实我是凭着一口气走到了8300米的营地，因为我想和同伴们聊聊天。

所以达到目的后，我迅速地垮掉了，在8200米的时候又出现爬卓奥友峰时那种走不动路的情况。8200米不是一个营地，是在路途中。我特别感谢我的向导，在我走不动的时候一路鼓励我，我坐在地上休息的时候，就会和他们说，我觉得我一闭眼就可以睡过去。实际上如果没有向导管你，你这么睡过去基本就醒不过来了。所以他们也就一路不让我休息，让我一点一点挪下去。

在山上，我的速度就是4口气走一步，甚至是16口气走一步

问：5月21日从早上10点多登顶，到晚上下到海拔7900米，大部分时间都在走吗？

厉延琳：对，休息的话最多10分钟，喝点水吃点东西。虽然从垂直距离来看很小，还没有梧桐山高，但是很艰难。平时走路你不会数一口气能走多少步，但是在山上，我的速度就是4口气走一步。路缓一点的就两

口气走一步，路最陡的那一段是 8 口气，甚至是 16 口气走一步。

问：为什么要这么久呢？

厉延琳：因为氧气稀薄。每一步都很费劲。我一直在给自己数“1234”，数到“1”就跨一步，“2234”，数到“2”再跨一步。

爸爸第一句说的是“我知道你是可以的”

问：听说爸爸妈妈来接您了，他们有没有鼓励您？

厉延琳：爸爸第一句说的是“我知道你是可以的”，第二句说的是“是不是胖了”，当时把我给气坏了。我妈妈就抱着我哭了很久，她很开心，特别激动。

第一次觉得年龄这种东西不是很重要了

问：您之前说，汪老师 70 岁也可以过得很精彩，您觉得年龄对您会有什么限制吗？

厉延琳：还是会有的，毕竟这是社会潜移默化的影响，但其实从 2021 年开始我就逐渐转变了。那年爬卓奥友峰，就是女孩子比较多的那一届，她们从事不同的职业，但是每个人都活得很精彩，有自由职业者，有兼职艺术家，也有自己开公司的，觉得她们很酷，那是第一次觉得年龄这种东西不是很重要了。

不过那些姐姐也就三四十岁，像汪老师这样 70 岁也能活得很精彩的人，我是第一次接触到。汪老师的体能非常强。他吸上氧之后，我就再也没见过他，冲顶期间，他平均每天都能比我快一个小时，登顶那天比我快 20 多分钟。

问：登峰过程中汪老师和您说过什么吗？

厉延琳：他其实还是蛮担心我的吧，就是那种照顾小辈的心态。后来他看到我登顶了，他也很高兴，我就赶紧拉着他合了个影。

这是一件让我特别有信心的事情

问：您现在往回看的时候，会觉得 26 岁登上珠峰是一件很有成就感的事吗？

厉延琳：很有成就感，很值得自己骄傲的事情吧。不是因为年龄，我们团队里也有比我年龄更小的，只是觉得我一直有这个梦想，然后我成功了，这是一件让我特别有信心的事情。

想去跑一个全马，然后挑战一下全球 7 座高峰，加上南、北极

问：您还有别的正在努力去实现的梦想吗？

厉延琳：如果说运动方面的目标，我比较想去跑一个全马，然后挑战一下全球 7 座高峰，再加上南、北极。如果华大有意向去的话，我还是蛮想跟着一起去的。

华大登山队的 logo 就是我设计的

问：攀登珠峰算是一个物理高峰，那在华大工作，您还想攀登什么样的高峰？

厉延琳：我希望能用我的方式多帮助宣传华大这次珠峰行动，比如这次华大登山队的 logo 就是我设计的。虽然我不是科研相关专业，但是我挺想用自己这种更素人的视角把这个故事讲出去，比如说可以画一些小漫画。

汪老师淡泊名利、追求科学的崇高品格，和他对事业的热爱和执着，都深深触动了我

问：您在加入华大之前就对其有所了解，也认识汪老师，真正融入这个团队后，您看到的华大有何不同？

厉延琳：区别还是非常大的。首先，令我惊讶的是汪老师没有独立的

办公室，他与所有员工一样，仅有一个工作卡位，这对我来说是一个很强的冲击。其次，华大对运动的热衷，以及汪老师淡泊名利、追求科学的崇高品格，他对事业的热爱和执着，都深深触动了我。

能找到自己热爱的事业，遇到一群愿意为之奋斗的小伙伴，也是一件很幸运的事

问：您如何看待团队成员们对科研的热情？

厉延琳：我觉得人只有在热爱的事业上，才能发挥他全部的潜能。汪老师就是最好的例证。因此，我觉得能找到自己热爱的事业，遇到一群愿意为之奋斗的小伙伴，也是一件很幸运的事。

只要不是那种先天高反特别严重的类型，都可以登山

问：对于想要尝试登山运动的普通女孩，您有没有一些建议？

厉延琳：我觉得只要不是那种先天高反特别严重的类型，都是可以的。因为高反也跟基因相关，有的人基因上实在不适合，去了拉萨就难受，这也没办法，但是大部分人都是可以的。

如果想要尝试登山，可以先去海拔 6010 米的洛堆峰试一下，如果觉得自己真的有兴趣，回来就要练体能了，时间是可以挤出来的，比如我有时候陪汪老师接待到晚上 10 点钟，我就会去爬楼梯，爬到 11 点再回家。因为运动并不一定非要去健身房，平时在楼梯间也都是可以的，就是保持体能慢慢提升。然后交到一群志同道合的朋友也很重要，可以互相鼓励，一起打卡。

在 8000 米以上的高山，救人都很困难，背上去简直是天方夜谭

问：有人觉得登珠峰是有钱人的游戏，您对这种问题怎么看呢？

厉延琳：登过山的人都知道，光有钱是不可能上去的，就比如说汪老师，我亲眼看到他是怎么准备的。他虽然工作特别忙，但还是会抽时间锻

炼，每天都骑车上下班，有时还会在华大后面的骑行道上训练，每次都骑得满头大汗。他每天上班背的那个包，重达 20 多公斤，所以说他都是经过很多的训练后才去攀登的。他从来不会觉得自己有了钱就能让向导把自己推上去。说实话，向导也推不上去，特别是在冲顶的路上，有的地方只能通过一个人。而且，在 8000 米以上的高山，救人都很困难，更别说把一个人从上面背下来了，背上去更是天方夜谭。

所以，经过 3 次攀登之后，我更加觉得“登山是有钱人的游戏”这种说法不对。我有很多山友，他们也不是富豪，就是因为热爱，喜欢雪山，喜欢攀登，或者就是对西藏、雪山有种特别的情感，他们会攒钱、攒时间、攒假期去登山。

比起登顶，汪老师更想去完成科研目标

问：汪老师 70 岁了，也是二次登顶珠峰，您怎么看待他二次挑战珠峰的行为？

厉延琳：我觉得比起登顶，他更想去完成他的科研目标，或者采集到一些比较有趣的数据吧。因为我也知道华大为这次行动是准备了很久的，真的是十年磨一剑，所以可能对他来说，登顶虽然很重要，但更重要的是他整个行动的成功。

问：您觉得汪老师在登山队中发挥了什么样的作用？

厉延琳：我觉得更像一个领袖和老师，或者说是精神导师。

终于完成了我 5 年来一直想要达成的梦想

问：那对您个人而言，您觉得登顶珠峰意味着什么？

厉延琳：对我来说是终于完成了我 5 年来一直想要达成的梦想，也是一个信心的提升，让我终于做了一件值得骄傲的事情。

登山所体现的挑战自我、勇攀高峰的精神，与华大文化高度契合

问：据统计，华大人累计登顶珠穆朗玛峰 10 人，卓奥友峰 9 人，希夏邦马峰 2 人，慕士塔格峰 12 人……您觉得为什么这么多华大人喜欢登山？如何看待华大人的攀登精神？

厉延琳：首先是因为华大是一个很热爱运动的机构，我们的“三好”文化是身体好、学习好、工作好，身体好是排在第一位的，还鼓励我们都爬楼梯。

其次，登山所体现的挑战自我、勇攀高峰的精神，与华大文化高度契合。华大本身便是在不断挑战中成长壮大的机构，而登山正是人类不断突破自我、挑战极限的象征。此外，华大在深海和高山等极端环境中的研究，同样展现了对自然探索的渴望和对未知领域的挑战。因此，我觉得这些都是与华大理念特别相符的。

不止于攀登，重要的是攀登之后的事情

问：深圳市登山协会组织了一个“不止于攀登”的演讲，您怎么理解“不止于攀登”这句话？

厉延琳：我觉得“不止于攀登”，重要的是攀登之后的事情，登上珠峰的经历带给了你什么，以后想做什么来回馈那些在攀登中帮助过你的人，还有包括接纳你的大自然，我觉得这是“不止于攀登”中这个“不止”的意义吧。

登山精神和深圳的气氛挺符合

问：迄今为止，深圳已经有 61 人、70 人次登顶珠峰，成为国内登山第一城，在您看来为什么会这样？

厉延琳：我觉得登山精神和深圳这种勇于创新、不断挑战的精神是相辅相成的。深圳的改革开放是一个突破创新的过程，对登山者来说，他们

也是一群敢于突破自我的人，所以登山这种精神和深圳的气氛也是挺符合的。

只要是在生活中努力打破极限、挑战自我、努力生活的人，都是登峰者

问：如果说有一种登峰精神，您觉得这种精神的内核是什么？

厉延琳：我觉得这个词代表着一种挑战，登峰精神不一定真的要体现在登山上，或者一定是作出重大成就的人才有登峰精神。只要是在生活中努力打破极限、挑战自我、努力生活的人，我觉得都可以是自己的登峰者。

华大精神是“求真”：追求真实、追求真理

问：那如果说有一种华大精神的话，您觉得它的内核是什么？

厉延琳：我觉得是求真吧，追求真实、追求真理，就是华大这种努力钻研这个世界的真相，做科学极限研究的那种精神。

问：您觉得科学的最终目标是什么？

厉延琳：我觉得科学的最终目标还是造福全人类和造福整个世界，用发明出来的东西使这个世界变得更美好，说不定终有一天能达到理想中的世界。

在今天这个计算机时代，我们则听到几个比较新的模拟：氨基酸是一种输入，RNA 是数据处理，生物体是输出，是由主程序所控制复制硬件，而这个主控复制的程序软件则是基因。

——《小宇宙：细菌主演的地球生命史》，[美] 林恩 · 马古利斯、多里昂 · 萨根

珠峰是海拔的终点，也是一个新的起点

——周千龙访谈录

中国地质大学户外运动方向研究生、华大运动高山摄影师、中国登山协会高级山地户外指导员、国家职业资格中级攀岩指导员；已拍摄雪山攀登等户外极限运动6年，此前已攀登拍摄卓奥友峰、慕士塔格峰等多座高海拔山峰。

导言 一群不同背景却有相同信念的人，共同完成了一次"科学攀登"

在"世界屋脊"，珠穆朗玛峰以它那雄伟的身姿，矗立在每一个登山者的心中，成为无数人心中的圣地与终极挑战。然而，对于户外运动专业的周千龙而言，这座海拔 8848.86 米的高峰，不仅是海拔的终点，更是他人生旅途中一个新的起点，是一个不断追求进步、不断攀登高峰的新起点。在这场华大珠峰科研行动中，对科学高峰的探索与攀登精神成为激励每一位队员勇往直前的力量源泉。

周千龙与华大的故事，始于一次偶然的契机。2019 年，还处于户外运动专业本科学习阶段的他，通过朋友介绍，为华大运动组织的马拉松比赛提供了户外摄影支持。自此，周千龙与华大的缘分越结越深，多次负责雪山攀登拍摄工作。

在慕士塔格峰的雪山攀登中，他第一次见到了华大集团董事长、联合创始人汪建。汪建给周千龙留下了深刻的印象——他是一位在生活中充满趣味的长者，但在科学探索上却异常执着，他不仅亲自参与攀登，还提出携带大量的科研设备上珠峰。这种对科学探索的热爱和执着，深深感染了周千龙。在周千龙看来，汪建是华大登山队的精神领袖，以其坚韧不拔的毅力和对科学的执着追求，激励着每一个人不断前行。华大登山队不仅仅是为了登顶而攀登，更是为了在高海拔地区进行科研探索而攀登。

华大登山队是一支特殊的队伍，那特殊在哪里？周千龙认为，这里既有中国最年长登顶珠峰者，也有 00 后；既有科学大家，也有年轻学生。正是这群不同背景却有着相同信念的人会聚在了一起，共同完成了这次"科学攀登"。

攀登珠峰，不仅仅是对身体极限的挑战，更是对未知世界的勇敢探索。周千龙的珠峰之旅，也是对攀登精神的一次深刻诠释。

作为户外摄影师，周千龙不仅要面对极端的自然环境，还要承担记录下这些历史时刻的重任。在他看来，攀登精神不仅体现在攀登珠峰的过程中，更应该贯穿于日常的工作和生活中。它激励着每一个人不断挑战自我、超越极限，为实现更高的目标而不懈努力。

因为户外摄影与华大结缘

问：您最开始是怎么跟华大结缘的？怎么知道华大的？

周千龙：与华大结缘，最开始的时候是因为华大运动，大概是在 2019 年，我大三的时候，华大运动组织了一次北京大学校友会的马拉松比赛，组织在 7 个城市，跑 7 个马拉松。他们需要拍摄支持，当时我有朋友是从事户外摄影的，于是我就通过他的介绍，第一次给华大运动拍摄了一些跑马拉松的片子。后边就与华大有了很多次的合作，包括负责一些攀登雪山的拍摄，比如华大运动为万科高管组织的洛堆峰攀登团建。

在那之后，我也是一直在从事户外领域的拍摄，拍了不少海拔 5000 米、6000 米级别的雪山。2022 年，由于我个人专业目标的要求，我是需要去攀登慕士塔格峰的，在报名阶段，华大运动也正好在组织慕士塔格峰的攀登，又联系到了我，问能不能给慕士塔格峰的攀登队伍进行拍摄。刚好有这个契机，我们就再次合作，当时就在慕士塔格峰遇到了华大集团董事长汪建老师，也结下了接下来的卓奥友峰、珠峰攀登的缘分。

问：您提到因为个人原因要攀登慕士塔格，是专业要求，还是因为喜欢？

周千龙：两者都有吧。因为我在中国地质大学学习的就是户外运动专业，而雪山攀登是一个金字塔尖的户外运动。海拔 7500 米的山是一个相对进阶的雪山，我们专业的学生很多都需要有这方面的经历。

我是户外专业的，所以也没有过于担心

问：您去攀登慕士塔格峰之前，有过其他高山攀登经验吗？会担心自己上不去吗？

周千龙：攀登雪山也是一步一步往上爬的，我们首先要攀登一座海拔 5000 米级的雪山，比如说四姑娘山、哈巴雪山。有了 5000 米级雪山攀登的经历之后，你才有资格报名攀登 6000 米的雪山，比如洛堆峰、玉珠峰。同样，你也必须有 6000 米级的雪山攀登经历，才能报名攀登 7000 米级的雪山。

因为我也是一步一步逐步提升海拔的，而且我是户外专业的学生，对于这些户外的技能，比如绳索技能，以及对自己体能的了解都是比较深刻的，所以我没有过于担心。

经历过多次雪山攀登之后，心理负担会小很多

问：其实攀登本身对个人而言就是一个挑战，您还要去担任摄影，又是另一个挑战。

周千龙：我第一次攀登的雪山是四姑娘山三峰，它是一座入门级的技术型雪山，它对体能和技能的要求，以及在一些比较陡峭的地方对胆量或者经验的要求，对于入门级的攀登者来说还是比较高的。当时，我第一次攀登就是因为没有经验，而且天气也不太好，还背着一些器材，就没有攀登上去，止步于顶峰前的 100 多米。当时基于综合考量，就没有急于冲顶。

后来有了其他雪山攀登的机会，比如说哈巴雪山，还有四姑娘山的大峰，我就再次带着相机去攀登了。有了之前的经历之后，我在各个方面都更加注意，高原反应也少了很多，心理状态也相对稳定了很多。所以，哈巴雪山、四姑娘山大峰都顺利登顶了。再到后面，我攀登了一座 6000 米级的洛堆峰，现在好像不让攀登了，但那也是入门级的 6000 米雪山。相对于 5000 米来说，它的海拔会高一些，有一些特定的因素要考量。

经过多次的雪山攀登之后，我不仅在体能和技能方面，更多的是心理上的一些负担会小很多。因为我也知道，这些雪山的攀登，没有那么艰险，所以我也并没有那么担心。

汪建老师对科学探索是非常执着的

问：您是在慕士塔格上碰到了汪建老师，也是第一次结缘，当时对他的印象是怎样的？

周千龙：感觉汪老师是一个在生活中比较有趣的长者，该开玩笑开玩笑，但是他对科学探索，特别是生物学、生命科学的探索，是非常执着的，当时就看得出来。

在登慕士塔格峰大概两年之前，距离攀登珠峰的计划还没那么近，也没那么详细的一些规划，但他当时就把很多仪器带到了慕士塔格峰的大本营，比如高压氧舱、超声设备，我对这个印象是蛮深的。但因为当时我的任务并不是拍科研场景以及汪老师，所以这方面的素材保留得并不是很多，更多留下了当时华大运动组织的那帮队员的素材。

爬珠峰北坡，必须有一座 8000 米级的雪山攀登经历

问：华大运动是什么时候告诉您要登珠峰的？能不能还原一下当时的场景？

周千龙：其实听他们提到珠峰的事情是挺早的，大概是 2023 年从卓奥友峰下来，但是当时不管是计划、时间还是人员安排方面，其实都是不清楚的，只不过是听说汪老师可能会去登珠峰。真正确定下来，大概是 2023 年年底的时候，要开始报名了，才通知我可能需要随行摄影师。

因为珠峰北坡管得也比较严，必须有一座 8000 米级的雪山攀登经历，才能够报名参加北坡的珠峰攀登。我的经历和条件也刚好够了，华大这边也刚好需要摄影师的参与。

华大的科学技术和探索精神是创造纪录的基础

问：华大登山队这次不只全员登顶了，也创造了世界首份珠峰顶的超声图和脑电数据，我们的测序仪也创造了最高海拔运行纪录，您觉得华大登山队为什么能做到这些？

周千龙：我觉得首先华大所掌握的科学技术是基础，因为有了这些基础，才能够把仪器做得那么精细、那么小巧，才能方便带到 5200 米海拔去。

其次，我觉得与汪老师的科学探索精神是息息相关的。因为如果不是汪老师这么坚持，把实验室和各种科学仪器都带上去，其实很少会有人想到这一点。我在中国地质大学的时候，其实也是受着这种登山科考精神的熏陶，但之前也没有听说把这么多仪器都搬到大本营去。这是非常考验团队的协同能力的。

华大的科考更偏向于人体还有生物的多样性

问：您觉得这次华大的珠峰科研计划跟其他珠峰科考有什么不一样？

周千龙：首先，之前了解到的地质科考、测高或者气象科考，基本上都是教育部直属的大学，或者中国科学院等"国家队"参与的科考。这次华大的珠峰科研计划基本上都是华大人自己完成的，而且用的大部分都是华大自己的设备。

其次，之前其他的科考主要是跟自然环境相关的，比如说地质和气象这一块的科考，还有比如测量珠峰的高度。但是这次华大的科考更偏向于人体还有生物的多样性。

前期的训练对攀登的帮助非常大

问：华大登山队在确保大家安全的同时，也会确保一些科研工作的顺利开展。您前期做了哪些训练和准备工作？

周千龙：除了个人的一些训练之外，我在攀登之前也来华大待了一个多月，和队员们一起训练，其中包括一些耐力性训练，比如跑步、爬山、爬楼梯等。

记得当时有一次训练，汪老师早上来了之后就确定了一个目标，说今天爬升要达到 2000 米，我们上午就先爬楼梯，结果爬完楼梯之后发现才将近 1000 米。吃完饭之后，我们就继续去爬华大时空中心的后山。回来发现，总体的爬升也才 1600 米、1700 米左右。汪老师说不行，还得加量，必须达到 2000 米，我们就再把宿舍楼的每个楼梯都爬了一遍，这就差不多了。这件事表现出汪老师只要定了一个目标，他就一定要达成。

另外，我们也进行了很多次低压氧舱训练，我们在接近于海拔 0 米的高度进入低压氧舱，里面的气压和氧气含量基本上能够达到 5000 米、6000 米级的水平。在里边进行一些适应性训练，这对我们后续珠峰攀登时的高海拔适应帮助非常大。

这可能是全中国最安全的团队了

问：在攀登珠峰之前和家人沟通过吗？他们会担心吗？

周千龙：沟通了很多次，因为对于登珠峰的风险我还是挺了解的，可能会出现风险的地方和比较安全的地方我都知道，但是父母其实没有那么了解，他们忽然听到我要攀登珠穆朗玛峰，就有点蒙圈了，说你一个学生去干这个事干吗，但是他们也挺耐心地听我解释，我也解释说跟着华大团队，哪怕不说全世界吧，可能也是全中国最安全的团队了，这个可以相对放心，我们也不会去干一些特别冒险的事情。

总体上父母比较担心，但也没有过于反对。在登顶并安全下撤回来之后，给他们报喜了，他们也还是蛮开心的。

登珠峰，只要不刻意去干一些冒进的事情，相对还是安全的

问：为什么会觉得跟着华大会很安全？

周千龙：首先，华大是一家科技公司，它一直有攀登雪山的历史和文

化，而且汪老师也一直讲要科学攀登，并不会说要去挑战什么无氧攀登，或者说去弄一些特别冒进的事情，去挑战什么探险圈的纪录，跟着华大主要还是为了科研，所以我觉得还是蛮安全的。

其次，也是因为华大现在自己也在生产氧气，在极高海拔地区，氧气是非常重要的。有了这些氧气以及各种科技的支持，我觉得攀登珠穆朗玛峰的时候，只要不刻意去干一些冒进的事情，相对还是安全的。

最早的一次采样是早上 6 点多

问：在攀登过程中，您也会协助采样吗？大概每天什么时候采样，采哪些样本，您的感受和体验是怎样的？

周千龙：每天最早的一次采样是早上 6 点多，华大运动的同事会来帐篷外面叫我们，把我们叫醒之后，就给我们进行代谢的采样。代谢是通过呼出的气体进行分析。

承担采样工作比较多的是旦增旺姆和刘欢欢。旺姆揣了很多块电池和充电宝，一直带到了顶峰进行超声采样。

此外，还有脑电数据，脑电也是华大自己做的那种便携式的设备，点位比较多，但是比较轻便，我们带了两台上去。到了珠峰顶，汪建老师、马啸老师和吕钟霖老师都进行了脑电数据采集，在国内应该是没有人在那个海拔采集过脑电数据的。

他可能是怕拖累我们的进度，到最后才说

问：与汪建老师一起登山的过程中，有什么有意思的事情，或者感动的事情、好玩的事情吗？

周千龙：说一下感动的事情吧。第二次拉练结束，我们从将近 7000 米海拔的地方往下撤，撤到大本营。全程，汪老师其实都没有提过要休息，结果在我们基本快到大本营的时候，大概是海拔 5300、5400 米左右，他说休息一会儿，当时我们就觉得不对劲，问他怎么了，他说脚上磨了个泡，

鞋脱下来看了一下，脚掌上确实磨了很大一个泡，但是之前他一句话都没说，一直在往下走，可能是怕拖累我们的进度，直到最后了才跟我们说。

汪老师这次攀登珠峰的状态整体上是比较好的

问：他在整个过程中有高原反应，或者有其他不适吗？

周千龙：与上次卓奥友峰攀登相比，汪老师这次攀登珠峰的状态整体上是比较好的，包括冲顶的那天，我记得他出发的时候速度相对慢一点，大本营那边也随时通过对讲机在跟我们沟通，了解速度到底怎么样。

但过了山脊之后，汪老师的状态又起来了，速度又提上来了，基本追上了前面的大部队。总体上看，这次的状态都还是蛮好的，之前在卓奥友峰会有咳嗽的情况，这次没有怎么咳嗽，体力不支的情况也没有出现。高原反应这一块，我们一直在监测血氧饱和度和心率，也一直都是比较正常的，包括血压都相对正常。

他连写着自己名字的旗子都不想带

问：回来之后，汪老师讲得更多的是其他队员的事情，很少讲自己的事情，所以我们也挺想通过你们了解一下他的状态。

周千龙：是的，汪老师他很少说自己，包括在峰顶也是。他连写着自己名字的旗子都不想带，向导说汪老师我帮你带吧，汪老师说，你带这个干吗？在峰顶给他之后，他自己都不想拉。

他希望让向导出现在镜头里面

问：为什么到最后，他都没有一张自己单独拉那个旗子的照片？

周千龙：上面人太多了，而且华大登山队队员们都是各忙各的，做脑电的做脑电，做超声的做超声，而且汪老师是既要采皮肤样本，又做脑电数据采集，两位向导肯定要保证他的安全，他们坐在那个顶上，那个顶其实也是一个坡，就是一把锁扣在绳子上，所以他后边的是向导。这也是汪老师自己的想法，他希望让向导出现在镜头里面。

而且他一直在张罗，让我们所有的工作人员一起合影，但是实在没有时间，各忙各的，忙完之后向导又一直在催我们赶快下去，因为氧气开着固定的挡，是有时间限制的。如果超过这个时间限制太久的话，可能就没氧气了。

左边是峭壁，右边就是悬崖

问：你们大概是凌晨2点出发冲顶的，当时的珠峰是什么样的？

周千龙：其实凌晨2点的时候，除了月亮，基本上其他远处的地方都看不见，近处的就是一个雪坡，还有其他的脚印。

随着太阳慢慢升起，有一点微光的时候，你就会发现旁边全都是悬崖，在天黑的时候实际上是感受不到的，因为都是黑的。但有一点微光的时候，我们是在第一台阶和第二台阶之间，基本上是横切的路段，左边是峭壁，右边就是悬崖，那个时候看着还是挺恐怖的。

登顶后发现，我们的状态相对来说都还挺好的

问：真正登顶的那一刻是怎么样的？

周千龙：登到顶之后发现，我们的状态相对来说都还挺好的。向导也控制着我们的氧气，总体上我觉得就没有那么紧张了。而且当时冲顶的天气也是非常好的，没有起大风的情况，因为在攀登卓奥友峰那次，日出的时候刮了一场大风，还是蛮消耗体力的，但是在珠峰上没有这种情况，相对容易了一些。

记录了地球之巅的一段8K的全景视频

问：登上去之后，那一下子心里想的是什么？您在上面都做了什么？

周千龙：上去之后，旦增旺姆、刘欢欢已经在上面了，甚至已经工作很久了，旺姆已经在上面待了将近一个小时。我当时肯定是首先要保证把

这一段素材尽可能多拍一点，因为我知道队员们在上面都有各自的科研工作，我希望把这个工作做好。

我当时还带了一个工业级的360相机，在上面也记录了地球之巅的一段8K的全景视频，我觉得回头看起来也挺震撼的。

在拍完了科研相关的视频之后，我也把自己的旗子拉出来，拍了照片。其实当时也想看能不能在顶峰给家人打个电话，但是向导一直在催，而且上面的人也陆陆续续走完了，我也没好在上面多待，就下去了。

珠峰峰顶：挺震撼的

问：能否给我们描述一下，您看到的峰顶是什么样的？

周千龙：从近处看过去，基本上山是全在下面的，再往远处看，可以很明显地看到几座8000米级的雪山在薄薄的云层之上。但是很明显，它的山顶还是比我们站的地方稍微矮一点。就是之前只能在网上看到的一些图片——8000米级的雪山的图片，现在基本上都在你的视野范围之内。

为了更方便做脑电，他们都把头发剃了

问：其他人登顶珠峰后主要是拍照留念，那你们这些人有什么不一样？

周千龙：华大的其他队友基本上都是带着自己的科研工作上去的，肯定首先要把自己手头的科研任务完成。比如说吕钟霖老师、马啸老师、汪建老师他们都把头发剃了，就是为了在峰顶更方便地做脑电数据采集，因为如果有头发的话，可能会影响电极的贴合度，有可能没有信号，他们就直接剃成了光头，上去了之后把脑电帽套在头上，基本上信号是满的，直接开始测。

类似这些工作做完之后，大家才会带上各种旗子拍照，有一些是写了自己名字的，有一些是华大各个体系的旗子。

把氧气面罩摘掉，做脑电、取皮肤样本

问：听旺姆说珠峰顶上的氧气含量是正常的1/3，氧气含量极少。那在上面，除了旺姆摘了一段时间，其他的人是全程都戴着氧气面罩吗？

周千龙：旺姆摘了氧气面罩挺久的。马啸老师在做脑电数据采集的时候，首先把氧气面罩摘掉，做了大概两分钟，他的向导看见了，问他为什么要把氧气面罩摘掉，让他马上戴上，马老师没有理会，因为他在做脑电，那个向导就把自己的氧气面罩给他戴上了。所以他的脑电采集数据，前半部分是无氧的（不另外吸氧气），后半部分是有氧的。汪老师好像也是在做脑电和皮肤样本的时候摘了一会儿，但是没有摘太久。

我提前一路跑下去了

问：从珠峰下来，可能比上去更难，能给我们讲一下大概的过程，以及回到营地之后最先做了什么事情吗？

周千龙：下来的时候，可能每个人的体能分配不一样。马啸老师安排得相对妥当，就是分段下撤，所以我们的体能就还好。第一天我们下撤到了海拔7790米的位置，休整了一晚上，也是保证氧气相对充足，第二天下到6500米，第三天就直接下到5200米的珠峰大本营，整体上还算比较顺利。

可能途中厉延琳的体能消耗得有点多，在下撤的第一天，向导单独在海拔7900米的地方给她搭了个帐篷，住了一个晚上，后面的行程我们都在一起。大概在5400米、5500米，快到大本营的时候，曹峻老师、厉伟总他们来接汪老师，曹老师就跟我说可能我得稍快点下去，新华社的记者还有公传的同事们在等我的素材，我提前一路跑下去了。连跑带走大概一个小时到达了大本营，拷完素材之后，接着又配合科研采样，因为刚下撤到海拔5200米的数据其实还是蛮重要的。

问：那您没有任何不适吗？

周千龙：当时也没想那么多，而且也在更高的海拔适应过了，5200

米的海拔氧气含量相对来说比上面稍微高一点。

天气真的很好，感觉是山神的眷顾

问：攀登的过程中您觉得遇到最大的挑战是什么？最大的困难是什么？

周千龙：我觉得我们这次的行程还是相对幸运的，如果遇到了之前攀登卓奥友峰的那种天气，难度可能就会几何倍地增长。我们这次攀登珠峰，天气真的是很好，圣山公司的总经理说这是他从业十几年来在珠峰遇到的天气最好的一次，我感觉是山神的眷顾吧。

要说难一点的，那就是在冲顶前，大概只剩下几十米的时候，放眼望过去，峰顶就在那个地方，但有一个很陡的大冰坡，它基本上是没有雪的，都是冰。这个时候就需要我们用冰爪的前齿进行踢冰，才能往前走。在这之前，一般的路基本是向导在前面带路，有一些脚印，我们就跟着走，相对来说容易一点。但是那一段基本上都是冰，没有脚印，你必须踢冰踢进去。很多人都说那一段非常非常累，而且那个冰坡比较长，也比较陡，很耗费体能。它又是在最后一段，大概是在 8800 米往上，所以也是氧气最稀薄的时候，那个时候挺难的。

我们的氧气不是无限量的

问：戴着氧气罐的话，依旧会因为氧气少而难受吗？

周千龙：会的，我们的氧气不是无限量的，不是说随时都能换，所以就得把氧气控制在一定的挡位，它是有 4 个挡，我们一般开在二挡。在挡位一定的情况下，肯定是越往上，能吸入的氧气越稀薄，只不过会比不戴氧气好太多。

她们自告奋勇把自己负责的仪器放到包里往上背

问：这次行动中有没有让您印象比较深刻的团队的故事？比如团队协

作，或者您看到的团队里其他人的一些故事？

周千龙：有，比如说旦增旺姆和刘欢欢。因为有一些仪器，比如眼科的仪器，是不适合用牦牛往上驮的，从珠峰大本营往海拔 5800 米或者 6500 米上的时候，她们自告奋勇把自己负责的仪器放到自己的包里往上背。这个时候也没有谁去推托，说“我不背”或者“你来背”这种情况出现。我觉得这就是一种团结精神。

它是一个海拔的终点，也是一个新的起点

问：登珠峰对您来说意味着什么？这次经历给您带来了什么样的影响？

周千龙：首先，在经历上，登珠峰肯定是一个很特别的经历，因为这是大部分人都没有办法去接触到的高度。

其次，它是世界的最高峰，我们已经登上了地理和物理的高峰，但是我觉得，以后对我的工作和生活来说，也应该去追求一个高峰。也就是说，不管是在工作上、生活上还是在学习上，它都是一个新的起点。

最后，对于我个人来说，我是户外运动专业的，在户外领域，它可能也是一个相对比较大的成就。

登珠峰这件事情，以前觉得遥不可及

问：您觉得它会改变您的人生观、世界观吗？

周千龙：会有一定的影响吧，因为登珠峰这件事情，以前我会觉得遥不可及，但现在我觉得，虽然也是自己的努力沉淀的结果，但其实也需要很多机遇，我们需要抓住机遇。

大家团结在一起，共同完成我们的目标

问：2024 年汪建老师 70 周岁，很多人其实不太能理解他二次挑战珠峰的行为，那您怎么看待这个行为？

周千龙：我觉得每个人追求的东西不一样。首先汪老师可能确实也是想从祖国这边的北坡登顶珠峰，但是我觉得他的主要目的还是从科研的角度去探索地球最高极以及最深渊。他应该也是全球首个把珠峰和马里亚纳海沟结合起来的科学家，这是他内心追求的东西，在这个追求的过程中，他一个人肯定也不太能完成，需要一个团队。

另外，70 岁了也还是要上去，他肯定觉得这个团队是需要他的，不管是作为精神领袖也好，还是整个团队的组织者和支柱也好。事实也确实证明，整个团队需要汪老师这样一个精神领袖，带领我们把各方面的工作做好，大家团结在一起，共同完成我们的目标。当然这个团结的团队不只有我们华大登山队的队员，还有那些在珠峰大本营默默工作的科研工作者，以及后期进行数据分析和研究的科研团队。

这些因素潜移默化，让华大热爱登山的人逐渐爱上了登雪山

问：我们统计了一下，华大目前登顶珠峰有 10 个人，卓奥友有 9 个人，慕士塔格有 12 个人，您也接触过蛮多华大人，特别是华大这些登山的人，您觉得华大人为什么喜欢登山？

周千龙：首先我觉得他们能接触到登山，肯定是受到了某种影响，这个影响可能是来自汪老师，也可能是来自之前登过山的同事，他们登山的照片或者故事可能让其他人在心中埋下了一颗种子。他们在某种契机下，接触到 5000 米级、6000 米级的雪山之后，发现自己可能比周围的人在山上的状态更好，或者是更喜欢这种攀登的过程，或者是想去探索未知的世界，这些因素潜移默化，让华大热爱登山的人逐渐爱上了登雪山。

而且登雪山也是一个循序渐进的攀登过程。你登了 5000 米之后，可能心里就会有一种要登 6000 米的愿望，登完 6000 米可能就想登 7000 米，登完 7000 米就会想着有没有可能登 8000 米。到了最后可能就会形成一种登山的文化、登山的精神。

攀登精神是团结协作、探索未知

问：您怎么看待这种攀登精神？

周千龙：攀登精神我觉得在华大有一部分是用“团结协作”来概括吧，因为登山是一个系统性的工程，不是你个人就能够完成的。当然这个攀登不只是指登顶，若我们带着科研工作目标去的话，就更不是个人能够完成的，需要团队协作。

另外是探索未知世界的精神，就像汪老师，他也不知道会在马里亚纳海沟和珠峰 8800 米以上的岩石上发现相似的化石，但是到了那儿之后，基于一些观察，就会发现很多看似很巧合的事情。然后再去深究一下背后的科学原理以及运行机制的话，会发现很多不一样的东西。其实，不管是在科研还是在其他的工作中，都需要这种精神，需要不断突破已知的条条框框，去进行一些科学和工具的探索，让这个世界变得更好。

此外，还要有人愿意像牦牛一样，去默默无闻地干一些事情。其实回头去看的时候，这些工作都是可以量化的，在工作中，我们每个岗位上的人，都需要竭尽全力把自己的工作干好。

我们的人员构成、攀登目的和科技支持都是特殊的

问：有人说华大登山队是一支特殊的登山队，那在您看来它特殊在哪里？

周千龙：首先，从人员构成来说它就很特殊。汪建老师现在是全国年龄最大的登顶珠峰的人，而我是 00 后。我们还有刘欢欢、旦增旺姆这样的女性科研工作者，以及马啸老师这样已经在南坡登顶过一次的人。从整个队伍的构成来说就是特殊的。

其次，我们攀登的目的以及攀登过程中做的工作也是特殊的。其他的登山者可能就是为了心里的那座山，或者是一个信仰，就去登了。但是我们华大登山队不只是为了登顶，更是为了做高海拔的科研。

最后，我觉得在攀登的过程中我们相对有更多的科学技术支持。

45 天，瘦了 19 斤

问：经历这次珠峰攀登，您的身体有什么变化吗？或者心理有什么变化吗？

周千龙：比较明显的就是体重方面，我从到拉萨集合开始准备攀登到冲顶下撤的那天，大概 45 天，瘦了 19 斤。

因为在这个过程中，本身身体的基础代谢就会高一些，加上也会比在平原的时候吃得少一些。比如说在海拔 6500 米以上营地的时候，吃得可能没那么好，要么泡面，要么麦片，有时候就是向导带的那种速食汤品，或者能量胶、零食之类的。整个流程下来，这些因素综合在一起，可能瘦得比较快。

登顶珠峰一定是一个坚持的过程

问：有人认为登珠峰有钱有闲就可以了，在您看来登珠峰最重要的是什么？

周千龙：我觉得是坚持。登顶珠峰一定是一个坚持的过程。登上珠峰的有钱人肯定很多，但是也有没钱的，比如像我这样的学生，比如像刘欢欢这样的科研工作者，以及其他科考队伍的人，他们不一定都是非常有钱的。

而且，登山一定是渐进的，不是说你随便登完一座山之后就去冲珠峰了，一定是你登了很多次雪山，进行了很多次的雪山攀爬培训之后才能去攀登的，需要沉淀很久。所以我觉得坚持是最重要的。

另外，像一些 5000 米级、6000 米级的雪山甚至珠峰，可能登过一次之后，就不想再登第二次了。但像马啸老师这种已经登过一次珠峰的，还要再去登一次，可能连他自己的家人都不能完全理解，只有他自己明白心中在坚持着什么。

登峰者是内心对某个领域极度有追求的人

问：您怎么理解"登峰者"这个词？

周千龙：我觉得所谓的"登峰者"，肯定是内心对某个领域极度有追求的人，他们希望不断向上攀登。攀登的可以是地理上的高峰，也可以是专业上或者是工作上的高峰。

登峰者可能很多都在自己的领域有一定的成就，因为他们的这种登峰精神是不断引领着他们向前的，而不是说止步不前，或者满足于现状。

登峰精神的内核是积极向上、敢于探索

问：您觉得登峰精神的内核是什么？

周千龙：我觉得它应该是积极向上、敢于探索，有自己的理想，知道自己想追求的是什么，知道自己想要达到的目标是什么，而且积极主动地去向这个目标靠近，并在靠近的过程中不断探索一些新的东西。

他们毅然决然去干这个事情，这是非常难得的

问：您接触华大或者听说华大大概有多久？多少年了？

周千龙：我大概大二、大三的时候就知道华大，大概五六年了。

问：那在您眼里，华大走过了一条什么样的路？

周千龙：华大从创立起就肩负着一种民族大义，承担了人类基因组计划的"中国卷"（即人类基因组计划1%项目）。汪建老师和其他几位创始人也毅然决然地去干这个事情，这是非常难得的。在华大的发展过程中，它追求的是为人类造福，强调和追求的更多的是社会价值，而不是经济价值。相信这种能够创造社会价值的机构，早晚会获得各界认可，只是时间的问题。其实，华大能够发展壮大到现在这个体量，也正是跟走过的这样一条路线息息相关。

第三部分

科研登峰者说

我们的身体反映着地球上生命的真实历史。我们的细胞维持着如同生命刚刚发生时的地球环境，富含着碳及氢；我们的细胞就生活在与早期海洋成分相同的水与盐的基质中。我们会变成现在的模样，得归功于细菌在多水的环境中彼此的共生结合。虽然 DNA、基因转移及共生这些进化动力学，是在达尔文去世后近一个世纪才发现的，但达尔文却早已敏锐地提到："我们虽然无法彻底明白生命的神奇与复杂性，但是我所提出的进化假说，却使这种复杂性日益增加。每种生存着的生物都应该被视为一个小宇宙，它们都是由一些可以自我繁衍的生物所组成。虽然这些生物小得难以想象，但是却多如天上的繁星。"

——《小宇宙：细菌主演的地球生命史》，[美] 林恩 · 马古利斯、多里昂 · 萨根

不断发起挑战，向更高峰冲刺

——徐讯访谈录

毕业于中国科学院昆明动物研究所，遗传学博士，基因组学研究员。现任华大集团执行董事、华大生命科学研究院院长。中国科学院大学博士生导师、默多克大学兼职教授，国家百千万人才工程“有突出贡献中青年专家”。担任国际标准化组织/生物技术委员会（ISO/TC276）核酸及蛋白基生物装置工作组召集人，全国生物样本标准化技术委员会（SAC/TC559）专家委员，全国生物表型标准化工作组（SAC/SWG34）委员，广东省高通量基因组测序与合成编辑应用重点实验室主任，国家重点研发计划“前沿生物技术”专项项目首席科学家，国家重点研发计划“生物与信息融合”专项指南专家。

长期从事基因测序技术、单细胞组学、时空

组学等领域的研发。主要成果包括主导开发了高通量测序技术（DNBSEQ），提出了基于DNA纳米球的二硫酯键测序生化和浸没式测序等核心方法，牵头组织开发了BGISEQ-500、T20等测序仪系列机型，通过原理创新实现了超高通量、高精度等全球领先的性能，并推动了规模化量产和应用。测序仪和配套试剂耗材实现了完全自主可控，有效突破了行业巨头的技术封锁和西方国家的制裁。主导研制的基于纳米孔传感技术的单分子测序仪将于近期发布，同时积极探索新型蛋白质单分子测序技术，为蛋白质组学研究提供技术储备。提出了基于DNA纳米球的空间位置标签进行空间转录组测序的设想，开发了高分辨率、厘米级视场的空间组学技术Stereo-seq，成果发表于《细胞》，首次系统构建了重要模式生物小鼠、斑马鱼和果蝇的胚胎发育时空组学图谱，成果以专题的形式在《细胞》官网发表。这是首次从时间和空间维度上对生命发育过程中的基因和细胞变化过程进行解析，为认知器官结构、生命发育、人类疾病和物种演化提供全新工具。

目前已发表在包括《自然》《科学》《细胞》等国际顶级科学杂志在内的SCI收录论文386篇，其中，作为第一作者或并列第一作者15篇，作为通讯作者78篇。近5年引用超70000次，连续8年入选科睿唯安"全球高被引科学家"名单。主持和参与包括科技部国家"863计划"、国家"973计划"、国家重点研发计划、发改委产业集聚等项目10余项。获得专利50项，另有220多项正在申请中。享受国务院政府特殊津贴，曾荣获"鹏城杰出人才奖"、"教育部自然科学奖"二等奖、"深圳市科技进步奖"一等奖、"广东省科学技术奖"一等奖、"深圳市青年科技奖"、第十四届谈家桢生命科学产业化奖，广东省"最美科技工作者"、"科技部大挑战青年科学家"称号等。

导言　瞄准目标，一步一个脚印，就能够不断接近顶峰

在人类探索未知领域的漫长历史中，科学家们总是扮演着先锋的角色。他们不仅需要具备卓越的智慧和深厚的知识储备，更需要拥有一颗勇于挑战极限、不断探索未知的心。

徐讯，作为华大科研领域的杰出代表人物之一，正是这样一位在科学研究工作中不断追求“更高峰”的攀登者。

徐讯的科研道路，既伴随着华大从参与者到引领者的跨越之路，也是对“登峰精神”的生动诠释。从水稻基因组的重测序到国际时空组学计划，每一步都凝聚着华大对生命科学真理的执着探索和对人类福祉的深切关怀。正如他在采访中所言：“每一次能够上顶刊封面，都意味着人类科学上的一次重大突破。这就是华大攀登者的精神，永远不会止步于一座高峰。”

2021 年，汪建、徐讯等华大科技工作者随我国首艘万米级载人潜水器“奋斗者”号下潜，在“挑战者深渊”马里亚纳海沟进行科考。在被认为是“生命禁区”的万米深渊，他们看到了成簇的微生物，甚至还有海星、海参、鱼类、钩虾等宏生物。欣欣向荣的海底世界，是对“万物生长靠太阳”这一观念的直接撼动，也带来了更多有待探究的科学问题。

多年来，从对珠峰的物理攀登到对科学高峰的探索，华大科研团队不断迎接挑战，试图为解答生命科学领域中的重大基础问题作出更多贡献。面对生命起源、意识起源等重大科学问题，徐讯认为：“我们都是不断地在一小步一小步往前挪，也许速度会很慢，但是人类的步伐整体是在不断往前的。我们始终相信，我们终究会走到珠峰峰

顶，也许不是我们自己到达，但是人类的科学认知最终能到那里。"

从事生命科学领域科研工作近20年，徐讯坚定地告诉我们，科研是有用的，它最终会变成人类前进的动力。面对困难和挑战，青年科学家应保持不断向上、向前的动力和探索的好奇心。尽管科学的高峰是没有止境的，但只要瞄准大目标，脚踏实地，一步一个脚印，就能够不断接近顶峰。

这是一位优秀青年科学家的心迹，也是对更年轻的科技工作者的寄语，而只有将更多希望和重任真正寄托于青年，科学才会更有未来，一个国家和民族才会更有未来……

既在攀登物理上的珠峰，也在攀登科学上的高峰

问：华大在时隔十几年以后，再次攀登珠峰的原因是什么？

徐讯：华大的珠峰情结是非常深的，也有很多登山爱好者，我们以前在"二办"（华大原第二办公区）的楼梯上可以看到台阶上贴着谁什么时候登上了哪座高峰，可以说登山运动在华大人心中是一种挑战，也是一种成就。2010年，华大集团董事长、联合创始人汪建从南坡登顶珠峰，那一次我们认识到了高原适应性的重要性，所以做了一项关于藏族人和汉族人对高原适应性的比较研究，研究成果发表于《科学》杂志。2014年我们接着在《自然》发表文章，进一步揭示了藏族人的高原适应性基因可能最早起源于丹尼索瓦人，给大家带来了非常大的冲击。

这就给我们带来了一个想法：我们是不是可以在登山的同时去研究人类在高原攀登整体过程当中的变化？在汪老师上一次登珠峰的时候，其实也做了类似的事情，当时也采了一些血样，他们甚至还把离心机背到了大本营，在上面进行了样本的分离准备。但是由于条件和技术的限制，采的样本不够全面，也不够系统。

所以这次登珠峰，汪老师和整个团队做了非常充分的准备，包括整体的科研方案和合理性评估、采样的细节、攀登过程中每位登山者的生理生化指标，都做了系统性的安排，最终带来了一个全面的、整体的监测和数字化。我觉得这是非常了不起的，既要克服高原环境带来的挑战，还要完成高精度的科研工作。所以这次与其说是登山，不如说是一次重大的珠峰科研工作，我们既是在攀登物理上的珠峰，同时也在攀登科学上的高峰。而且汪老师是在 70 岁的高龄去完成这样的事情，过程当中的采样也好，科研工作也好，他都是在一线，这也非常让人敬佩，可能没有多少人能够既挑战珠峰，同时保持着这样的精神挑战科学。

做了大量的前期谋划和训练工作

问：这一次珠峰科研计划是从什么时候启动的？

徐讯：这次的珠峰计划可以说是从前年（2022 年）就开始做准备了。身体条件的准备方面，整个团队大部分的成员先是在 2022 年登了慕士塔格峰，在 2023 年登了卓奥友峰。科研方面，在两次登山过程当中都做了一些模拟，包括样本采集、数据分析。科研设备方面，为了能够保证在山上采集到数据，需要考虑在山上怎么实现远程超声、电力通信如何保障、到底带哪些采样设备上去、怎么系统性地采样……其实一直都在不断地模拟、筹备，做了大量的前期谋划和训练工作。

目标明确后，只要朝着这个目标去不断地努力，就一定能达到

问：这次的科研目标是什么？能实现吗？

徐讯：我们的科研目标是非常明确的，就是探究人类如何适应高原；在高原的整个过程当中，生理生化到底发生了什么样的变化；我们未来如何更好地适应高原这样的挑战。目标明确之后，过程当中所有的挑战，大家就不觉得是那么困难的事情，觉得只要朝着这个目标去不断地努力，就一定能达到。

我觉得跟登山一样，当你看到了山顶在那儿，不管中间过程道路多崎岖，你终究是要登上顶的。过程是曲折的，他们在登山过程当中不断地上去再下来训练，一次一次不断地冲顶。科研也是不断地试错，不断调整方案，不断地往前走，然后再修正，最终达到目标。

我们要做前人想过但没做过的事情

问：这次珠峰计划，整个科研目标和登山目标的拟定过程中，为什么要盯住创造几项世界纪录的目标不放？

徐讯：在历届珠峰科考及人类已有的记录当中，很多数据是缺乏的。在这么高海拔的地方，不管是人体的生理指标、生化指标，还是心理指标，很多数据是缺失的。

与其说我们要创造几项纪录，不如说这些东西是前人想过但没有做过的事情，我们现在把这些事情做到了。其实我们的初衷，就是要补全这些数据。

一系列研究：另外一个层次的攀登珠峰

问：登峰精神在华大科研工作中，有着怎样的体现？

徐讯：对于华大来讲，我们做高原适应性的研究，包括解决人类基因组难题、解决疾病难题、探索生物多样性中的科学问题等一系列研究过程，其实都在寻找和发现科学上的新知识，就像登山一样，一次一次地挑战极限，挑战人类认知的边界，拓宽我们的视野。所以这也是另一个层次的攀登珠峰。

站在山顶的时候，你会发现这个山顶已经是你脚下的平地

问：在您的科研道路上，登过多少座像这样的山峰？

徐讯：其实每一次重大科学成果的突破都是翻过了一座“珠峰”。我刚加入华大时，做的第一个项目是水稻基因组的重测序。在这之前，华大

花了很大的精力，把水稻基因组的完整图给“组装”出来了。但是水稻不同个体之间差异非常大，不同品种有自己特有的突变，所以我们接着做的是把水稻不同品种的基因组差别找出来，通过比较野生稻和栽培稻的基因组，寻找人工驯化的痕迹。

这个项目当时是非常有挑战性的，要把实际的农业情况和基因组的情况结合到一起，而且之前没有人做过如此大规模的数据整合分析。但是完成这个项目之后，我们发现，这个问题已经不再是问题了。当你站在山顶的时候，你会发现这个山顶已经是你脚下的平地，不再成为你的挑战了。所以下一个“高峰”——我们想着能不能把全世界所有水稻的种质资源都摸排清楚，不再是做几个品种的分析，于是我们后来又做了 3000 种水稻品种的重测序，把全世界主要的水稻品种都数字化了，中间涉及大量的数据分析和科研问题。

每一次上顶刊封面，都意味着一次重大突破

问：登上水稻基因组的重测序这座“山峰”之后，还做了什么？

徐讯：水稻相对来说是比较简单的一个物种，我们后面还做了一些更复杂的物种，比如玉米、土豆等。我们就像爬第一座高峰一样，后面也是一座一座的高峰不断往上爬。所以你看到华大的文章墙上有那么多的封面文章，其实这相当于是我们在山顶留下的“合影”。因为每一次能够上顶刊封面，都意味着人类在科学上的一次重大突破。这就是华大攀登者的精神，永远不会止步于一座高峰，永远会不断地发起挑战，向更高的高峰去冲刺。

国际时空组学计划：希望号召领域内科学家一起攀登的一座科学“珠峰”

问：最近在爬的一座“高峰”是什么？

徐讯：我们从简单基因组到复杂基因组，从个体基因组到群体基因

组，再到疾病基因组，到现在已经不满足于仅仅关注从DNA到表型的中心法则的内容，而是更关注在中心法则的基础上，整个基因组是如何随着时间和空间变化的，最后编译出不同的生命现象过程。这是我们到今天为止还没有认识清楚的疆域，可以说是另外一座"高峰"。所以，国际上不少科学家和华大共同发起了时空组学计划，希望号召领域内的科学家一起来攀登这座科学的"珠峰"。

研究生命的起源和适应性："四极"提供了一个非常好的观测窗口

问：这次珠峰行动除了超声、脑电的数据，背后还隐含着极端环境下的科研探索，对物种演化、生命起源的研究。我们的多维组学数据，包括对第三极的地质环境、生物痕迹的寻找和生命起源有关吗？

徐讯：在地球上有很多极端环境，比如说深海、南极、北极、珠峰，也就是所谓的"四极"。以前不少人认为在"四极"的很多地方是没有生命的，比如说海拔6000米以上被称为"生命禁区"，但实际上我们通过多次科考已经发现，上面不仅有生命，而且有很多不同的生命。这也就意味着，在地球上所有的角落，甚至包括地幔里面，都可能有生命活动的迹象。那问题就来了，为什么生命能够适应如此广阔的环境？如果能够研究清楚，我们会对"生命适应性"这个概念有更深层次的理解。

未来，随着环境的变化，随着人类疆域的拓展，生命能不能适应比"四极"更加极端的环境？反过来讲，生命能够适应如此极端的环境，又和生命的起源有着密切的关系。目前科学界认为生命起源于早期极端的地球环境。当时地球的极端环境造就了最早的一锅生命的"原始汤"，在这锅"汤"里面发生了大量的化学变化，最后形成了有机质，通过整合形成了最原始的生命。所以我们探索极端环境当中生命的存在，也与研究生命的起源和生命的演化是有密切关系的。所以，"四极"给我们提供了一个非常好的观测窗口，能够去研究生命的起源和适应性。

海底 10000 米有大量微生物存在，而且具有非常丰富的生物多样性

问：能不能讲一讲 2021 年您和汪建老师一起下潜到马里亚纳海沟的目的究竟是什么？探究深渊的生命现象是不是又是一座生命科学的高峰？

徐讯：在人类历史上，大家都觉得深渊是一个非常神奇的地方。我们小时候读儒勒·凡尔纳的科幻小说《海底两万里》，对海底总是充满着想象。

随着人类对海底的不断认知，大家发现浅海海底有大量生物的活动，比如说珊瑚礁。但是往深处走的时候，到了海平面 400 米以下、到了 1000 米，整个生物量就会骤减，逐渐到了三四千米的时候，基本上就出现了生命的禁区或者荒漠，到了 8000 米、10000 米这样的深渊，底下还有生命的存在吗？如果有，这些生命到底靠什么生存？其实海平面 400 米以下阳光就照不进去了，所以在海平面以下 8000 米的深渊，它没有光，海表面的有机质也落不到这么深，它落到 1000 米左右的时候基本上都被降解完了，所以海底应该基本上就没有外源性的能量和物质的输入，就跟外星球一样，像月球或者说火星上，它的表面和我们在 10000 米深的深渊其实差不多了，所以像珠峰和南、北极一样，是人类的或者说是生命的又一个禁区，我们一直很感兴趣，生命的禁区里面会是什么样，会有什么样的生命存在着？我们相信一定会有生命存在。

原来人类多次下深渊，包括像知名导演卡梅隆，他毕生的梦想就是能够下一次马里亚纳海沟，他最后实现了，但只下去了一次，看到了底下什么样，肯定就是一片荒漠，眼睛是看不到太多东西的。从前大家没有办法在深渊进行常规的科考和采样，直到中国载人潜器“奋斗者”号和“深海勇士”号研发出来。“深海勇士”号能够到 4000 多米水深，我们出海坐的“奋斗者”号能够到 10000 多米水深，是我国第一个能够在水下 10000 米进行常规科考采样的载人潜器。我们参与的是“奋斗者”号的第一次常

规科考，这也是目前唯一一次在马里亚纳海沟进行的采样。这次采上来的样本，我们不仅发现了在海底 10000 米有大量微生物存在，而且具有非常丰富的生物多样性，反映海底生物是“欣欣向荣”的，同时还有很多宏生物，像海星、海参，还有一些鱼类、钩虾的存在。对这些样本我们都进行了大量的采集，并且都进行了基因组的测序和数字化。目前一系列的科研成果正在陆陆续续出版。

如此繁荣的生态系统，靠的是水和岩石

问：在那么深的海底，没有太阳，它们靠什么来生存？

徐讯：这个也是我们科考过程中最大的科学疑问，因为这个问题就和外星是否存在生命一样，如果存在的话，它到底靠什么生存？

以前都说万物生长靠太阳，但是我们发现在海平面以下 10000 多米的深渊，如此繁荣的生态系统，靠的是水和岩石。因为水和岩石，尤其是从地幔新生长出来的岩石，它带着大量的能量，所以它和水反应后会产生一个奇特的化学反应，叫“水岩反应”。水岩反应会产生还原类的化学物质，比如说氢气、甲烷。这些氢气和甲烷，既能够提供物质，又能够提供能源。深海的岩石上，肉眼可见密密麻麻的微生物存在，它们已经聚集成簇了，像头发一样一缕一缕的，它们可能形成了一个生态链，互相之间提供电子传递链，这是一个非常神奇的现象。有了微生物，就有了宏生物能够生存的环境，像钩虾、鱼、海星、海参，它们就能以这些微生物作为基础的能量和物质来源，不断形成更高级的食物链，所以就形成了一个欣欣向荣的深海乃至深渊生命世界。

生命起源研究：不是一座山的问题，可能是一群山的问题

问：如果说“生命起源”这个重大命题是一座“珠峰”的话，您觉得我们华大也好，全球科学家也好，现在研究到哪个阶段了？

徐讯：我觉得我们还在山脚，甚至连“珠峰”的顶在哪儿都还没有看

到。因为这是一个非常重大的挑战。我觉得不是一座山的问题，可能是一群山的问题，当我们翻过了眼前的这座山，还会看到下一座山峰。

每往前走一步，都能看到不同的风景

问：是什么样的底气，让华大人敢于挑战生命起源这样最基本也是最难的课题？

徐讯：其实不仅仅是华大人，所有从事生命科学研究的人，做的工作或多或少都是在回答这些终极问题。它更像是一座大家不断往上爬的珠峰，只不过当你翻过了一座山，以为已经回答了某个问题之后，会发现前面还有山顶。

对于华大人来讲，我们进入了这个领域，就必然面临着这样的问题。但是我们也不会因为山太高了，可能这一辈子都很难爬上峰顶就退缩。只要往前走一步，哪怕只是一小步，都是不断地在靠近山峰。在登山过程中，我想应该也是鼓励自己不断往前就行，每往前走一步，都能看到不同的风景，都会离山顶更近一步。

所以面对这样重大的难题，像生命起源、意识起源、生命是什么等，我们都是不断地在一小步一小步往前挪，也许速度会很慢，但是人类的步伐整体是在不断往前的。我们始终相信，我们终究会走到“珠峰”峰顶，也许不是我们自己到达，但是人类的科学认知最终能到那里。

有认知边界的拓展，也有疆域的拓展、领域的拓展

问：习近平总书记指出：“当前，新一轮科技革命和产业变革深入发展。科学研究向极宏观拓展、向极微观深入、向极端条件迈进、向极综合交叉发力，不断突破人类认知边界。”您如何理解这句话？

徐讯：习近平总书记的重要讲话高度凝练和总结了科学家精神和科学的目标，是适用于所有科学领域的，不仅仅是在生命科学，在物质科学以及其他各方面的科学都崇尚这样的精神和理念。

其实这就是人类科学发展不断地拓展边界，边界有很多，大到宇宙，小到物质结构，所以必然有宏观和微观的认知边界的拓展，同时也有疆域的拓展、领域的拓展，这是科学发展的必然和规律。

基因组学科是生命的底层，必然和生命的极微观和极宏观都是密切联系的

问：当时汪老师印象非常深，马上梳理了华大在做的研究工作——极宏观，华大做过那么多"大科学"项目；极微观，时空组学技术已经深入到细胞的纳米层面了；极端环境，对地球"四极"的科学研究；极综合交叉，交叉学科的合作和人才培养。您认为华大为什么恰恰在这"四极"上都在做不同的挑战？

徐讯：这也是因为生命科学的研究本身，一方面就是在宏观上，包括意识起源等问题更多的是一种大的结构和机制上的问题。另一方面又涉及微观的单个细胞、单个分子的互作和运动。所以生命的研究和物理学的研究是非常类似的，既要大到生态系统、行为学的研究、物种之间相互的生态链的研究、整个宏观环境的研究，同时又要到微观的分子层面、细胞层面。而且如何把微观层面和宏观层面联系起来，从微观的角度来解释宏观，从宏观的角度来解释微观的必然，本身就是我们一直在做的事情。

对华大来讲，基因组作为一个底层工具，它必然既能够解释生态系统的宏观问题，物种之间互作、适应性的问题，也能够用来解释微观的行为。因为我们始终是围绕着基因组这个核心的学科在发展，而基因组学科是生命的底层，必然和生命的极微观、极宏观都是密切联系的。

登山文化是深圳人自发形成的一种区域文化

问：有一种现象大家都注意到了，深圳是国内登山第一城，迄今为止已有61人、70人次登顶珠峰，其中华大有10人登顶，您怎么看深圳和华大的这种登山现象？

徐讯：深圳这座城市，一是年轻人比较多，二是大家都比较具有冒险精神，所以就带来了前赴后继的登山精神和文化。这不是引导出来的，也不是宣传出来的，深圳的登山文化是深圳人自发形成的一种区域文化，我认为它实际上代表着年轻、冒险和企业家精神。

华大带来了科技元素，带来了科技登山

问：在那么多登山队伍里，华大登山队有什么不同吗？

徐讯：敢于冒险、敢于探索、不断追求极限，这是共同的特点，这也是深圳精神的一部分。华大带来了科技元素，带来了科技登山，同时能够用科学来解决登山的问题，并且去认知人类自身在挑战极限过程当中生理生化的变化，我觉得这是最大的不一样。

但是华大和深圳的企业家们、登山爱好者们，其实是有机地融合在一起的，我们互相促进、互相帮助，汪老师和华大的同事们也都积极地参与到深圳登山协会的工作当中，积极出谋献策，为整个深圳的登山爱好者团体不断作出贡献。

攀登者精神，是深圳一个非常鲜明的形象

问：在这一点上，华大和深圳这个城市已经紧密地融合在一起。

徐讯：对，华大是深圳知名的科研机构，是深圳的科研名片。我们在科学上的成果，在应用上不断用科技去造福，去解决疾病方面的问题、农业方面的问题。华大的攀登者精神、不断探索精神，其实都是深圳整个城市非常鲜明的形象。

登峰精神的核心是瞄准大目标，不断迎接挑战

问：如果有一种精神叫“登峰精神”，在您看来它的内核是什么？

徐讯：我觉得登峰精神的核心是瞄准大目标，不断迎接挑战。科研上的登峰精神也是一样的。

华大的科研登峰目标非常远大，也非常正能量，能够激发更多人加入进来

问：登山就要登峰，登峰就要登第一高峰！和普通的登山者相比，华大是不是有一群特殊的登峰者？

徐讯：华大的登峰，尤其是华大的科研登峰能够不断取得成功，主要是因为我们的目标非常远大，也非常正能量，能够激发更多人加入进来，为这个事情奉献自己的热血和青春。华大的科研登峰瞄准的是解决生命科学里面的重大问题，目标很明确，也很宏大，所以能够吸引大家前赴后继地向这个目标去奋斗。

不断地向前向上

问：一个人是个体生命，一个国家是生命体。2024 年是中华人民共和国成立 75 周年，回顾 75 年历史，在您看来，一个国家的发展壮大，是否特别需要这种勇于冒险、敢于创新、迎难而上、不断超越的登峰精神？

徐讯：我觉得是的，无论是从整个共和国的发展，还是从改革开放以来不断取得的突破看，其实都是在不断地攀登，不断地解决困难，不断地往前走。其实无论是民族的发展、国家的发展，还是行业的发展、个人的发展，都是一样的，都是不断地向前向上。

更关心科研成果是不是真正"三能"

问：前一段时间自然指数公布了 2024 年度榜单，华大连续 9 年位列生物科学产业机构亚太第一。2023 年华大在著名的《细胞》《自然》《科学》三大顶刊（英文缩写为"CNS"）的主刊上登了 15 篇文章，2024 年的目标是什么？

徐讯：2022 年华大集团完成 100 篇 CNS 系列文章之后，我们这个目标就调整了——不再追求纯粹的数量，而是更关心我们的科研成果是不是

真正意义上能够瞄准重大的问题，能够产生重大的影响，能够为人类的健康和生存环境带来改变。

在科研上，一方面我们在最基础的、最底层的问题上如何实现突破，时空法则是我们整个研究院基础科研全力聚焦的一个问题。另一方面就是我们今天做的这些技术，如何进一步提升对人类健康的保障，带来新的突破，这是我们不断努力的方向。

科学的高峰是没有止境的

问：如果说自然山体的攀登可以实现登峰造极，是因为它有一个终点，那么科学上的攀登有终点吗？科学上能实现登峰造极吗？

徐讯：科学上的问题是当我们到了一个山顶之后，会发现下一座山峰又在前面，必须总是不断地攀登，所以我认为科学的高峰是没有止境的。当我们拓展了新的认知边界的时候，又有新的问题，又有新的挑战。

科研是有用的，最终会变成人类前进的动力

问：在从事科研的道路上，最吸引您的究竟是什么？

徐讯：科研给我带来的最大吸引力，第一，它是有用的，你做的所有的工作最终都会变成人类前进的动力；第二，你永远可以看到新的风景、新的突破，这是科研非常让人着迷的地方，永远可以求新。

寄语青年科学家：保持不断向上、向前的动力和科研探索的好奇心

问：当前时代背景下，您对青年科学家在科研这条道路上有什么样的寄语？他们应该承担起怎样的使命和责任？

徐讯：保持不断向上、向前的动力和科研探索的好奇心，对于青年科学家是非常重要的。大家不要被路途上的困难和挑战所吓退，要看到你的目标是山顶，当下的困难只是暂时的，但是大目标和方向是永恒的。至于

其他的问题，我觉得只要最终你的目标是山顶，其他问题都不应该成为畏难和退缩的理由。

从来没有想过退缩，觉得充满动力

问：在您的科研生涯中，有没有过在“登山”过程中特别苦闷、很彷徨甚至想放弃的时候？遇到了怎样巨大的困难？

徐讯：我觉得还好，因为我一直跟着汪老师，总是能够得到汪老师源源不断的鼓励和他以身作则的影响，所以我从来没有想过退缩，总是觉得充满着动力。

我觉得在华大，大家都还是比较正向、积极的，这是环境造就的。困难是必然有的，我们也会感到特别难挑战、难克服，但是我们从来不会说因为有困难而退缩。你看汪老师，他永远都是保持着乐观精神的，他从来没有因为特别困难说要不要往回收一下，而是这个目标一旦定了，就是坚决要往前走的。

华大的科研工作者都是以“科研民工”自称，这是一个非常好的心态

问：有条件上，没条件创造条件也得上，是这种劲儿，是吧？

徐讯：我刚加入的时候，华大刚从北京“举家”南迁搬到深圳，那个时候一穷二白，真的是啥都没有。但是在那种时候，大家讨论的还是怎么为国争光，还是怎么攀登科学的珠峰。

未来我们肯定也会不断遇到各种挑战和困难，但是我相信华大不会因此而退缩。

华大的科研工作者都是以“科研民工”自称，这是一个非常好的心态。首先我们做的事情就是得踏踏实实的，一砖一瓦垒起来，不是说我有一个奇思妙想，这个事情就搞定了。

科研工作跟登珠峰一样，得一步一个脚印，靠一砖一瓦，最后才能把科学大楼盖起来，所以还是要脚踏实地。华大一方面有大目标，另一方面我们还是立足脚下，立足于实实在在的每一步。

基因装置在几十亿年前就被发明出来了，而且从那以后基本没有变过。这种生命机制之顽强，让人叹为观止。……生命基础设施的极端稳定表明，生命完全不是“意外事件”，而是宇宙发展的必然结果。

——《生命是宇宙的偶然吗》，[美]罗伊·古尔德

在基础研究、核心工具和医学应用上，都要追求极限、登顶最高峰

——赵立见访谈录

现任华大基因首席执行官，基因组学研究员。毕业于河北医科大学预防医学专业，1999年加入华大至今，历任深圳华大医学检验实验室总经理、生育健康事业部负责人、华大基因首席市场官等。

他致力于将华大基因打造成覆盖全产业链的全球精准医学和公共卫生服务领域的引领者，带领团队在全球率先开展无创产前基因检测技术的临床应用，推动基因组学在出生缺陷防控、肿瘤防控、传感染病防控、慢病防控等领域的临床应用与快速转化。

曾参与“人类基因组计划1%项目”“超级杂交水稻基因组计划”“SARS病毒全基因组测序”等科研项目，发表SCI论文20余篇。

先后发起了“百万新生儿听力与耳聋基因联合

筛查”“中国聋病基因组计划”“中国单基因病携带者筛查”等重大项目。

曾获得“中国出生缺陷干预救助基金会科技成果奖”一等奖、“华夏医学科技奖”二等奖等奖项，“深圳市健康产业领军人物”等荣誉称号，是深圳市医疗卫生“三名工程”引进专家。

导言　逾越“山峰”，推动人人基因组时代加速到来

在探索未知的征途上，人类从未停止过前行的脚步。作为生命科学领域的探索者、先行者，华大集团已将探索未知的触角伸向了珠峰，深渊，南、北极，将攀登科学高峰的精神融入了自己的血脉，并在过去25年间不断传承。

华大基因首席执行官赵立见，在华大成立之初便已加入。他先后参与了“人类基因组计划1%项目”“超级杂交水稻基因组计划”等一系列科研“登峰”项目，并在华大南下深圳后带领团队推动基因组学从基础研究走向医学应用，见证了华大从跟跑到并跑，再到部分领域领跑的完整发展历程。

当谈及为什么明知困难重重，华大集团董事长汪建依然要在70岁再次登顶珠峰时，赵立见带我们回忆了自己带领华大基因核心管理团队登顶玉珠峰的经历，讲述了当时的心境。

他认为：“登山，尤其是登珠峰这种极高海拔的登山运动，它不仅是一种对身体极限的挑战，更是一种对意志力的历练。”

回望过去25年，华大人始终秉持追求极限、登顶最高峰的信念，将攀登精神融入每个项目中，实现了基础研究、核心工具和医学应用上的不断突破。以华大基因的无创产前基因检测为例，从技术研发到全面临床应用曾经面临几座必须逾越的山峰。

赵立见认为主要包括两点，首先，需要在方法学确认后进行大规模临床试验，验证相对于传统技术的领先性。其次，还需要在国内外均没有可参考经验的情况下，尽快获得医疗器械注册许可证，进而实现大规模临床应用。

在赵立见看来，虽然这个过程比较曲折，但它是基因组学技术在

临床应用上的一个重要里程碑，因为它不仅是技术上的巨大突破，更重要的是，对制定行业监管政策也有巨大的推动作用。

目前，无创产前基因检测技术已经在全球多个国家和地区得到广泛应用，助力千万家庭孕育新生。而这背后也正是勇于挑战、永不言败的攀登精神在激励着华大人不断前行，持续攀登新的高峰。

关于未来，赵立见表示："基因检测与整个生命进程是密不可分的，我们希望能够开发出更多与疾病的发生发展相关的检测技术和手段，让更多百姓切身受益。"他相信，在应用场景和配套政策的加持下，人人基因组时代即将到来，大家会发现测序不再遥不可及。

对登山的执念，与勇于探索、勇于创新的精神密不可分

问：2024 年 5 月，华大登山队全员成功登顶珠峰，刷新了登顶珠峰中国最长者纪录，诞生了世界首份来自珠峰峰顶的超声影像图和脑电数据，国产测序仪也创下了迄今最高海拔的运行纪录。您加入华大已经 20 多年了，参与、见证了整个发展历程，在您看来，华大为什么非要创造这些纪录呢？

赵立见：实际上，华大的这次登山行动是以科研为目的的。4 月初，华大登山队从深圳出发，5 月 21 日成功登顶珠峰，这个过程中，我们在不同海拔对核心队员的各项生理指标进行了监测，包括脑认知、眼底、心电等，为后续整个科研计划做了非常充足的准备。

这次产生的基因组、蛋白质组、影像组等多组学数据，为人类高海拔地区适应性生理机制探索带来了巨大的应用数据。我想这是这次攀登跟普通登山最大的差别。

为什么华大，尤其是汪建老师，一直对登山有这样的向往和执念？我想这与华大从成立之初到现在始终坚持的一种精神是密不可分的，那就是

勇于探索、敢于创新的精神。

登山不仅是对身体极限的挑战，更是对意志力的历练

问：上次跟汪建老师聊的时候，他说最后爬升 580 米，1 分钟 1 米，爬了 8 个多小时，其实后面很难受，吃东西吃不下了，他后悔地说，当时应该带点米粉，更容易咽下去。其实是很不好受的。您也登过 6000 米级的山吗？

赵立见：玉珠峰，海拔 6178 米。

问：那您可能对这种挑战更有体会。您认为，他为什么明知这样，还要去挑战自己？有的人说他是壮烈，有的人说他是疯狂。

赵立见：登山，尤其是登珠峰这种极高海拔的登山运动，它不仅是一种对身体极限的挑战，更是一种对意志力的历练。

作为华大的管理层成员之一，我也想身体力行，体验为什么汪老师在登山的过程中还会有不同寻常的战略思考。所以，2023 年我带领华大基因的核心管理团队和年轻骨干员工，一起登顶了海拔 6178 米的玉珠峰。

在整个训练和登山的过程中，我们的确对这项运动有了非常切身的体会。在进行适应性训练的时候，很多员工其实已经到个人体能的极限了。但是，大部分团队成员仍然坚持登顶了玉珠峰。

在我们出发的前一天晚上，下起了暴雪，这给登顶带来了巨大的挑战和障碍。其中，从海拔 5100 米左右的玉珠峰大本营登到海拔 5600 米的 C1 营地，这个过程是非常煎熬的，因为不能携带氧气，而且要负重。这 500 米的海拔攀升是我们耗时最长的一段。

除了前一天的暴雪给整个攀登带来了难度，我们还遇到了 10 级大风，再加上在攀登过程中逐步天黑到看不清路。这是一个巨大的挑战，不仅是对个人体能极限的挑战，也是对意志力的挑战。

很重要一点是，这是一个团队活动，大家互相鼓励、互相帮扶，最后才能顺利、安全地到达 C1 营地。

问：没有人打退堂鼓吗？

赵立见：几乎没人打退堂鼓，除了一两个身体的确不能适应，跟教练沟通之后，没有最后登顶。

要保证大家顺利登顶，更要保证大家安全回来

问：那次也是有压力的，因为是团队活动。

赵立见：应该说我的压力是最大的。第一个重要挑战是个人方面的，在登顶之前，我还在感冒发烧，身体各方面都不是最佳状态。登山之前去拍了胸片，还好并没有肺部感染。于是，在征得医生同意的情况下，坚持登顶了。

第二个重要挑战就是在一家上市公司，核心高管组织这样一个具有极限挑战的团队活动，我作为负责人，的确承担了巨大的心理压力，要保证大家团结协作，顺利登顶，更要保证大家安全回来。

我印象特别深的是，下山的时候，我是最后一个下来的，看到每一个队员都顺利下撤后，整个人才完全松弛下来。不过最后我发现，这种警惕和担心卸下来，人彻底松弛下来以后，想走也走不动了。

锻炼打卡变成了一种自觉的日常行为

问：相信你们攀登玉珠峰之前，肯定做了大量的工作，就像2024年华大再登珠峰，事实上是经过了一到两年的酝酿和准备。

赵立见：是，我们其实从确定下来要去到最后登顶玉珠峰，整个过程大概不到半年的时间。

这半年的时间，因为大家工作都很忙，所以就由华大运动专门制定了一套锻炼策略，要求大家在群内进行日常锻炼打卡，主要包括跑步、力量练习等各方面，然后再去进行统一评测。我们没有集中统一训练，全靠大家的自觉。

问：有可能自觉，也有可能不自觉？

赵立见：一旦整个队伍里很多人都在打卡，一些不自觉的人也都会自觉起来了。从我们决定攀登到最后登顶，甚至是登顶后到现在的一年时间，对大家来说，锻炼打卡变成了一种习惯。

这个过程真的把身体和体能的训练变成一种日常行为，而不仅仅是为了某一次的登山，为了某一次的马拉松，或者为了某一次其他的极限运动。这是我更希望能达到的。

他们都突破了自己过往认为的体能极限

问：这个群有多少人？

赵立见：现在大概有将近 40 人每天运动打卡。我个人也一样，从最初每次跑 3 公里、5 公里，到后来登山后，能够跑 8 公里、10 公里、12 公里、15 公里。通过这次登山，我想不仅仅是团队凝聚力得以提升，更重要的是，对于每一个队员来说，他们都突破了自己过往认为的体能极限。

问：在这个过程中，您重新突破自己、重新发现自己了吗？

赵立见：对，这是非常关键的。

问：可能预先也没想到？

赵立见：很多同事平常的心率在 80、90 甚至 100，他们很难想象，以自己这种心率和血氧能力，能够登顶 6000 多米的雪山。但是一旦完成以后，很多人就迈过了心理的坎，知道虽然整体身体和机能状况并不是最佳的，但通过一段时间的系统性训练，还是能达到这个目标的。

深圳汇集了一大批活跃的民营企业

问：汪建老师在珠峰脚下说：登山是假，其实它也不是假，也是真的，更是科考和科研。迄今为止，深圳已经有 70 人次登顶珠峰，是国内登山第一城，其中 10 个人是华大人。在您看来，深圳这座城市怎么会成为登山第一城？而华大人为什么占有这么大的比例？

赵立见：深圳作为中国改革开放最前沿的城市，也是一个非常年轻有活力的城市，更重要的是，深圳汇集了一大批活跃的民营企业。我想这可能是深圳能有 70 人次登顶珠峰的一个主要原因。

过去几十年，在勇于创新、敢于探索的民营企业家的影响下，深圳的确走出了一条完全不同于常规城市的发展路径。

在登山的过程中，更多、更深入地思考如何突破行业的天花板

问：2023 年华大基因管理层要登山，是受这种城市气氛影响，还是受华大骨子里这种基因的影响？

赵立见：一方面是受到华大，尤其是汪建老师一直以来的登山精神的感召。我们希望能够通过登顶玉珠峰这一项活动，与我们的核心管理团队一起克服一个巨大的挑战，并在这个过程中提升团队的凝聚力。同时，让大家更多、更深入地去思考，我们如何去突破行业的天花板。

另一方面与深圳这个城市敢于探索的精神也是密不可分的。华大 2007 年南下深圳以后，在生命科学研究和产业发展方面都取得了巨大突破，这得益于改革开放给深圳这片沃土提供了这样一个环境，华大在这里得以快速发展，华大的登山精神也在此期间快速形成。

在生命科学领域的确需要这样的团队，不断去追求极致

问：登山就要登峰，登峰就要登第一高峰。在您看来，和普通登山者相比，华大是不是确实存在一群与众不同的登峰者？他们是一批怎样的人？

赵立见：我想，无论是华大集团珠峰登山队，还是华大基因核心管理层的玉珠峰攀登队，大家一方面是想通过这种极限挑战实现自身的巨大突破，另一方面生命科学领域也的确需要这样的团队，不断去追求极致。所以，我们一定要达到最高峰。

从创始人成立华大之初，我们就参与了全球生命科学领域最重要的一

个科学工程。

今天，我们在基础研究、核心工具和全面的医学应用这三大方向上，也都要追求极限、登顶最高峰。

既有对巨大科研成果和产业发展的预期，也有朴素的家国情怀

问：回到25年前，华大创始人提出参与人类基因组计划。那时候，人类基因组计划在很多科学家眼里，包括一大批中国科学家眼里，也是可望而不可即的一座珠峰吗？

赵立见：是的。25年前，华大创始人率先提出中国要参与人类基因组计划，当时在国内很多人认为，中国没必要投入大量的科研经费去参与这项计划。在最初有非常明显的科学分歧，有非常多不一样的声音。

而在有一定的学术争议且并没有获得官方全面支持的情况下，决定去做这一项工作，我认为华大创始人既有对人类基因组计划未来可能带来的巨大科研成果和产业发展的预期，也有对中国在生命科学领域不应该再落后于其他国家的一种朴素的家国情怀。

很多人当时认为这是疯子的疯狂行为

问：当年华大留给大家的印象就是，这个团队很疯狂。

赵立见：的确，25年前，华大创始人决定参与人类基因组计划，除了有学术上的争议之外，还有很多客观条件让这个计划看起来不可能完成。

比方说，经费严重不足，核心技术尤其是核心工具不是完全自主可控。在这种情况下，如何去完成或者承担好人类基因组计划给我们的任务？因此，很多人当时都认为华大是不可能完成的，认为这是疯子的疯狂行为。

问：如果说华大是生命科学这条道路上的一支远征队伍，您当时是怎么加入这支队伍的？是怎么被“忽悠”上船的？

赵立见：我是在华大成立之初，1999 年 11 月 10 日，以实习生的身份加入华大的。那时候，作为一名医学生，理论上我们已经在医院实习了，但是经过与学校沟通，我们认为对医学生来说，能参与一项重大的科学工程，是一个巨大的挑战，也是抱着巨大的兴趣加入华大的。

推动基因组学从基础研究走向医学应用

问：能不能简单讲一下您加入华大以后的工作历程？现在您是华大基因 CEO，负责基因技术的研发和应用，特别是应用，这个领域也存在一座座珠峰吗？

赵立见：我以实习生的身份加入华大以后，参与了很多重大的科研项目，最初是人类基因组计划，后面又参与了超级杂交水稻基因组计划、SARS 项目攻关等。

这对个人的科研能力，包括动手能力，应该说是有一个巨大的提升。与此同时，我们也尝试去做一些应用领域的拓展，所以来到深圳后的核心的工作就是推动基因组学从原来的基础研究走向医学应用。

我们曾经共同研发，用高通量测序的方法去做 HLA 配型，简单理解就是在做骨髓移植之前，要做一个人类白细胞抗原组织的配型，只有配型吻合才能做后面的移植工作。

这是我们在医学应用领域的第一个尝试，随后我们跟中华骨髓库建立了广泛而深入的合作，一直持续到现在。

此外，基于当时临床巨大的应用需求，我们也开发了一系列面向临床检测的技术。其中，最重要的一个项目就是通过孕妇的外周血去检测胎儿的游离 DNA 片段，判断胎儿是否罹患包括唐氏综合征在内的严重染色体疾病。

这就是无创产前基因检测，英文名字缩写为 NIPT。这是目前全球公认的、普遍使用的一项用于产前筛查的技术。

在这个技术的推广过程中，我们其实做了很多工作。最初，作为一个领先的技术，高通量测序技术在临床的应用缺少普遍的认知，快速让临床专家认可这项技术非常重要。

所以从技术研发到产出一些数据以后，我们主要是通过各种学术会议，向临床专家介绍这项检测技术的领先性，以及未来在临床的适应症。

在这个过程中，这项检测技术也有了越来越清晰的适用人群，有了越来越明确的检测流程，检出率等一系列的性能指标也都被大家所认可，逐渐从实验室走向了临床应用。

截至 2024 年 6 月底，华大基因的无创产前基因检测技术已经在全球 30 多个国家和地区应用，累计检测样本量超过 1679 万例，检测出各类胎儿异常累计超过 10 万例。

问：现在华大基因无创产前基因检测的检出率已经达到了 99.9%，在最开始的时候呢？

赵立见：我们这个技术的研发经历了两个阶段。第一个阶段是方法学的确立，大概做了 80 例样本，摸索出比较稳定的检测流程和技术方案。这个阶段，它的检出率与真实的样本情况，也就是"金标准"相比，符合率已经能达到 90% 了。所以我们就认为这个路径、这个方法是切实可行的。

在方法学确立以后，我们进行了大规模的临床验证。最初选择了三家医院，做了 3100 多例的样本验证。

这些样本中，一半经过了临床常用的"金标准"验证，另外一半则通过产后随访验证了检测是否准确。

这两种验证方式加起来，最后确认了这项检测技术在大规模临床验证中的检出率已经达到 95% 以上，也就是说它已经完全可以应用到临床了。

无创产前基因检测技术是一个重要里程碑

问：无创产前基因检测技术作为基因技术临床应用上跨越的第一座高峰，不管是在技术的逐渐成熟上，还是在政策的许可上，其实都走过了一

条极其不凡的道路，是极其令人难忘的。

赵立见：是的。我一直认为无创产前基因检测技术是基因组学技术在临床应用的一个重要里程碑。

它不仅是技术上的巨大突破，更重要的是，对相关监管部门制定监管政策也有巨大的推动作用。

覆盖了河北省孕妇的 98%，基本做到了应筛尽筛

问：如果说"天下无唐"也是一个登峰之梦的话，您觉得有可能实现吗？能登上去吗？

赵立见："天下无唐"的"唐"指唐氏综合征。我们希望通过华大自主研发的无创产前基因检测技术，使唐氏综合征患儿的出生率降到接近于零。

其实在过去 10 多年的时间里，华大已经为实现这个目标做了很多努力。我们通过实现技术自主、成本可控，使无创产前基因检测技术从原来只有少数人可以使用，变成现在人人可及的检测技术。

在很多地方政府的支持下，通过政府集采的方式，已经有越来越多的孕妇能够免费进行无创产前基因检测，比如深圳、长沙、武汉，以及河北全省。

其中，河北省从 2019 年 7 月开始，实施了全省免费的无创产前基因检测，并陆续纳入政府民生实事项目中。

从目前实施的效果来看，几乎覆盖了河北省孕妇的 98%，基本做到了应筛尽筛。同时，孕妇的满意度达到了 99% 以上。

从开始实施到现在，河北省已经累计实施检测超过 208 万例，检出唐氏综合征等各类严重出生缺陷超过了 1.4 万例。

成本效益比高达 1∶16.73

问：所以无创产前基因检测受益的不仅是得唐氏综合征的患儿家庭，

还包括您说的得其他 90 多种染色体疾病的患儿家庭？

赵立见：是的。国家卫生健康委卫生发展研究中心基于这个民生项目的实施效果，做了卫生经济学的研究。

它的成本效益比高达 1∶16.73。也就是说，政府每投入 1 元钱，能节省疾病负担超过 16 元钱。

印象最深的是，调研人员发现，3 岁以下的唐氏综合征患儿在河北省找不到了。换句话说，就是当一个省份实现了无创产前基因检测全覆盖的时候，这个疾病得以全面控制，所以很难新增唐氏综合征患儿了。

经过这几年，在河北这个 7000 多万人口的省份已经基本实现唐氏儿“零新增”。

中国出生缺陷发生率降到历史或者全球最低水平指日可待

问：在您看来，“天下无唐”“天下无聋”是既可望也可及的一座座“珠峰”吗？

赵立见：从过去几年实施的经验来看，这已经成为完全可及的一个目标。我们认为，只要能够实现技术可及、成本可控，未来在政策加持的情况下，中国的出生缺陷发生率降到历史或者全球最低水平都是指日可待的。

问：实现这些目标，仅靠华大够吗？还需要什么？

赵立见：我想有几个方面。第一，确保核心技术自主可控。而过去几年，华大通过自主研发，已经实现了高通量测序技术的完全自主可控。

第二，要成本可及。我们经过一系列的研究，已经实现了测序成本的大幅下降，这也得益于高通量测序技术可以全面应用到临床各项检测中。

第三，需要医疗领域相关部委和专家对这项检测技术，以及未来高通量测序技术全面临床应用的支持和认可，甚至在政策方面更多地去推动。比方说，需要有越来越多的政策，提倡将基因检测纳入政府集采，甚至纳入医保。

我认为，这些都是进一步推动基因检测技术快速临床应用的条件。

希望基因技术可以深入每个社区、每个家庭、每个人

问：华大科学家和研发人员的一个梦想，就是让基因技术进入千家万户，而且是通过非常简便的方式。

赵立见：是的。基因技术的应用，我们是按照几步走。第一步是用于“科技服务”，通过我们的技术平台，为科研用户提供服务。第二步是通过大量的临床试验，验证了相应的检测技术可以全面应用到临床后，面向临床提供检测服务，这个阶段我们称为“医学服务”。

未来，希望能够做到“人人服务”，希望基因技术可以深入每个社区、每个家庭、每个人，这是我们的目标。

问：这个目标现在已经起步了？

赵立见：已经有了。比方说，对呼吸道疾病，我们已有可以居家采样的自检产品和技术。

除此之外，还有很多，比方说安全用药检测，也可以居家采样，实现快速检测，在线查询检测报告。

问：能不能说得具体一点？慢性病吗？还是指什么？

赵立见：很多慢性病，包括精神类疾病的用药都是长期用药，但每个人的药物敏感性又有巨大差别。

如果能通过基因检测的方式让临床医生知道，这位患者对哪类药物比较敏感、对哪类药物不敏感，医生就可以根据检测结果，酌情进行药物的加量、减量，甚至更换更合适的药。

问：这个市场需求很大，慢性病人群太多了。

赵立见：是的。再比如现在难治型的高血压，临床医生就可以根据药物基因组检测的结果，进行适当的用药调整。

问：那这一块儿现在的人群覆盖率有多大？

赵立见：目前覆盖率还不是很高，因为慢性病群体虽然庞大，但大家

对药物敏感性的认知才刚刚开始。还需要一段时间的科普，才能够更广泛地使用。

水稻基因组计划是基因组科研领域的一个高峰

问：回望20多年的华大历史，除了最初的人类基因组计划这座高峰，还跨越了哪些大山？

赵立见：在科学研究领域，除了人类基因组计划，华大还是第一个完成了杂交水稻基因组计划的机构，这为后面的分子育种，尤其是水稻的分子育种奠定了非常好的基础。

问：水稻是多少个碱基对？

赵立见：4.6亿个碱基对。我们当时做了人类基因组计划的1%后，汪老师提出来，我们能否在1%后面加个0，测一个3亿个碱基对左右大小的基因组，最后选择了水稻。

问：那工作量一下翻了好多倍。

赵立见：翻了10倍。这是科研领域的一个高峰，华大第一次用自己开发的算法，完成了第一个重要的农作物的基因组测序。

第二个科研高峰我认为是华大从北京迁到深圳以后，完成了第一个黄种人基因组图谱的绘制，也就是中国人的全基因组测序。

高通量测序技术为基因组技术走向临床奠定了基础

问：那是基于高通量测序吧？

赵立见：对。高通量测序技术为后来的基因组研究，尤其是基因组技术从基础研究走向临床应用，奠定了非常好的基础。

以上这些属于科研领域，回到医学应用领域，我认为也有几个高峰。第一个是2003年，我们用Sanger测序的方法，第一时间完成了对4株SARS病毒的测序，并基于这些数据开发出了SARS快速免疫检测试剂盒。我认为这是医学领域上一个非常典型的应用。

除此之外，在出生缺陷防控方面，我们基于高通量测序技术开发了无创产前基因检测，并持续推动基因检测技术全面应用到出生缺陷、肿瘤的精准防控，以及其他严重的传感染疾病的病原体快速检测等多个领域。我认为这是第二个重要的突破。

第三个是新冠疫情刚刚出现的时候，华大用宏基因组测序的方法，第一时间破译了新冠病毒，并且按照国家传染病管理的相关要求，将检测数据递交给了国家疾控中心，他们在复核以后，向全球宣布这是一种新型的冠状病毒。

有了宏基因组检测技术，才能够快速鉴别出新型病原体。基于这个，我们可以设计快速检测的方法，所以才能在过去几年以更加科学的检测手段防控疫情。

疾病的发生、发展与基因组密切相关

问：有人说基因图谱是一个人生命的地图，能这么说吗？

赵立见：可以。说基因组图谱是我们生命的地图，是因为它决定了疾病的发生和发展。

换句话说，有没有严重的出生缺陷，有没有遗传病，这个地图就能够很明确地给予指导意见。同样，会不会发生基因的变异，从而导致肿瘤的发生和衰老，也是由这个地图来决定的。很多疾病的发生、发展都是与基因组密切相关的。

为快速分析和解读庞大数据，我们推出了自己的 AI 大模型

问：人工智能，尤其是大模型给世界一次次带来了震撼，人们惊呼一个崭新的时代到来了，那现在这种大模型在基因技术里的应用处于什么样的状态？

赵立见：应该说 AI 给很多行业带来了全新的发展机遇。在基因组学领域、医学领域，也已经出现了很多大模型，应用于疾病快速诊断、智能

化解答咨询等场景。

在基因组学领域，我们一直面临一个比较大的挑战，就是在工具自主可控以后，测序成本越来越低，这其实会加速推动“人人基因组时代”的到来，那有了海量基因组数据之后，如何快速而精准地提取想要的基因信息，了解疾病的发生和发展，就显得非常重要。

尤其是在华大，测序仪快速迭代，比如超高通量基因测序仪 DNBSEQ-T20×2，一天就可以产出 20Tb 的基因组数据。

那么，如何快速分析和解读这么庞大的数据？基于过往产出的基因组数据，结合 AI 算法，我们推出了自己的 AI 大模型，我们称为“生成式的生物智能”，即 Generative Bio-Intelligent（简称 GBI ALL）。

问：这个大模型究竟能发挥什么作用？现在处于什么阶段？

赵立见：我们现在帮临床机构做大量的基于全基因组测序的辅助临床诊断，在产出基因组数据以后，要结合数据库和文献，对这些基因组数据进行全面解读，找到致病位点。

这个过程相当耗时耗力，对于一个经验丰富的专家来说，一天只能解读一个人的全基因组检测报告，这个效率是无法满足现在临床需要的。

于是，我们就推出了 GBI ALL。当然，有很多大模型都在里面，第一个就是面向遗传病临床检测的，我们简称“GeneT”，就是 Genetic Transformer 的简称。

第二个是面向公众进行基因组咨询的一个平台，我们称为 Chat GeneT，它能够把我们的基因数据库、知识库整合进去，为咨询者提供精准、专业的解答。

第三个是我们自己建立的智能化疾病防控体系，简称“13311i”。

问：这些还都处于研发和内测阶段吗？离老百姓还有多远？

赵立见：用于罕见病诊断的 GeneT 已经在临床开始进行使用。尤其是在我们自己的医学检验实验室产出数据以后，现在会并行用大模型进行全面的结果解读，与人工解读进行对照。

未来大家会发现测序已经不是遥不可及了

问：不管测多少数据，不管用什么技术，对老百姓来说，可知可感的是结果。您刚也提到了人人基因组时代，它离我们有多远？

赵立见：如何让老百姓感觉到受益，是我们这么多年来一直在努力推动的。目前，已经有越来越多的检测技术让老百姓感觉"我是受益者，我了解了我的基因组，我知道了我可能的疾病风险，会对哪些药物敏感，对哪些药物不敏感"。应该说已经有一系列成果和成效了。

未来，我们希望能够开发出更多跟疾病的发生、发展相关的检测技术和手段，让老百姓切身感受到基因检测与整个生命进程是密不可分的，这是一方面。

另一方面，还要实现人人可及的检测成本，让每个人都能用得起，这也非常关键。此外，还要用更加朴实和简洁的语言让老百姓知道，基因检测如何助力疾病防控和健康。将这几方面结合起来，未来大家会发现测序已经不是遥不可及了。

在应用场景和配套政策的加持下，"人人基因组时代"会非常快地到来

问：为了尽早步入这个时代，当下最需要解决的是什么问题？

赵立见：当技术自主了，成本也可控了，核心的应用场景在哪里？这个可能不仅是我们作为技术应用方要去努力推动的，还希望国家、地方政府在遗传病诊断、肿瘤防控、传感染疾病防控这几个领域，快速开放应用场景，并提供一系列配套政策扶持和指导。

比方说，目前我国部分地区已将基因检测纳入政府集采，或纳入医保，由医保来支付，从而使老百姓的负担进一步降低。在应用场景和配套政策的加持下，"人人基因组时代"会非常快地到来。

勇于探索、敢于创新、坚持不懈，攀登生命科学高峰指日可待

问：作为先行者、顶梁柱，甚至是带领他们的攀登者，您对华大的青年科学家、研发人员、一线营销人员，有什么好的建议？

赵立见：汪建老师登顶珠峰是华大探索精神的一种极致体现。年轻人应该将这种探索精神融入我们的工作中去，大家在前沿科研以及应用转化的过程中，要真正做到勇于探索、敢于创新，并且要坚持不懈，不能碰到困难、障碍就畏缩不前。大家如果能做到这几点，我想我们攀登生命科学的高峰是指日可待的。

改变我们提出的问题，就能够改变世界。关键在于不断地提出更好的问题，用新的视角去看世界。如果能做到这一点，正如乔纳斯·索尔克所发现的那样，我们就会处于这样一种情况之中：只须“找到正确的问题”，就能“不用编造答案，而是揭示答案”。

——《创新者的基因》，［美］杰夫·戴尔、赫尔·葛瑞格森、克莱顿·克里斯坦森

华大去高原，是为了让人类能更好地理解自身

——金鑫访谈录

华大生命科学研究院群体基因组学领域首席科学家，中国科学院大学博士生导师，华南理工大学教授，“广东省自然科学杰出青年基金”获得者，被评为“广东省特支计划科技创新青年拔尖人才”“深圳市国家级领军人才”。

金鑫博士以基因组学、生物信息学为主要研究方法，研究方向主要为基因大数据、液体活检与精准医学。累计在《细胞》《自然》《科学》等杂志发表论文 90 余篇，其中 2 篇论文入选了“ESI 全球高被引论文”名单。代表性成果包括参与国际千人基因组计划“中国卷”的生物信息学分析；首次发现藏族人高原适应核心基因 *EPAS1*；首创使用液体活检基因大数据，绘制迄今最大规模的中国人群基因频谱图；首先利用新型液体活检技术，发现重症新冠患者新型血浆游离核酸标志物等。同时，金鑫博士以课题负责人身份承担国家自然科学基金、科技部重点研发计划等多项国家级科技项目，于2012年、2016年两次入选美国人类遗传学年会大会报告。

目前，金鑫博士还担任广东省人类疾病基因组重点实验室学术委员会委员、广东省遗传学会青年委员、广东省生物信息学会理事、广东省生物物理学会理事等社会职务。

导言 不只攀登雪山，科学的高峰也要攀登

在广袤无垠的自然界中，珠穆朗玛峰以其巍峨之势，屹立于世界之巅，不仅考验着人类登顶的勇气与毅力，也成了科学研究探索未知领域的绝佳舞台。作为生命科学领域的引领者和先锋力量，时隔 14 年之后，华大再次将目光投向这座世界最高峰，启动了全新的珠峰科研计划。此次科研行动，不仅是对人类极限的又一次挑战，更是对生命奥秘的深刻探索。

作为 2010 年和 2024 年两次珠峰科研项目的重要参与者，金鑫介绍道，2024 年这次珠峰科研计划也并非一蹴而就，而是经过了数年的精心筹备与多次实验验证。计划的核心在于解析登山过程中，人体多个维度的特征或多组学的变化。每个人的基因虽固定不变，但面对高原环境的适应能力却千差万别。华大希望通过这次研究，揭示出人体在极端环境适应机制的底层生命分子逻辑，为推动相关领域的未知探索带来新的突破。

比较而言，两次的研究对象也有所不同。2010 年的研究，主要聚焦于已适应高原的世居人群与低海拔迁移人群的遗传特征差异，而此次则聚焦于短时间内由低海拔地区前往高原的登山队员，观察他们如何适应高原环境并完成登顶，以及在这个过程中多维特征的变化。这种转变，不仅体现了研究视角的更新，也展示了华大在基因组学及多组学领域技术实力的显著提升。

金鑫强调，随着新一代基因组学技术的快速发展，华大已经实现了基因测序仪等核心工具的自主研发，为珠峰科研项目提供了强有力的技术支撑。在此基础上，华大珠峰科研团队还引入了细胞组学和时空组学等先进技术，旨在从更高分辨率、更高维度的角度解析生命多

组织的变化规律。这种多学科、多技术的交叉融合，无疑为珠峰科研计划注入了新的活力与可能。

此外，金鑫还透露，在珠峰科研项目的实施过程中，团队得到了包括北大朱彤院士团队在内的多个专业团队的支持与协作。这种跨学科、跨领域的合作模式，不仅有助于数据的共享与整合，也为项目的成功实施奠定了坚实的基础。

不只攀登雪山，科学的高峰也要攀登。金鑫谈道，在华大，大家可能会出于兴趣参与很多重大科研项目，在这个过程中也会面对诸多挑战，但做着做着就有人脱颖而出，就有人成长起来了。

希望解析登山过程中人体多维度特征的变化

问：能否介绍一下这次珠峰科研计划的具体目标？

金鑫：其实，这次珠峰科研项目，并不是在登珠峰前临时才开始准备的，最早是两三年前，因为在登珠峰之前，要先登几座 6000 米级、7000 米级的山，相当于是预演。我们整个科研项目，包括采集样本、数据分析等都已经提前做了好几轮实验。

其实想干一件什么事情呢？我们就是想去解析在登山过程中人体的多个维度特征，或者说多组学是怎么样变化的。我们每个人的基因是不变的，但是大家到了高原之后的适应能力却是不同的，在这个过程中有的人适应得好，有的人适应得差一些，有的人运动能力强一点，有的人运动能力差一些。这背后的机制是什么？底层生命分子逻辑是什么？我们希望这个项目能对推动这部分未知的探索有新的突破。

两次珠峰科研项目的方向有很大差异

问：华大在 2010 年已发表过一些与高原适应性相关的研究成果，为

什么时隔 14 年之后，要再次开展珠峰研究，两次研究的区别是什么？

金鑫：虽然这两次研究都是以“高原”和“珠峰”为主题词，但研究的方向其实是有很大差异的。

2010 年那次更多的是比较已经在高原世代居住，比较好地适应了高原的世居人群，与本来居住在低海拔地区，然后因为工作等原因迁移到高原地区的人群，他们在遗传特征方面有什么不同。当时我们找到一个关键基因——*EPAS1* 基因。

而这一次，我们研究的对象主要是居住在平原地区的人，他们大部分时间都是在低海拔地区生活，因为登山这件事，在比较短的时间之内去了高原。我们的研究是观察这些本来不适应高原环境的登山队员，是怎么样在短时间内适应或者部分适应了高原环境，然后完成珠峰登顶的，他们在这个过程中的多维特征变化是怎样的。

不断开发多组学解析工具，并应用到高原研究领域

问：2010 年更多的是从基因组学的角度分析，而这一次则是从多组学的角度分析。这背后是哪些技术变革在推动？

金鑫：其实这个非常关键。2010 年前后，新一代基因组学技术刚刚开始流行起来，那时候我们用的还是进口设备和试剂，还是在使用工具的角度来开展研究。14 年后的今天，我们在基因组学和多组学领域已经有了重大的变化，以华大为代表的中国生命科学研究团队在生命数字化的核心工具基因测序仪方面已经实现了突破。

有了自主研发的基因测序仪之后，我们一方面摆脱了进口的设备、技术“卡脖子”的问题。与此同时，我们还衍生出了很多新的研究工具和临床应用的可能性。比如说，这一次在做珠峰科研项目的时候，除了基因组部分之外，我们还做了细胞组学的研究设计，以及时空组学相关解析的设计。相当于我们不断开发更高分辨率、更高维度的生命多组学解析工具，并把它应用到高原研究领域中来。

问：能展开介绍一下细胞组学和时空组学技术在其中是怎样应用的吗？

金鑫：其实非常好理解。我们每个人的基因是出生之后就基本上不太变的，去登山或者下海，我的基因还是这一套。但是，从初到海拔 3000 多米、4000 多米的高原，到珠峰大本营 5200 米，然后攀登到 6000 多米、7000 多米回来，再去冲顶、下撤，整个过程中，是哪些基因在表达，在什么时间、在哪些细胞和组织器官里表达，这是人类高原适应性的底层逻辑。这个逻辑仅靠基因组是解不开的，这时候我们的细胞组学技术、时空组学技术就发挥作用了。

生命不是只有 DNA

问：为什么在做研究设计时会考虑带设备到峰顶做检测这样的挑战？

金鑫：在我们拿出设计方案之后，是汪老师给我们提出了这方面的改进建议。他建议我们一定要把生理数据的采集，尤其是在不同海拔甚至是极高海拔的生理数据采集作为一个重要目标。

后来汪老师跟我们讲，组学数据解析的是分子层面的东西，但我们同时也需要那些自己没法感知但设备可以测量的宏观表现，或者其他没办法从分子水平去测量的指标。它们结合在一起，才能够形成整个人在攀登中适应高原的过程，以及调整身体机能的过程。

在这个过程中，我们也对高原和生命有了一个更加全面的、宏观的理解。就像汪老师讲的，生命不是只有 DNA，从生命中心法则到宏观世界，它们是要联系在一起的。我觉得这个项目就是非常好地践行了要从微观到宏观，并把它们连接起来的这么一个愿景。

大家共同协作起来，才能对科学问题有一个更完整的解析

问：华大的珠峰科研行动和其他团队的科研和科考行动之间有什么异同？

金鑫：不同研究团队之间其实有很多协同、合作。比如北大朱彤院士团队在珠峰大本营建立了第一个集装箱式的实验室，我们的设备在珠峰大本营运行，其实就是借了朱院士的实验室。

另外，在整个攀登过程中，我们也得到了很多在生理测量等方面专业团队的支持，研究过程中，也把相关的数据共享给这些团队，并发挥我们的专长，在组学数据分析方面形成了一些初步的成果。这样大家才能协同，对科学问题有一个更完整的解析。

汪老师的家国情怀和科学理想深深地打动了我

问：您怎么看汪建老师第二次挑战珠峰的行为？

金鑫：实话讲，一开始我是有点不理解的，可能也是因为我没登过，没有切身的感受。很多时候，大家其实有一个打卡的心态，就是说这件事情我没有做过，很难、很有挑战，一旦我完成了，就好像这个事情已经翻篇了，反正以后不用再干了。

但是，汪老师在山上讲了一段话，特别打动我。首先，他说上次登顶是从南坡上去的，是从尼泊尔那一侧上去的，还没有从祖国这一侧上去，他希望从北坡，从祖国这一侧登顶，我觉得这确实是一种家国情怀。其次，他说有很多生理数据以前没人测量过，包括多组学样本的采集，如果他这次不去做，可能不知道要再等到多少年后才能有一个 70 岁的人在海拔 8000 多米采集的组学数据可以供大家去深入挖掘，这是一个科学理想。

所以，家国情怀和科学理想在一起，深深地打动了我。这也是激励我们整个科研团队全力以赴把这次科研行动做好的一个最大动力。

攀登文化给发现人才、培养人才带来了一个非常重要的机会

问：华大其实一直都有登山文化，您怎么看待这种“攀登精神”？

金鑫：一般人不会突然想到要去登一座雪山，因为有了华大的登山文化，我身边很多普通同事都有了机会去接触登过雪山的人，发现原来这件

事情好像并不是高不可攀的。

我举一个具体的例子，这次珠峰科研项目中有一个非常关键的人——刘欢欢，是我们组的一位同事。

她在来华大之前没有登过雪山，来了华大之后有了5000米级雪山的攀登经验，觉得好喜欢这个事情，但也会特别纠结，因为出去登一次雪山少则一两个月，如果再算上前后准备的时间，肯定是会影响原来的工作的。

但是，当我们在规划珠峰科研项目怎么设计的时候，其中非常关键的一环就是要有人能在攀登过程中采样，而且要处理样本。这时候我们需要有一个人不仅高度认同这个项目，而且有基本的采集样本和处理样本的能力，还需要有能够登顶的本事。这几样凑在一起，其实非常难，没几个人能做到。

这个时候，正因为华大的登山文化，让我们发掘到合适的人选，邀请刘欢欢加入珠峰攀登项目团队开展科研工作。对于她个人而言，也是将工作和爱好做了一个结合。

我觉得，攀登文化实际上也给我们发现人才、培养人才带来了一个非常重要的机会。

因为不只是雪山要攀登，科学的高峰也要攀登。我们很多重大科研项目其实也是一样，一开始大家可能只是感兴趣，但面对这样的挑战，做着做着就有人脱颖而出，就有人成长起来了。

在海拔4000米以上的地方能做成，在其他地方是不是都能做成

问：您认为，华大为什么对青藏高原情有独钟？

金鑫：汪老师讲过，华大的愿景是"基因科技造福人类"，其中就包括高原，如果说一件事情在海拔4000米以上的地方能做成，那么，我们在其他地方是不是也能做成？

所以，除了做科研，我们在高原也做了很多民生项目，我觉得都是在

践行这个理念，努力去为人类健康、人类福祉做些事情。

就如同马斯克要去登火星是为了人类未来的星辰大海，我们去珠峰开展科研活动也是为了让人类能够更好地理解自身。

如果大自然真有一本关于生物的生产手册，那么其中可能有这样一个简单明了的指令：请不停地制造各种各样的蛋白质，蛋白质自己会把剩下的事搞定。生命并不需要一个魔法公式来排列有用蛋白质分子的氨基酸序列。它也并不需要无限的宇宙不停地掷骰子。我们宇宙的骰子早就被做过手脚了。

——《生命是宇宙的偶然吗》，［美］罗伊·古尔德

过去20多年，测序成本下降了3000万倍

——倪鸣访谈录

北京大学物理学博士，法国国家健康与医学研究院（INSERM）博士后，深圳市海外高层次人才，正高级工程师。现任华大智造高级副总裁，负责基因测序仪、自动化设备、前沿技术等一系列关键技术的研发。研究领域包括基因测序技术、生物传感器、微流控技术、光学系统、系统生物学、合成生物学等。同时，兼任全国实验室仪器及设备标准化技术委员会（TC526）委员。从事科研工作以来，作为项目负责人承担并参与多个国家及省市级重大科研项目，在国际顶级期刊《细胞》、*PLoS Genetics*、*Nature Machine Intelligence* 等杂志发表论文 10 余篇，申请专利 96 项，授权专利 53 项。曾获“中国专利奖”优秀奖、“湖北省科技进步奖”二等奖，并获评“2019—2021 年度青岛西海岸新区劳动先模人物”。

导言 成本的下降、效率的跃升，让曾仅用于科学发展的工具得以惠及人人

在雪域高原的巍峨珠峰脚下，一场科技与勇气的双重挑战悄然展开。2024 年 5 月，在华大珠峰科研行动中，华大智造的掌上超声设备与 DNBSEQ-G99、DNBSEQ-E25 测序仪接受了高海拔环境的严苛考验，完成了性能验证。

这不仅是对设备性能的一次极限挑战，更是对生命科学探索精神的深刻诠释。倪鸣介绍道，华大智造的测序仪完成了在低压、低温、低氧这样极端环境下的性能验证，这说明未来在野外科考或者环境监测这样的应用场景下，华大智造的测序仪能够实现在采样当地立刻进行测序。这不仅缩短了样品运输的距离，使检测在保证度上更好，而且能为科考和研究工作实时地调整研究策略及时提供一些测序信息。

14 年前，华大也曾在珠峰开展科研项目，发现了与藏族人高原适应性相关的 *EPAS1* 基因，但当时的测序通量还比较低，成本比较高。14 年后的现在，倪鸣指出："我们已经能够实现更高通量的测序了，且在样本测序甚至是多种样本的测序方面，都能够实现更全面的覆盖和更低的成本。"

回顾人类基因组计划完成后的这 20 多年，一个人的全基因组测序已经实现了从需要 13 年时间、38 亿美元的浩大工程，到如今仅需一天时间、百美元成本即可完成的飞跃，成本下降了 3000 万倍，效率更是大幅提升。倪鸣认为，正是这样的巨变，使得原来用于科学发现的工具，变成了能够惠及人人的工具，进而去助力改变大家的生活方式。

生命科学是一个高度交叉的领域，充满了新发现和未知的探索空

间。在倪鸣看来，“攀登精神”不仅体现在对自然高峰的征服上，更体现在对科学高峰的不懈追求中。华大的科研工作者们不仅是为了挑战个人极限，更是为了探索未知世界，解决科学难题，推动生命科学的发展。对于即将进入生命科学领域的年轻人，倪鸣希望大家可以趁年轻多“折腾”、多探索、多尝试，不留遗憾。

在高海拔完成了设备性能验证

问：在 2024 年华大珠峰科研行动中，华大智造带了哪些硬核设备过去？结果怎样？

倪鸣：这次珠峰科研行动，我们的掌上超声设备和 DNBSEQ-G99、DNBSEQ-E25 测序仪，都在高海拔环境下开展了一系列测试和科研工作。

其中，掌上超声设备由华大集团董事长、联合创始人汪建老师和华大登山队的队员们随身携带，在登山的过程中进行了使用。比如，他们做了颈部动脉检测等。我们的两款测序仪也在海拔 5200 米的珠峰大本营完成了性能验证。

低压、低温和缺氧环境，对仪器性能是一个非常大的挑战

问：对于测序仪而言，能在 5200 米正常运行，意味着什么？

倪鸣：一般而言，市面上产品化的测序仪所标称的能够适应的最高海拔大多是 1000 —2000 米。再高的海拔，一般仪器是没有进行过测试的，或者是没有做出过承诺的。因为这是非常有挑战性的。

一方面，低压环境对于很多试剂盒的密封性和流体的性能会是一个挑战；另一方面，在户外环境运行，会面临更低的温度，而要在 5 —10 摄氏度这样的低温环境下正常运行，对仪器性能本身也是一个非常大的

挑战。

此外，对于我们的 DNBSEQ-E25 测序仪而言，还有进一步的挑战是它使用的是荧光素酶。而荧光素酶在反应的时候是需要氧气的，那么在高原缺氧的环境下，它能否进行工作，这对 DNBSEQ-E25 测序仪本身也是一个挑战。

这次我们挑战了极限，在珠峰大本营顺利运行了 DNBSEQ-G99 和 DNBSEQ-E25 这两款测序仪。

为科考和研究工作实时调整研究策略提供测序信息

问：在完成高海拔性能验证之后，设备的应用场景会有哪些拓展？

倪鸣：我们考虑到在一些野外科考或者环境监测这样的应用场景下，如果能够在采样当地立刻进行测序的话，一方面，可以缩短样品运输的距离，在保证度上可能会更好；另一方面，如果能立刻拿到测序结果，也能够为科考和研究工作实时地调整研究策略及时提供一些测序信息。

检测工具的极大丰富，让我们能更全面掌握极端环境下各种生理指标的响应

问：14 年前，华大就已经开展过一次珠峰科学研究，当时更多的是从基因组学的角度去分析，而 14 年后的这次则是从多组学的角度，这背后是技术变革在推动吗？

倪鸣：14 年前，我们发现了与藏族人高原适应性相关的 *EPAS1* 基因，当时用的还是外显子测序的方法。当时的测序通量还比较低，成本比较高。而目前我们已经能够实现更高通量的测序了，且在样本测序甚至是多种样本的测序方面，都能够实现更全面的覆盖和更低的成本。

另外，从原来只对基因组进行检测，到现在能够进行多组学的检测，包括体液、医学图像甚至是脑电的检测，这也是因为我们在检测工具上面有了极大的丰富，能够更全面地检测人在极端环境下各种生理指标的

响应。

汪老师的挑战精神对我来说是一种震撼，也是一种鼓舞

问：您怎么看待汪建老师二次挑战登顶珠峰的行为？

倪鸣：非常敬佩，觉得这是一件非常了不起的事情。华大登山队从珠峰顶下撤回来之后，我也去了海拔 5200 多米的珠峰大本营，感受到在缺氧环境下呼吸还是非常困难的，能够保持清醒就已经非常不容易了，而汪建老师在 70 岁高龄还能够去登顶珠峰。我觉得，一方面是身体确实非常棒；另一方面，他的这种挑战精神对我们来说是非常震撼的，也是一种鼓舞。

登山是对个人极限的一种挑战

问：华大一直都有登山文化，您如何看待华大人的这种“攀登精神”？

倪鸣：之前我们在另外一个办公楼上班，那边的楼梯上写着谁登上了玉珠峰、谁登上了珠穆朗玛峰等。每次看到这些，我都会想，我自己爬楼梯就觉得很累了，他们登上这么高的山峰会是什么情况呢？

其实，登山是对个人极限的一种挑战。在我们的工作和社会生活之中，每天也会面对各种各样的挑战，确实需要这样一种能够主动挑战自己的精神。

不单是为了获得自我满足感，更多的是对未知世界的探索

问：在您看来，华大的这群登峰者跟普通登峰者相比，是不是一群特别与众不同的登峰者？您怎么理解“登峰者”的概念？

倪鸣：我觉得华大的登峰者与其他登峰者的目的可能有点不太一样，华大的这群登峰者不单是挑战个人极限，获得自我的满足感，更多的是对未知世界的一种探索。比如说去探索登峰过程中个人身体会发生怎样的变

化、在高原环境中还会存在哪些新的物种等，是带着这些科学问题去登峰的。我觉得这是最主要的一个区别。

科技的高峰无穷无尽，但它也是由一个个台阶组成的

问：自然的山峰是可以登峰造极的，作为一个科技工作者，您觉得在科学上也是能够登峰造极的吗？

倪鸣：攀登科技的高峰其实和自然的高峰有很多相似的地方，很多时候可能你觉得自己已经尽力了，已经走不动了，但也许突破就在眼前了，你再咬咬牙努力一下就能够更上一层楼了。所以，我觉得两者在精神层面是相似的。

另外，科技的高峰，虽然我们说它是无穷无尽的，但实际上它也是由一个个台阶组成的。我们登上的每一座高峰，取得的每一个阶段性成果，都是非常关键和重要的。任何一座高峰都不是坐电梯直接上去的，都是要一步一个脚印逐渐去达成的。

在新的领域，未知的东西会更多一点

问：能介绍一下您与生命科学领域是怎么结缘的吗？

倪鸣：其实我比较小的时候就已经觉得自己可能比较适合科研了，比较喜欢数理化。在高考选择专业的时候，就选择了物理系这样一个偏基础学科的系。但是学物理学着学着也觉得好像都是几十年前发现的一些规律，在一些新的领域，未知的东西会不会更多一点？也因为一直对生物比较感兴趣，就在读博士期间进入了这样一个深度交叉的领域，之后也是在机缘之下加入了华大，继续从事这方面的研究工作。

生命科学是一个高度交叉的领域，有很多新发现有待大家去挖掘

问：您觉得，生命科学领域的研发工作，最吸引人的地方是什么？

倪鸣：生命科学尤其是现在我们所关注的多组学，它是一个高度交

叉、需要不同学科支持的领域。另外，生命科学也会有很多新的发现有待大家去挖掘，是一个有大量未开发领域的新兴学科。这两点对于我来说是最具吸引力的，因为我比较喜欢去做一些跨学科的整合，兴趣点比较广，而且一些新的发现总是让我能够提得起兴趣。

把一个可行的东西变成好用的东西

问：您是 2012 年加入华大的，从最初在华大生命科学研究院做工具研发，到后来转到华大智造负责产品方面的工作，能介绍一下这个转变过程吗？

倪鸣：这个过程还是比较自然的，在华大生命科学研究院探索的是一些初步孵化出来的技术。由于希望这些技术能得到更广泛的应用，要往产品化的方向发展，所以就从华大生命科学研究院来到了华大智造。

一个主要的差别就在于，华大生命科学研究院做的是从 0 到 1 的工作，这个过程中更注重的是解决可行性的问题，也就是能不能把一个想法实现。而在华大智造，更重要的是要把一个可行的东西变成好用的东西，而且是一个大家需要且愿意去用的工具。所以在这个过程中就涉及很多性能的反复打磨、稳定性的提升，以及如何支持我们的用户把这些工具用好等。

迎接生命经济时代的到来

问：目前，华大已经实现了在“读”“写”“存”工具上的自主可控。对于华大乃至中国生命科学领域而言，它意味着什么？

倪鸣：我们说 21 世纪是生命科学的世纪，除了有很多新的发现之外，更重要的是大家期望生命科学或者生物科技能够去改变大家的生活，能够成为市场上、经济上很重要的一股力量。而要实现这些，就需要将这些科学发现转变成能够造福人类的技术、工具和产业模式。

目前，基于自主研发的工具，华大已经能够把一些生物科技方面的研发成果转化成成本可控、人人可及的应用。我觉得，华大在这方面的贡献和成绩，能够让我们做好准备，迎接生命经济时代的到来。

20 多年来，测序成本有了 3000 万倍的下降

问：过去 20 多年来，生命科学领域最大的变化是工具的变革吗？

倪鸣：确实是。这 20 多年来，工具变革的进度是非常快的，在人类基因组计划的时候，测一个人的全基因组就花了 10 多年的时间、30 多亿美元，到现在我们只需要 1 天的时间、花 100 美元就能够测一个人的全基因组，相当于成本上有 3000 万倍的下降，效率上也有一个巨大的提升。这样才使得原来用于科学发现的工具，变成能够惠及人人的工具，进而去助力改变大家的生活方式。

所以我觉得工具的性能提升，对过去 20 多年生命科学发展的影响是非常大的，带来的进步也是非常快的。

一个新的产业发展，需要具有科学素养和判断能力以及具有探险精神的组织去推动

问：这 20 多年来，华大在生命科学领域也已经实现了从跟跑到并跑，再到个别领域领跑的发展。在您看来，华大这 20 多年走过了一条什么样的道路？

倪鸣：我加入华大有 12 年了，所以华大发展的这 20 多年，我有幸参与了后半段。一路走过来，最深刻的感受就是一个新的产业发展，需要一些有科学素养和判断能力以及具有探险精神的组织去推动。

比如，基因测序现在已经能越来越多地应用于临床检测了，但在 10 多年前还是不能实现的。在这个过程中，华大切切实实地推动了一些改变，去帮助改善人们的生活。对我个人而言，能够参与到这个过程中是一件非常幸福的事情。

对生命有非常强烈的热爱，是华大精神的核心

问：如果说有一种精神是“华大精神”，您觉得它的内核是什么？

倪鸣：我觉得华大精神一个最核心的内核是对生命的热爱，而且是非常强烈的热爱。我们坚信基因科技或者说生命科学是能够改变我们的生活的。生命不息、“折腾”不止，我们愿意去做一些别人没有做过的、创新的、可能会失败的、探索性的事情，我觉得这正是华大精神的核心。

趁年轻多“折腾”、多探索、多尝试

问：作为一名科技工作者，您认为从事研发工作最重要的品质是什么？

倪鸣：我觉得可能有两点。第一个是实事求是，对研究成果要有很清醒的认识和判断，进展不好的时候其实也不一定如想象的那么差，进展顺利的时候可能也不一定如想象的那么好。第二个是要注重细节，尤其是实验科学，其实成败就在一些细节上，对细节的把握甚至精益求精是非常重要的。

问：对于即将进入这个领域的年轻人，您还有什么想说的？

倪鸣：趁年轻多“折腾”、多探索、多尝试，不用怕失败，也不用怕做错。因为只有这样才能够在年纪更大时不后悔。

尽管微观的生物分子与宏观的生态系统是如此不同，其内在的工作逻辑却惊人地相似。理解这些精妙的逻辑原理，可以使我们从各个层面上，从分子到整体，从单独个体到生态系统，去更加深刻地理解生命的逻辑。

——《生命的法则：在塞伦盖蒂草原，看见万物兴衰的奥秘》，[美] 肖恩 · B.卡罗尔

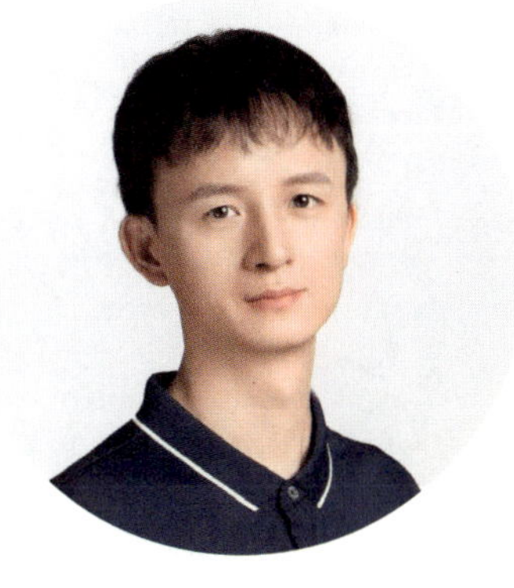

不断挑战和突破人类对世界认知的极限

——刘石平访谈录

研究员，遗传学博士，华大生命科学研究院主任科学家，中国科学院大学研究生导师，华南理工大学、西北大学、兰州大学、华南师范大学兼职教授，浙江省全省空间组学重点实验室主任。毕业于华南理工大学，获得应用物理学学士学位，辅修计算机专业，以及遗传学博士学位。任全国智能计算标准化工作组委员、广东省脑科学应用学会委员。

大学三年级加入华大生命科学研究院至今，长期从事生命科学大数据，包括基因组学、单细胞组学、空间转录组学、群体遗传学等计算生物学的研究。研究方向包括计算生物学、脑科学与肿瘤的细胞图谱和演化。参与了众多国际重大的基因组学重大科研项目，如大熊猫基因组、北极熊群体基因组、G10K、癌症单细胞计划、Human Cell Atlas、时空组学联盟、中国脑计划等。已发表 SCI 论文 40 多篇，以主要作者（第一 / 共一 / 通讯作者）身份发表论文 13 篇，其中 CNS 论文 11 篇。论文引用次数超过 10000 次，H 因子 33。获得中国青少年科技创新奖，并获“深圳市国家级领军人才”“杭州市 B 级领军人才”称号。

导言　他让我们看到一个人是如何义无反顾、排除万难的

除珠峰和万米深渊之外，华大人此前还完成了南极、北极科考，联合国内外跨学科团队进行前沿探索。“四极”贯穿科研的背后，是华大人不畏艰险、勇攀高峰精神的体现。

2014 年，刘石平以第一作者身份在《细胞》杂志以封面故事的形式发表了北极熊基因组群体的研究。研究揭示了北极熊是与棕熊各自拥有独立起源的不同物种，而非起源于后者的某一亚群，他还发现了北极熊在脂肪酸代谢和心血管功能方面的独特机制，可能会为人类预防或治疗由于高脂肪摄入而引起的心血管疾病提供新的方向和思路。这项研究当年面临在低深度测序的方式下获取个体 SNP（单碱基多态性位点）信息的挑战，最终通过国际团队协作和算法创新得以克服。

目前，刘石平聚焦于脑科学的相关研究，利用单细胞和时空组学技术探索大脑的复杂组成和功能。他认为脑科学在极地和高原环境中也非常具备研究价值，大脑在极端环境和正常环境下的差异，各方面如何调节，未来也可能成为研究方向之一。

对于汪老师二次登顶珠峰，刘石平感到由衷敬佩：他“让我们看到一个人是如何义无反顾、排除万难的”。同时他认为，华大在生命科学领域实现“读”“写”“存”工具全贯穿、自主可控，将对全球生命科学和生命健康领域产生深远影响。

此外，刘石平回顾了自己从理论物理转向生命科学的经历，“越来越多的重大突破产生自交叉学科领域”。对未来有志于从事科研工作的人，他给出了自己的见解，“不要迷信权威，要保持好奇心和灵

敏的直觉，积极参与到最顶尖的前沿科研项目中去”。

从极端环境中探索生命的现象和奥秘

问：请介绍一下华大“四极”科研的相关内容。

刘石平：“四极”科研，是指要从极端的环境中探索生命的现象和奥秘，从这些现象里获取对人类有益的一些知识。“四极”是指南极、北极、珠峰和深海，这也是华大整体战略的考量。

我们已在“四极”发现了很多科学现象

问：您知道目前华大在南、北极探索方面有什么成果吗？能否介绍一下？

刘石平：在科研突破这一块，我们已经取得了一些突破性的成果。

例如，在南极，我们从最初对企鹅等极地物种的基因组和群体研究开始，已经发表了多篇具有国际影响力的文章。最近，华大研究团队对南极磷虾进行了深入研究，相关成果已发表在《细胞》上。在北极方面，10多年前我参与了北极熊基因组的解析，相关论文同样发表在《细胞》上。至于珠峰，研究更是丰富，从最初的藏族人基因组到藏羚羊等高原物种基因组，我们进行了全面的基因组解析。在深海领域，近几年汪老师和徐讯院长等带领的团队在10000多米深的海域获取了大量样本，这些成果也在筹备中，即将发表。综合来看，我们在“四极”的科研工作中发现了许多重要的科学现象，为人类提供了宝贵的新知识。

另外，从产业的角度来看，我们在“四极”地区也挖掘了许多宝贵资源。这些极端环境要求生物具备耐寒、耐高温或耐高压的能力，因此，这些地区的酶及相关物质通常能够承受极端环境的压力。例如，在测序技术中使用的一些纳米孔蛋白，在常规条件下是难以获得的，而我们在这些极端环境中找到了它们。此外，我们还发现了一些在工业和日常生活中具有重要价值的资源。因此，无论是在科研还是产业方面，我们都挖掘了丰富的宝藏。

为何北极熊的皮下脂肪可达 20 厘米厚，但其心血管系统却没有问题

问：您于 2014 年参与了北极熊基因组的研究，请给我们介绍一下这项研究的科学发现。

刘石平：北极熊是一个极具象征意义的物种，随着全球气候变暖，它们的栖息地正逐渐缩小。据说，许多北极熊已经漂泊在没有冰块覆盖的地方，被迫“从事”吃草的“行业”了。这对它们的生存构成了严重威胁。北极熊的研究主要分为两个阶段：一是解析其基因组，二是研究北极熊群体的变化历史。

在研究中，我们发现了许多有趣的现象。首先，我们解析了一个颇具挑战性的谜团。以往的研究认为北极熊起源于棕熊的一个亚群，但我们的全基因组数据首次反驳了这一结论，证明北极熊是与棕熊各自拥有独立起源的不同物种，而非来源于棕熊的某一亚群。

其次，通过群体遗传学的研究，一方面，我们重构了北极熊群体结构的演化过程；另一方面，我们在北极熊的基因组中发现，近几十万年来，与脂肪酸代谢和心血管功能相关的基因经历了强烈的正选择。这一发现解释了为何北极熊的皮下脂肪可达 20 厘米厚，但其心血管系统却没有问题，能够有效应对体重带来的挑战。这一发现将为人类预防或治疗因高脂肪摄入导致的心血管疾病提供新的方向和思路。

北极熊体内许多基因与心血管功能和脂肪代谢相关

问：当时为什么会选择北极熊作为研究对象，它们有什么特别之处？

刘石平：现代生活日益富裕，心血管疾病和肥胖问题变得愈加普遍。我们是否可以从北极熊身上汲取一些有益的知识呢？的确，北极熊体内许多基因与心血管功能和脂肪代谢相关，这为解决人类相关疾病提供了重要

的研究价值。未来，深入研究这些基因可能会为我们开发新的预防和治疗策略提供宝贵的线索。

问：研究的样本是怎么获得的？

刘石平：解析基因组序列的样本是从动物园获取的，但群体研究是合作方长期跟踪研究积累下来的样本，收集了 100 多种，最终选择了 80 多个个体去做研究。

难点在于如何在低深度测序的方式下，准确获取每个个体的 SNP 信息

问：研究进行的过程中，有没有遇到困难？你们是如何克服的？

刘石平：这个项目当时最大的挑战在于，我们如何在低深度测序的方式下，准确获取每个个体的 SNP 信息。当时我们和国外合作方一起在算法上面做了设计，借助了一些频谱和数学统计的方法来实现。

在投稿阶段也遇到了有意思的事情。当时为了促进科研交流，我们提前释放了北极熊的基因组数据在 *GigaScience* 上。但国外的一个研究者却在未告知我们的情况下用我们的数据进行了分析，在《科学》上发了一篇文章，且研究的重点就是我们之前提到的北极熊起源问题。我们当时感觉压力很大，但北极熊太独特了，他们只研究了其中一个方面，其实还有很多方面可以研究。后面我们再继续深入挖掘，最终还是得到了一些非常好的结果。

最终结果能够做出来，我觉得是这种组织攻关模式的成功

问：请和我们分享科研过程中，让您难忘的团队故事。

刘石平：当时我们还年轻，能够加入这个团队，我感到非常幸运。团队中有一些杰出的前辈，他们非常关心后辈，带领我们一起分析数据、查阅文献、寻找解决方法。无论是华大的研究团队还是国内外的优秀科学家，大家都坦诚地讨论在科研中遇到的实际问题。

最终，我们能够取得这样的成果，我认为这是团队合作和组织攻关模式成功的体现。光靠一两个人是无法取得如此高水平的成果的。大家朝着同一目标努力，这种团结协作的精神，可能是项目在科学发现之外最有价值的部分。

马上会有更大的挑战

问：文章被《细胞》杂志确认接收时，您的心情是怎样的？

刘石平：最大的感受是一块石头放下来了。在华大其实发一篇文章估计也就高兴个几天，因为马上会有更大的挑战。但文章出来，对我们团队也是很大的鼓舞，受到国际同行认可，我们还是挺开心的。

脑科学其实在极地和高原也非常有研究价值

问：除了北极熊，您还有计划开展其他极地相关物种的研究吗？后续计划怎么做？

刘石平：脑科学其实在极地和高原，甚至在外太空都非常有研究价值。像这次汪老师去珠峰做了心电和脑电，让我们都很兴奋。因为极寒、极度缺氧、极高压的环境对大脑的影响是巨大的。

在极寒环境，人的代谢调控以及认知能力等方方面面都会发生很大变化，很多是直接受大脑调控的。我们也在做一些尝试，想知道在极端环境下，大脑跟在正常环境下有什么差异，尤其是体温、昼夜节律、生物钟、认知等方面的调节我们的研究都会涉及。

我们也想做不同区域的牛、羊等动物大脑的研究，它们中有些适应高原环境，有些适应平原的环境，有些适应寒冷环境，不同情况下大脑的变化也非常有意思。

做科研本身就应该去解释世界上的各种现象、发现人类极限

问：华大的研究上至珠峰，下至深渊，在您看来，华大创始人究竟有

着怎样的理想和梦想？这种理想和梦想，会不会太"高远"？

刘石平：做科研本身就应该去解释世界上的各种现象、发现人类极限。要挖掘人的潜能，就一定要去各种环境下探索，不管是生理的潜能，还是对于世界认知的潜能。我觉得科学有意思的地方，就在于它本身追问的是人作为一个物种，如何认识世界、探索世界。

学物理的，改为研究生命科学：生命科学研究还是非常有意思的

问：可以分享一下您的求学经历吗？我们非常想了解"教授"是如何炼成的。

刘石平：加入华大之前，我其实不是学生物的，是学物理的。当时也是机缘巧合，起因是汪老师去我们学校宣讲，后来就加入了华大。但在科研过程中，我发现生命科学研究还是非常有意思的，这个领域有许多未解之谜。比如现在我研究大脑，会发现人对大脑的理解其实非常有限，那么多年研究下来，并没有发现对其了解得更多，而是发现有越来越多的谜团亟待揭开。

华大很多大工程、大科学的项目，需要不同背景的人来共同解释一个问题

问：您本科学的是理论物理，是什么契机让您转向了生命科学研究？

刘石平：一般来说，人们可能会觉得物理学和生命科学之间有很大差距，但一旦深入其中，就会发现其实两者的结合是非常自然且富有益处的。

尤其是在基因组学这个跨学科领域，测序得到的数据往往是一堆庞杂的信息，而解析这些数据则需要扎实的数理基础和计算机背景。华大许多大型工程和科学项目产生的数据量极为庞大，这就要求不同背景的人共同合作，解答同一个问题。

物理学追求物质规律的本源，往往将物质的研究推向微观层面，例如

量子和波动。而生命科学则是以细胞或亚细胞为单位，两者的思维方式在本质上是相通的——通过现象探索背后的机制和组成。

我记得加入华大后，似乎只给了一个星期的时间来熟悉编程环境，之后就开始了实际任务。因此，关键在于个人的意愿和投入，愿意花时间去学习和实践，就一定能受益匪浅。

本科阶段就能参与这种国际性的前沿研究

问：您是哪年加入华大的？当初选择加入华大的原因是什么？

刘石平：我是 2009 年大三的时候，汪老师在我们学校做了一个讲座，就通过现在的“创新班”进入了华大。我很感谢华大和华南理工大学给了很多机会，让学生在本科阶段就能参与国际性的前沿研究。

单细胞和时空组学技术的突破很适合解释复杂器官的细胞组成

问：请介绍一下您目前主要承担的研究项目，以及在团队中的角色。

刘石平：我正在进行脑科学相关研究，利用组学的新技术来解答脑科学中的一些谜团。脑科学的研究方向非常广泛，最初我们主要进行基因检测，但这并不算是真正深入到大脑内部。我们真正深入开展脑科学研究，是依赖于单细胞和时空组学技术的突破，这种技术非常适合解析复杂器官的细胞组成。

华大的脑科学研究与国际其他机构有明显不同。其他机构通常更多依赖电生理等传统方法进行认知生理研究或功能方面的细胞生物学分析，而华大则充分利用组学大数据的优势，从以下几个方面展开研究：

第一，我们通过组学大数据构建模式生物的参考细胞图谱，例如人类和小鼠的脑细胞图谱；第二，研究大脑在正常状态与疾病状态下的差异，如阿尔茨海默病、抑郁症、癫痫等；第三，我们从发育和演化的角度研究大脑，探索为什么人类能够进行复杂思考，而其他大多数动物的交流更侧重于生存。虽然一些动物具备高级认知功能，但人类的认知水平远超其他物种。我们希望了解大脑是如何逐步形成的，意识的结构基础、细胞基础以及分子调控机制是什么。此外，我们还将涉及脑机接口的相关研究。

科研有意思的地方在于它永远是进步的

问：您认为做科研最吸引您的地方是什么？在您看来，科研的魅力体现在哪些方面？

刘石平：我觉得科研有意思的地方在于它永远是进步的，不可能说今天到了这个水平，明天就后退了，新的认识在不断推翻以前的认识。虽然平时的生活比较枯燥，但从大方面来说，进步总是让人开心的。

可能生命科学是少数能直接给人带来变化、深入认识自己的领域

问：您认为当今时代背景下，生命科学领域面临的最大挑战和机遇是什么？

刘石平：以前一直说 21 世纪是生命科学的世纪，我相信慢慢会看到这一步步实现，这可能是最大的机遇。在所有科研领域里面，可能生命科学是少数能直接给人的生命健康带来变化、深入认识自己的领域，我相信这是最大的动力。

至于挑战，我觉得，虽然目前科学技术已经进步很快了，但还不够快、不够多。解释很多生命现象还是无能为力，所以工具还需要进一步提升。这也是华大的"先利其器"，要先把工具做好。此外，现在也需要更多能做大科学的组织，利用大家不同的背景能力一起解决大的问题。

有了数据积累，从中心法则到时空法则的理论突破只是时间问题

问：2024 年是中国参与人类基因组计划 25 周年，作为一名科研工作者，您认为这 25 年生命科学领域发生了哪些翻天覆地的变化？

刘石平：比如人类基因组计划一开始其实很多人是怀疑的，但今天它带来的一系列影响，已经从本质上对生命科学相关从业人员产生了很大影

响，成为基础工具。

另外，我觉得技术进步也是有目共睹的。从最开始做杂交、重排，到现在做 CRISPR、细胞编辑，还有治疗肿瘤的细胞工程，如 CAR-T 细胞免疫治疗等。

同时，组学方面我感觉也呈指数型增长。最开始解析的是一个基因组，但现在可以看单细胞的基因组、转录组，这是巨大的变化；而时空组学除了能看到这些东西，还能知道空间信息。有了数据积累，从中心法则到时空法则的理论突破只是时间问题。

根本的一点在于华大产、学、研的这条路径

问：华大因人类基因组计划诞生。25 年来，华大在生命科学领域已实现从跟跑到并跑甚至个别领域领跑的跨越。在您看来，华大走过了一条什么样的道路？

刘石平：我觉得根本的一点在于华大产、学、研的这条路径。

一开始为什么是跟跑？我觉得因为前期我们使用的是别人的工具。到了中期，意识到核心工具需要自己去研发和掌握，比如测序仪。2012 年华大收购测序仪公司 CG，后面实现自产工具，形成良性循环，用自己的工具和技术，发自己的原创文章。有了测序仪突破之后，马上就有其他技术突破，像单细胞和时空组学，如果没有测序技术的积累，我们的单细胞和时空组学是不可能出现突破的。

此外，华大也主导了一些大科学计划，实现产、学、研三方联动发展，这个路径我觉得是很成功的。

问：2024 年是“现代遗传学之父”孟德尔逝世 140 周年，孟德尔提出遗传单位是遗传因子，还提出孟德尔第一和第二定律。薛定谔曾评价其发现在 20 世纪成为一个“全新科学领域的灯塔”。您如何看待这一评价？

刘石平：薛定谔作为一个物理学家，在演讲中阐述了他对生命科学的

看法，尤其遗传物质是什么这个问题，其实是很大胆的。他的评价在现在来看，可能从细节来说有些不准确，但从方向来看是很到位的。

孟德尔打开了遗传学的大门，随后引发了“遗传物质是什么”等一系列问题；后面到了DNA结构，又引发了基因组学等一系列问题；基因组学研究开启后，又要面对生命过程是什么在调控的本质问题。

要实现“造福人类”，平台的放大效应非常重要

问：目前，华大在生命科学领域实现了“读”“写”“存”工具全贯穿、自主可控，这在中国或全球生命科学领域里意味着什么？

刘石平：我觉得华大产、学、研的这套系统，对做“读”“写”“存”的工具，对生命科学、生命健康领域应该有很大的促进作用。

华大很多核心工具是自己研发的，核心工具继续做成大平台。把这些技术辐射到各个领域中，甚至辐射整个人群，实现“造福人类”，服务于人的健康，平台的放大效应也非常重要。

问：在这条华大之路上，您个人历经了怎样的成长历程？最大的感悟是什么？

刘石平：我们是跟随华大的成长不断成长的，依托项目基础，持续拓展和深化研究。汪老师提出的“518”等宏大的构想，拓宽了我们的视野，促使我们思考如何适应不断变化的新领域，始终怀揣理想。这种思维方式让我受益良多。

这个领域需要更多新鲜血液注入进来

问：您对那些有志于从事科研工作的年轻人有哪些建议和寄语？

刘石平：我认为年轻人始终充满更大的可能性。组学领域迫切希望更多年轻人加入，因为基因组学是一个变化迅速的领域，认识几乎每年甚至每月都在更新，这需要新鲜血液的不断涌入。

对于青年科学家，我认为首先要追求顶尖的前沿科研项目，加入这样

的团队。此外，找到自己感兴趣的方向和关注新兴领域也至关重要。绝大多数科研工作依赖于数据和工具的驱动，像爱因斯坦这样进行理论创新的人，可能几百年才会出现一个。

判断力也很重要。有些领域可能很久没有新的突破，而另一些领域则在不断变化，后者相对更具机遇。在组学和大科学领域，数据量持续积累，这正是年轻人的机会所在。

最后，年轻人不要迷信权威，要敢于打破一些旧有观念。许多规则和定理实际上是在等待被挑战的，不要墨守成规。年轻人在这一点上具有优势。我也相信，未来的年轻人一定会比我们更强大。

科研和技术进步最终会让人们的生活越来越好

问：您认为科学研究的最终目标是什么？

刘石平：人的大脑是能够问问题的、是有好奇心的，科研最本质的驱动力可能就在于人类的根本需求，以及人会不断问问题，所以需要通过做任务来不断满足它、取悦它。我相信，科研和技术进步最终会让人们的生活越来越好。

除了物理上的珠峰，我们在各个领域都会有一些“珠峰”需要去攀登

问：2024 年 5 月 21 日，汪老师第二次登顶珠峰，刷新了中国登顶珠峰最年长者纪录。您如何看待汪老师二次挑战珠峰的行为？

刘石平：佩服！我觉得汪老师这种追求极致的精神在华大是无人不知的，汪老师还带动了很多人一起去，他的身体力行其实每个华大人都会有感触。除了物理上的珠峰，我们在各个领域都会有一些“珠峰”需要去攀登。

汪老师让我们看到一个人是如何义无反顾、排除万难的

问：据统计，华大人累计登顶珠穆朗玛峰 10 人，卓奥友峰 9 人，希夏邦马峰 2 人，慕士塔格峰 12 人……您觉得为什么这么多华大人喜欢登山？如何看待华大人的攀登精神？

刘石平：我觉得汪老师的感染力似乎形成了一种文化，让我们看到一个人是如何义无反顾、排除万难的。我相信未来不只是这些人，会有更多人被感染，去挑战自己的极限。这个在其他组织里可能并不常见。我们常说要追求卓越，这种文化我想就是追求卓越的具体体现。

基因科技会造福所有人类活动的地方

问：两次组织珠峰登顶和科研行动，多次到高原采集微生物样本进行研究，在公共卫生事件中多次赴西藏支援……从本世纪初开始，华大人一直对青藏高原和珠峰情有独钟，在您看来，缘何如此？

刘石平：我觉得这恰恰说明了一点：基因科技是造福全人类的，不管是大人口城市、小人口地方，还是极端环境，它是会造福所有人类活动的地方。

华大和深圳确实在精神上挺契合

问：自 2007 年南迁，华大就在深圳“落户”扎根。在您看来，华大的登山文化和深圳这个城市有多大关系？是相互影响、相互成就吗？

刘石平：深圳是一个创新型城市，很多探索性的东西都需要它先去尝试，登山也一样，需要有探索精神在里面，我觉得华大和深圳确实在精神上挺契合。

科学有高峰，但没有顶峰

问：自然山体的攀登可以登峰造极，那么科学也可能登峰造极吗？

刘石平：科学有高峰，但没有顶峰。科学探索永远是未知的，也许今天登到了 8000 米，下一个科学高峰就变成了 10000 米，当你到达 10000 米，你会发现还有 20000 米、30000 米，这就需要不断攀登、追求卓越。

生命源于海洋，海洋保护生命渡过了多次大灾难，直到很久以后，地球上才诞生了可以脱离海水而生存的生物。在寒武纪大爆发的几千万年中，自然和演化让生命的舞台变得五彩缤纷。寒武纪大爆发制造了海洋中最早的超级巨星——三叶虫；它还造就了后续继位的不同生命形式——头足类软体动物，它们在 4 亿年前成为海洋中最凶猛的捕食者；甚至还有人类脊椎构造的最初设计者。复杂海洋生物的长征已经拉开了序幕。

——《极端生存：海洋生命大战的胜出者》，[美] 史蒂芬 · 帕鲁比、安东尼 · 帕鲁比

“登峰精神”是一种行动指南

——周程冉访谈录

华大生命科学研究院项目负责人。毕业于四川大学，在动物基因组学研究领域有多年研究经验，主要利用基因组、单细胞等组学技术，研究动物的多样性、演化历史和环境适应性。曾参与国家高技术研究发展计划（“863 计划”）项目、国家重点研发计划“海洋环境安全保障”专项、国家自然科学基金委面上项目、深圳市知识创新计划项目等国家级和省市级科技项目。

现主要参与万种鸟基因组计划等国内外大型组学合作项目，目前在《自然》《自然通讯》《动物学研究》等期刊发表文章 19 篇，包括第一作者或通讯作者（含共同）8 篇，参与发表外文专著 1 部，参与发现并命名青藏高原兽类动物新物种 6 种。

导言　永远不要停止对世界的探索

除珠峰和万米深渊之外，华大人此前还完成了南极、北极科考，联合国内外跨学科团队进行前沿探索。"四极"贯穿科研的背后，是华大人不畏艰险、勇攀高峰精神的体现。

目前，华大在"四极"的探索已取得不少成果，如揭示极地生物多样性与生物适应极端环境的分子机制、通过挖掘极端环境中的生物资源为医学领域提供新的解决方案等。

2022年，周程冉博士以共同第一作者身份发表了企鹅相关研究成果。研究发现，企鹅视觉系统中的基因突变增强了其在暗光环境下的视觉能力，以及企鹅血红蛋白和肌红蛋白的特殊位点使其成为高效的氧气利用者，从而揭示了企鹅超强潜泳能力的秘密。此外，企鹅的演化速率在已知全基因组的鸟类中是最慢的，这为理解生命在极端环境中的演化过程提供了新的线索。

从事科研工作，她认为国际合作非常重要，企鹅样本的获取就是基于华大与合作者共同发起的万种鸟基因组计划项目。在与多地区的科研团队建立了充分的信任后，团队终于逐步克服了地理和文化障碍，共同研究当地企鹅的演化历史与适应机制。

周程冉认为，汪老师二次登顶珠峰是对"登峰精神"的最佳诠释。"登峰精神"在科研工作中不仅是一种态度，更是一种行动指南，这种精神不仅推动了科学和技术的进步，也激励着个人和团队不断超越自我，实现更高的目标。

在周程冉看来，科学研究的最终目标是更好地理解和利用自然，创造更加美好和可持续的未来。对有志于从事科研工作的人，她也给出了自己的见解——"好奇心是科学发现的源泉，永远不要停止对世界的探索。”

“四极”科研为未来的科学研究和应用开辟了新的方向

问：请介绍一下华大“四极”科研相关内容，以及目前取得了哪些重要成果。

周程冉：“四极”是南极、北极、珠峰和深海，在“四极”做科研则是想通过多组学技术探索地球“四极”的生物资源。初衷是了解和利用极端环境的生物多样性和生物资源，推动生命科学研究和生物技术产业的发展。目前，华大在“四极”科研中取得了重要的成果，一是揭示极地生物多样性与生物适应极端环境的分子机制；二是推动生物技术创新，通过挖掘极端环境中的生物资源，比如特殊的工具酶，为工业和医学领域提供了新的解决方案。

我们还在南极和深海等地采集了大量的微生物样本，发现了许多新基因，这些发现有望在医药、环保等领域带来新的突破。“四极”科研不仅让我们了解了更多关于地球生物多样性的秘密，还为未来的科学研究和应用开辟了新的方向。

为人类健康研究提供了新的视角

问：目前华大在南、北极探索方面有什么成果吗？能否介绍一下？

周程冉：华大在南、北极的探索取得了不少的成果，尤其是在动物多样性研究方面，比如南极磷虾、企鹅和北极熊等动物。

首先在南极，2023 年华大和合作伙伴组成的国际研究团队发表了南极磷虾的超大基因组及相关研究成果。南极磷虾是南极生态系统中的关键物种，团队发现磷虾的历史群体数量变化和气候变化规律相关。2022 年我们发表了企鹅演化的研究成果。这些成果对理解南极生态系统的稳定性和变化具有重要意义。

其次在北极，2014 年我们在《细胞》杂志上发表了对北极熊基因组的研究成果，团队发现了北极熊脂肪酸代谢和心血管功能相关的基因发生了适应性进化，也就是北极熊针对高脂肪饮食具有独特的适应基因，为人类健康研究提供了新的视角。

揭示了企鹅拥有超强的潜泳能力的秘密

问：您于 2022 年以共同第一作者身份发表了企鹅相关研究成果，可以和我们分享一下有什么有趣的研究发现吗？

周程冉：企鹅的演化之路是由很多的小故事组成的，分享两个有趣的发现：

第一个是“水中千里眼”。企鹅觅食时需要到达一定的潜水深度，所以敏锐的视觉对其在暗环境下捕食有着重要作用。我们发现在企鹅的视觉系统中一些光敏感相关的基因发生了突变，影响了光传导通路，促进了对蓝光的识别，增强了暗光环境下的视觉敏锐性。

第二个是“高效富氧舱”。企鹅的血红蛋白和肌红蛋白具有显著区别于其他鸟类的位点，这使得企鹅能够更高效地利用血液中的氧气，使其自身成为“高效富氧舱”，延长潜水时间，这揭示了企鹅拥有超强的潜泳能力的秘密。

此外，还想分享一个引人思考的发现——企鹅的演化速率在已经获得全基因组的鸟类中是最慢的。

了解企鹅演化可以帮助人们揭示生命在极端环境中的演化过程

问：当时为什么会选择企鹅作为研究对象，是它有什么特别之处吗？

周程冉：企鹅的演化之路和生存之道非常特别，有许多科学问题吸引着我们去探索。我将其概述为三点：首先，企鹅是一类高度适应海洋环境的鸟类，为什么企鹅可以从天空飞向海洋，并且在海洋中“翱翔”？其次，企鹅是极地环境中的典型代表，了解企鹅的演化，是否可以帮助人们揭示生命在极端环境中的演化过程？最后，作为全球变化对生态系统健康影响的哨兵，我们想从企鹅的演化之路中去尝试了解气候变化对生物的影响。

解决问题的关键点是国际合作

问：研究进行的过程中，有没有遇到困难，是如何克服的？

周程冉：企鹅基因组研究中的样品获取是一个具有挑战性的过程，涉及广泛地理分布、文化敏感性、技术与伦理等方面。解决这些问题的关键点是国际合作。

基于华大与合作者共同发起的万种鸟基因组计划项目，我们与多国研究人员组成了一个大型的合作联盟，进一步通过国际合作，与多地区的科研团队建立了充分的信任，从而逐步克服了地理和文化障碍，共同研究当地企鹅的历史。

从澳大利亚寄给我们一份特别的小礼物——亲手绘制的企鹅群像图

问：请和我们分享研究过程中，让您难忘的团队故事。

周程冉：在科学研究上，我们的团队由多学科的成员组成，其中包括一位获视觉艺术学士和生物学博士学位的老师。

我们在研究过程中紧密合作，彼此之间建立了深厚的友谊。文章发表后，这位老师从澳大利亚寄给我们一份特别的小礼物——一幅她亲手绘制的企鹅群像图。这幅画作采用了版画风格，其中包含了我们研究的每一种现生企鹅。每次看到画作中这些可爱的生灵，我都会想起团队愉快的合作和科学、艺术与热爱碰撞所产生的美。

这段经历不仅让我感受到团队合作的重要性，也让我体会到跨学科合作的独特魅力。

问：文章确认接收时，您的心情是怎样的？

周程冉：是“意料之中”的欢喜。这种感觉就像是辛勤耕耘后的丰收，因为对结果充满信心，所以是意料之中；当真正看到成果时，还是会感到满足。

希望尽快将探索全新世末期以来南极生物时空变迁的成果展示给大家

问：除了企鹅，您还有计划开展其他极地相关物种的研究吗？后续计划怎么做？

周程冉：我们计划围绕南极和企鹅开展更多类群的研究。希望能尽快将我们探索全新世末期以来南极生物时空变迁的成果展示给大家。

登峰精神不仅是一种态度，更是一种行动指南

问：您认为登峰精神在科研工作中有着怎样的体现？

周程冉：在我看来，登峰精神是不畏挑战、开拓创新的精神。

首先，科研的路上总是充满了未知和困难，但我们就是要有那种迎难而上的勇气，敢于探索未知，去解决更多的问题。

其次，开拓创新就是我们的核心竞争力。世界在变，我们的科研之路也不是一成不变的。我们需要提出新问题，寻找和创造新方法，用创新去获得更多成果。

登峰精神在科研工作中不仅是一种态度，更是一种行动指南，激励着团队不断追求卓越。

揭示生命的奥秘，不仅是为了科学的进步

问：华大的研究上至珠峰，下至深渊，在您看来，华大创始人究竟有着怎样的理想和梦想？这种理想和梦想，会不会太“高远”？

周程冉：科学研究本身就是一个不断探索未知的过程，有了远大的理

想，才能在这条道路上不断前行。探索地球的生物多样性、揭示生命的奥秘，不仅是为了科学的进步，更是为了利用基因科技去造福人类，推动社会的可持续发展。

问：2024 年 5 月 21 日，汪老师第二次登顶珠峰，刷新了中国登顶珠峰最年长者纪录。您如何看待汪老师二次挑战珠峰的行为？

周程冉：我认为汪老师的二次登顶珠峰不仅展示了他个人的坚韧和勇气，更是对"登峰精神"的最佳诠释。

探索青藏高原是不是生命摇篮等科学问题，能为科学进步提供宝贵的数据和新视角

问：两次组织珠峰登顶和科研行动，多次到高原采集微生物样本进行研究，在公共卫生事件中多次赴西藏支援……从本世纪初开始，华大人一直对青藏高原和珠峰情有独钟，在您看来，缘何如此？

周程冉：青藏高原和珠峰是地球上最极端的环境之一，为科学研究提供了独特的资源和机会，研究这些地区的生物多样性、演化和适应机制，探索青藏高原是不是生命的摇篮等科学问题，可以揭示生命在极端环境中的演化和适应过程，为科学进步提供宝贵的数据和新视角。

深圳为华大的发展提供了良好的环境和土壤

问：自 2007 年南迁，华大就在深圳"落户"扎根。在您看来，华大的登山文化和深圳这个城市有多大关系？是相互影响、相互成就的吗？

周程冉：深圳的市树是红树。红树其实是生长在潮间带的植物，它们面对潮汐和风暴依然顽强生长，同时包容了非常多生物在其中生长。深圳和红树一样，具有坚韧不拔、敢闯敢试、开放包容和追求卓越等一系列的精神内核，这与华大的登峰精神高度契合。

华大的登山文化与深圳这座城市是相互影响、相互成就的关系。深圳为华大的发展提供了良好的环境和土壤，而华大的登山文化也为深圳注入

了新的精神力量。两者相辅相成，共同推动了科学进步和城市发展。

登峰精神的内核是勇于挑战、敢于创新、团队合作、追求卓越

问：登山就要登峰，登峰就要登第一高峰！在您看来，和普通的登山者比较，是不是有一群与众不同的“登峰者”？这是一群怎样的人？

周程冉：他们不仅仅是为了挑战自我，更是为了追求卓越和突破极限，是一群勇敢的探索者，是不懈的追梦人。

问：如果说有一种“登峰精神”，在您看来，这种精神的内核是什么？

周程冉：登峰精神的内核是勇于挑战、敢于创新、团队合作、追求卓越，这种精神不仅推动了科学和技术的进步，也激励着个人和团队不断超越自我，实现更高的目标。

不断超越的登峰精神对于一个国家的发展壮大至关重要

问：2024年，是中华人民共和国成立75周年。回顾75年历史，在您看来，一个国家的发展壮大，是否也特别需要这种登峰精神？

周程冉：这种登峰精神对于一个国家的发展壮大至关重要。这种精神不仅推动了经济、科技、文化和社会的全面进步，也提升了国家在国际舞台上的竞争力和影响力。

通过弘扬和践行这种精神，国家可以不断实现新的突破和发展目标，为人民创造更加美好的生活。

科学没有止境，新的顶峰会不断出现

问：自然山体的攀登可以登峰造极，那么科学上可能“登峰造极”吗？

周程冉：我可以拆解一下，登峰是登上某座山的山峰，而造极则需要去到某个顶点。如果划分成不同时代，可能某个团队可以在某个时段达到

一定的顶点。

科学没有止境，想在科学上"登峰造极"是非常困难的，新的顶峰会不断出现。但在登峰的过程中，我们会收获良多。

通过创新班的途径加入华大

问：您是如何走上科研道路的？

周程冉：我认为家庭对我有非常大的影响。小时候爸爸、妈妈会带着我到大自然去玩、欣赏大自然的美，所以我对大自然是非常热爱的。

高考填报志愿时，我第一志愿就填了生物学基地班，被川大录取。经过本科、硕博连读不断的学习和实践，发现自己挺喜欢生物多样性相关研究的，于是就一步步坚持了下来。

问：您是哪年加入华大的？当初选择加入华大的原因是什么？

周程冉：我是 2012 年通过创新班的途径加入华大的。当时是听了汪老师在我们学校的讲座后，被华大的魅力吸引了，感受到华大的开拓、创新和社会责任感。

目前主要参与万种鸟基因组计划项目

问：请介绍您目前主要承担的研究项目，以及在团队中的角色。

周程冉：我目前主要参与的是万种鸟基因组计划项目。在这个项目中，我们希望通过多组学技术对全球鸟类进行研究，从而了解鸟类的起源、演化、发育等。这是一个非常大的项目，因此团队中的每个人都会选择更具体的子课题进行科学问题的探索。

我个人目前主要在跟进的课题，一是对全新世晚期南极企鹅及周边生物历史变迁的探索，二是对一些关键鸟类的发育进行更深入的研究。

科研工作很多时候是在面对未知，需要走非常长的道路才能解决问题

问：您认为在科研工作中，最重要的品质是什么？您是如何培养这些品质的？

周程冉：我认为科研工作一是要保持好奇心，当我们拥有好奇心时，就会渴望学习更多、解答更多问题。

二是创新精神，世界在不断变化，科学研究也不是一成不变的，需要在科学研究中创新，才能获得更多新的成果。

三是坚持，科研工作很多时候是在面对未知，需要走非常长的道路才能解决问题，没有甘于寂寞和持之以恒的探索精神是不行的。

如果能将这些前沿技术运用到生物资源的挖掘和利用上，将是非常好的事

问：您认为当今时代背景下，生命科学领域面临的最大挑战和机遇是什么？

周程冉：我们在过去的研究中产生了海量数据，那么如何有效地管理、存储和分析利用这些数据，将是非常大的挑战。

目前的机遇，我个人认为是多组学的产生以及人工智能的发展。我们如果能将这些前沿技术运用到生物资源的挖掘和利用上，将是非常好的事。

这些变化不仅推动了科学进步，也为人类健康和社会福祉带来了巨大贡献

问：2024 年是中国参与人类基因组计划 25 周年，作为一名科研工作者，您认为，这 25 年生命科学领域发生了哪些翻天覆地的变化？

周程冉：我觉得生命科学领域发生了非常多的变化，个人最关注以下

3 点：基因组学的飞速发展、基因编辑的突破、AI 技术的兴起。

从人类基因组计划的完成到如今的千人基因组项目，基因组学技术不断进步，测序速度更快，成本更低，推动了大规模基因组数据的积累和应用。

这些变化不仅推动了科学的进步，也为人类健康和社会福祉带来了巨大的贡献。

坚守本心，用创新引领新的突破

问：华大因人类基因组计划诞生，在您看来，25 年来华大走过了一条什么样的道路？

周程冉：经历了从跟跑到并跑，再到部分领域领跑的跨越式发展。坚守本心，用创新迎来新的突破。

问：您认为"基因科技造福人类"的使命，在您所从事的工作中是如何体现的？

周程冉：我个人主要从事动物生物多样性的研究，我觉得"基因科技造福人类"的使命体现在 3 个方面。

第一，我们想揭示生命的奥秘，深入了解生命的演化过程和生物多样性的形成。

第二，挖掘基因资源为农业、食品安全等产业提供支持。

第三，科研之余，我们会将研究成果向大众科普，从而提升大众对环境保护、生物多样性保护的认知。

20 世纪的基因组学和分子生物学的发展，正是沿着孟德尔的理论路径前行

问：2024 年是"现代遗传学之父"孟德尔逝世 140 周年，孟德尔提出遗传单位是遗传因子，还提出孟德尔第一和第二定律。薛定谔曾评价

其发现在20世纪成为一个"全新科学领域的灯塔"。您如何看待这一评价?

周程冉:我认为这是一个恰当的评价。孟德尔奠定了现代遗传学的基础,揭示了遗传的基本规律。

20世纪的基因组学和分子生物学的发展,正是沿着孟德尔的理论路径前行,使其成为一个"全新科学领域的灯塔",引领了更多学科的突破。

华大精神和登峰精神非常相似

问:目前,华大在生命科学领域实现了"读""写""存"工具全贯穿、自主可控,这在中国或全球生命科学领域里意味着什么?

周程冉:意味着技术自主可控,不再害怕被人"卡脖子",未来能取得更多新的突破。

问:如果说有一种华大精神,您认为其内核是什么?

周程冉:华大精神和登峰精神非常相似,要不畏挑战、开拓创新,履行社会责任。

问:在这条华大之路上,您个人历经了怎样的成长历程?最大的感悟是什么?

周程冉:加入华大后,我在成长路上遇到了非常多的良师益友,很多老师给予了我帮助和指引,我的家人也给了我非常多的支持,因此我希望对大家说一声谢谢。

好奇心是科学发现的源泉

问:您对那些有志于从事科研工作的年轻人,有哪些建议和寄语?

周程冉:好奇心是科学发现的源泉,永远不要停止对世界的探索。祝愿大家身体好,学习好,工作好,生活好!

问：您认为科学研究的最终目标是什么？

周程冉：更好地理解和利用自然界，创造更加美好和可持续的未来。

我们生活在一个绝无仅有的时代。在此之前，从来没有任何一个物种能仅靠自己的力量就将地球改造得如此彻底。人类数量目前已超过 70 亿，而且还在不断增加。为了生存，我们不仅占有了地球温带和热带超过一半的陆地，还将地球“开膛破肚”，一边用钢铁建造高塔和战车，一边燃烧地下的化石燃料。在静寂的黑夜，大大小小的城市中亮起的电灯还会把地球装点得如同珠宝一般。

——《生命大趋势：从生物多样性到人类文明的未来》，[美]威廉·C.伯格

只有到别人不曾到过的地方，才能发现别人不曾有过的发现

——蒋晓森访谈录

华大集团董办副主任，主要从事转录组学、基因组学研究，生物信息数据库和工具开发，目前研究方向是多基因风险评估算法开发。

先后在香港中文大学深圳研究院、中山大学药学院、深圳国家基因库合成与编辑平台、华大基因 BGI Online、华大生命科学研究院智能算法团队参与项目研究。

研究项目包括生物信息云计算平台开发、小球藻基因组组装与注释、真核生物核酸结合蛋白预测以及数据库开发、幽门螺杆菌溯源工具开发、基于无创产前基因检测数据的亲缘关系判定方法研究，等等，在 *Nucleic Acids Research*、*Nature Communi-*

cations、*BMC Genomics*、*Science Bulletin* 等期刊累计发表 SCI 文章 17 篇，其中第一或通讯作者（含共）累计影响因子 59.28，申请发明专利 4 项，授权 1 项。

导言　真正从0到1参与一个重大科研项目

2024年4月18日，华大登山队和科研队伍进驻珠峰脚下，展开了一场前所未有的科研探险。他们以自己为对象，从海拔0米到8848.86米，采集了不同海拔下核心队员的脑认知、眼动、运动机能等表型数据，并获得了基因组、蛋白质组、细胞组等多组学数据。这次珠峰行动科研小组由十三位成员组成，其中六位在珠峰大本营进行前线采样，其他七位则在华大时空中心进行后端支持。

作为前线采样的成员，蒋晓森一开始负责的是认知与气体代谢物的检测，后续逐渐开始协调和统筹一些科研方向的安排。蒋晓森表示，自己是第一次真正从0到1参与一个重大的科研项目，在高海拔地区进行科研工作，对设备的适应性和团队成员的体力、脑力都是一种挑战。

据统计，此次科研行动采集了20多个较大维度的数据，每个维度的数据都可以跟运动表现结合起来，挖掘与高原适应性、运动表现等方面相关的内容。此外，这些维度也可以被整合起来，研究相互之间的关联性。蒋晓森介绍道："目前珠峰行动采集到的维度，应该是世界上维度最多的一次高原科研了，所以它的发现可能会非常非常多，也非常非常有意思。"

在他看来，华大集团董事长、联合创始人汪建是一个永不停息、一直在探索求极的人。他不会沉浸在一个相对成熟的行业，而是总在不断地探索。蒋晓森表示，"这次采集样本其实不仅仅是华大一家的事，汪老师希望促成一个高原的联盟，邀请更多对高原感兴趣的机构一起参与进来"。

此外，蒋晓森也分享了自己在华大的成长经历，他认为科研人员应考虑如何将研究成果转化为实际应用，并使这些应用越来越便宜、越来越普及。而对于未来有志于从事科研工作的人，他鼓励大家不要局限于实验室，要更多地参与到生产实践中去，拓宽视野，学习跨学科知识，并积极承担项目，贡献自己的力量。

希望基于这一次采集的样本，挖掘出更多跟高原适应性有关的发现

问：此次珠峰行动，除了攀登，还带着科研目标。这次科研任务的具体目标是什么？

蒋晓森：汪老师此前曾踏足南极、北极，也深入过马里亚纳海沟和珠峰。到这些地方，汪老师不仅仅是为了探险，更是为了进行科学研究。这次相比 10 年前汪老师攀登珠峰，我们采集的样本维度更加丰富。

10 年前，我们主要采集的是血液样本，用于基因组学的研究。而随着这些年科学技术的迭代和进步，这次我们不仅采集了血液样本，还包括脑电、心电、眼动、眼底的数据，以及认知相关的数据。此外，我们还使用了自己研发的设备，进行全方位的多组学研究。

我们希望基于这一次采集到的样本，挖掘出更多与高原适应性相关的发现。这不仅是为了满足对科学的好奇心，更是为未来的科研工作提供宝贵的数据和经验。

之前了解的主要是遗传分子学上的差异，这一次我们想看在其他维度的数据上是否也有差异

问：此次科研获取的数据对学界或人类可能会有哪些长远的影响？

蒋晓森：我们目前的研究大致分为几个方向。首先，我们希望展示从海拔 0 米到 8848.86 米登顶过程中，不同组学和不同特征维度变化的全景

图。这将帮助我们更好地理解人在高原适应过程中，生理和生化分子的一些变化。

其次，我们还想了解登山队员和非登山队员在经过科学训练后，两个组别之间是否存在差异，差异点在哪里。这些指标未来可能会成为国家登山队科学训练的参考指标，或者帮助游客在报名参加高原旅游时，提前进行一些检测，以规避潜在的风险。

通过这些研究，我们不仅希望揭示高原适应性的奥秘，还希望为未来的高原探险和旅游提供科学依据，确保每一个踏上高原的人都能安全、健康地享受这片壮丽的土地。

科研团队成员总的算下来有十三位，六位在前线采样，七位在后端

问：作为此次珠峰行动的科研采样人员，可以和我们分享一下您在其中具体负责的工作吗？

蒋晓森：最开始我负责的是认知和气体代谢物的检测，后面慢慢会开始协调和统筹一些科研方向的工作。我们分六个大板块的内容，每一个采样点我们都需要协调自己的人员，包括外部合作方，一起到珠峰大本营去布置现场，然后引导队员来了之后有序检测，同时还需要反馈检测过程中出现的问题，比如设备的问题等。

问：这次行动科研团队总共有多少成员呢？大家有什么不同的分工？

蒋晓森：科研团队的成员总的算下来有十三位，其中六位成员在大本营进行前线的采样，还有七位同事会在后端华大时空中心进行支持。我们把前端采样的样本、照片和数据等通过网络上传到后端之后，他们会进行整理、归档和分析。

登山队员可能会更危险些

问：这次的科研工作在高海拔地区进行，在普通人的认知里，它是有

一定的风险性的。前期有没有为此做一些训练或准备？

蒋晓森：登山队员可能会更危险些，因为他们到达大本营后要做适应性训练，然后再去登珠峰。珠峰顶 8848.86 米的气压、温度很低，所以他们的适应性训练已经持续开展一年多了。对于采样人员来说，主要还是在华大自己的低压氧舱里做一些适应性训练。因为低压氧舱能提供低氧、低压的环境，这能让人提前适应。

60 多天里，华大运动一直在提供保障

问：您觉得在高原上面做科研，后勤的保障工作做得怎么样？

蒋晓森：我们整个采样任务还是比较顺利的，汪老师他们登山也很成功，华大运动在其中提供了很好的保障。比如人员的运输、服装采购、氧气的保障，因为我们也邀请了一些嘉宾，这个过程中嘉宾可能会有一些高反，这样的话需要保障氧气的充足。60 多天里，他们一直在为这些工作做保障。

嘴唇会破裂，也会流鼻血，其他的高反问题倒没有

问：这个过程中您是否出现了类似高反等不舒服的状况呢？

蒋晓森：最开始我们是跟着汪老师从大理出发，一路开车上的拉萨，这个过程中到了灵芝的时候就稍稍有一些高反，晚上可能会头疼、睡不着觉，大概过一两天之后就好了很多。后面主要的问题是高原地区比较干燥，所以嘴唇会破裂，也会流鼻血，其他的高反问题倒没有。

大家都在熬夜，拼命想把事情做好

问：和我们分享一下在完成目标的过程中令您难忘的事情。

蒋晓森：最开始的科研设计中，我们更多考虑的还是组学的样本，比如血液、尿液、粪便、皮肤微生物等，我们想从这个角度去做一些科研设计和分析。到了拉萨的时候，汪老师提出，我们是不是应该把一些自己研

发的设备和前沿的技术都用于这次的珠峰行动？

然后我们就开始进一步去联络，去了解高原分析里常用的检测技术手段有哪些。梳理出来之后，紧急协调、调拨资源运到珠峰大本营。这段过程中，人员的压力是很大的，大家都在熬夜，拼命想把事情做好，这一段是很难忘的。

对于登山队员，我也很受触动。为期 60 多天，光是登上珠峰已经比较艰巨了，但同时他们还要配合我们完成采样。我记得他们第一次拉练下山回来已经是下午四五点钟了，到了之后他们还没吃饭就被我们拉着进大帐做采样。最后一名队员完成采样，已是凌晨 1 点了。做完采样，我们要返回山下的酒店入住，这个过程中汪老师一直坚持陪我们到最后，把我们送上车才回帐篷休息，这些都挺不容易的。对我们来说更多是学习、敬佩吧。

真正从 0 到 1 参与一个重大的科研项目

问：在这次行动当中，您个人遇到最大的挑战是什么？

蒋晓森：我的背景其实是偏后端数据处理和分析，那么这一次相当于真真正正从 0 到 1 参与一个重大的科研项目，不仅仅是做电脑前的工作了，还要参与前线的工作。

这次发现前线的工作其实真的不容易，因为之前处理数据主要是脑力劳动，前线的话既要脑力劳动，又要体力劳动。脑力劳动是做科研设计，如果做不好，那么后面也没办法做有意思的分析；体力劳动在于大量人员的统筹协调，小状况层出不穷，如何及时应对、处理对我来说也是不小的挑战，这对我后面的工作也会有帮助。

父亲是生物老师，知道这个事情背后的意义和价值，非常支持我

问：这次家里人知道您要上到大本营时，有没有担心您？

蒋晓森：他们知道的时候，我的高反已经没那么明显了，所以没有过

多担心。他们叮嘱最多的是好好把手头的本职工作做完，注意安全。我父亲是生物老师，他知道这个事情背后的意义和价值，所以是非常支持我的。

基本所有设备都在高海拔、低温的情况下完成了采样任务

问：这次珠峰科研过程中，有没有一些没有预期到的发现或者惊喜？

蒋晓森：我觉得有几点。一是，最开始我们做科研设计时，在高海拔、低温的情况下设备能不能正常采到样本，这个我们比较担忧。但最后基本所有设备都完成了采样任务，这让我挺意外的。

二是，我们在5200米冰川的山包下面的水塘里，发现了一些肉眼可见的毛茸茸的小植物，我们采了一些对应的样本。在那种环境下，有小植物在水里生存还是不多见的，而且它们的形状和汪老师之前去马里亚纳海沟采集到的比较相似，所以我觉得这两种可以做一些对比分析，看看在功能通路上是不是有一些共性，这也挺惊喜的。

世界上维度最多的一次高原科研

问：基于这次采集回来的科研数据，后期将如何开展相关科研工作。

蒋晓森：我们统计下来可能包含了20多个较大维度的数据，每一个维度的数据都可以跟运动表现结合起来，看单一维度层面的特征。哪些特征跟高原适应性、运动表现有关，这些特征本身就可能在那个组学维度、学科领域形成一些科研发现。

同时我们还可以把这20多个维度整合起来，看它们之间的关联性。因为中心法则是从DNA、RNA到蛋白质，再到自己的表现。在这么多维度的过程中，其实涵盖了中心法则各个链条上的各个环节。那么从低海拔到高海拔的过程中，哪些环节、维度是最先响应的，哪些维度是后期响应的，响应过程中维度之间的关系，我们都可以去深度挖掘。

华大的此次珠峰行动应该是目前世界上维度最多的一次高原科研了，

所以它的发现可能会非常非常多，也非常非常有意思。

在高原的 60 多天，体重掉了差不多 15 斤

问： 回到低海拔地区后，您觉得个人的身体状况和心理状况有什么变化？

蒋晓森： 回到低海拔地区最开始有一些醉氧，不过因为回来后的工作比较饱和，相对来说没有那么强烈的感受。目前还在协调后续的采样，因为我们不仅要在高原采样，还需要检测队员们回来后一周、一个月的恢复情况，采相同的数据，所以就我个人来说状态还是不错的。

还有一个点，就是在高原的 60 多天，我的体重掉了差不多 15 斤，所以回来后身体感觉很不错，走起路来也很轻松了。因为高原确实没有新鲜的肉和蔬菜供应，以冷冻、冷藏的食品为主，所以相对来说伙食会比较普通。另外，在高原上血氧比较低，所以心率会很高，我的静息心率到了 100 以上，如果稍微运动一下，可能会到 125 以上，那基本上就是燃脂的心率了。所以那 60 多天其实一直都处于高频的燃脂心率，体重也掉得快一些。

珠峰行动未来产出的模型指标，可能会帮助高原地区人民更健康地生活

问： 您觉得这次科研行动完成以后，对您的世界观、人生观、价值观产生了什么样的影响？

蒋晓森： 我在加入华大之前，主要还是以读书为主，很多人生体验或者实践是不足的。到了华大之后，我参加了日喀则抗疫，在上面待了 68 天，真正做了一些“生物技术造福人类”的事情，这一点我其实蛮有感触的。这次参与珠峰行动，乍看就是一次科研，但其实未来产出的模型指标，可能会帮助高原地区人民更健康地生活。

汪老师也跟我们提到，高原上的一些孕妇和新生儿是更值得被关注和

研究的对象。因为孕妇在妊娠周期中，高原缺氧的环境是不利于胎儿脑部发育的，汪老师一直建议孕妇最好是撤到相对低海拔的地区去完成整个妊娠过程。所以后续我们也希望开展更多这方面的研究。

和大学相比，我们关注的科研问题更多是希望帮助到社会、民众，这一点我觉得很有感触。对我自己来说，未来我可能不会仅仅做纸面文章，想做一些工具帮到大家。

汪老师是一个永不停息、探索求极的人

问：您怎么看待汪老师二次挑战珠峰的行为？

蒋晓森：我觉得他是一个永不停息、一直在探索求极的人。通过他日常的工作也能看出来，他不会沉浸在一个已经相对成熟的行业，他总是不断地探索。包括我们华大万物的成立、多年生稻、“沙膜技术”，还有合成生物学方向领域的探索，等等。生命科学范畴很大，汪老师也在这个圈子、领域里不断探索可能性和边界在哪儿。

汪老师第二次登峰也可能是希望通过这一次登山行动，让更多人能够感受到登峰精神，未来在工作、在项目探索的过程中，延续这样的精神。

汪老师在采样队伍里面是我们的“压舱石”

问：汪老师在科研队伍中发挥了什么作用？

蒋晓森：他给我们带来了很多关键的数据。在顶峰，汪老师采集了皮肤微生物、脑电的数据，这些都属于破世界纪录水平的数据了。我们采样队员只是帮他们把设备准备好，在顶峰操作和采集得他们自己努力坚持下来，所以没有他们我们什么也做不了。

汪老师在整个采样队伍里面属于一个精神象征，是我们的“压舱石”。很多时候队员身体都比较疲惫了，但看到汪老师还在坚持给我们采样，他们的心也会静下来，耐心地配合我们，所以对我们来说他很重要。

“求极”本身一方面是向外探索，一方面是向内探索

问：华大人累计登顶珠穆朗玛峰 10 人，卓奥友峰 9 人，希夏邦马峰 2 人，慕士塔格峰 12 人……您觉得为什么这么多华大人喜欢登山？应该怎么理解“登峰者”的概念？

蒋晓森：我觉得“求极”本身一方面是向外探索，一方面是向内探索。登山的过程既向外探索，突破人的生理极限，也向内寻求自己的心理极限。华大这群热爱登山的人其实都取得了不错的成绩。

因为多元的背景和身份，这次珠峰行动才能顺利开展

问：有人说华大登山队是一支特殊的登山队，您觉得“特殊”二字体现在哪些方面呢？

蒋晓森：汪老师本身就很特殊，是企业家、科学家、探险家，他的身份比较复杂，而且是年愈 7 旬的老人。

我们的登山队员身份也比较复杂，有些是户外运动员出身，有些是热爱登山同时又具备一些实验技能，所以被选为登山队员，帮助大家采集数据。我觉得也是因为多元的背景和身份，这次珠峰行动才能顺利开展。

希望从科技上回馈和助力西藏发展

问：两次组织珠峰登顶和科研行动，多次到高原采集微生物样本进行研究，在公共卫生事件中多次赴西藏支援……华大人为何一直对青藏高原和珠峰情有独钟？

蒋晓森：汪老师对西藏是有很深的感情的。华大的成立其实跟西藏也有关系，当时汪老师面临着一些重要的选择和压力，他就一个人自驾到了西藏，在西藏有所顿悟，坚定了一些东西。一路走过来其实不容易，所以他对西藏是有特殊感情的。西藏的包虫病（棘球蚴病），后来的疫情检测，包括现在也在推广多年生作物的种植，他是希望从科技上回馈和助力

西藏发展的。

希望促成一个高原的联盟，邀请更多对高原感兴趣的机构一起参与进来

问：您觉得华大的珠峰行动和其他的珠峰科考队有什么异同吗？

蒋晓森：相同点是，在上面采样确实不容易，每一个科考队员都需要有“求极”的精神，我觉得挺不容易的。不同点在于，华大的队伍有汪老师坐镇，他参与过的大型国际科研项目很多，所以能比较深刻地理解什么样的科研更加宏观、更有意义。

这次采集样本其实不仅仅是华大一家的事，汪老师希望促成一个高原的联盟，邀请更多对高原感兴趣的机构一起参与进来。我们未来也会开放采集到的一些数据，共享给更多的单位使用。

所以它不仅仅是某一项细分领域、学科的科研，它包括了比如地质相关的数据、高原医学相关的数据、微生物环境相关的数据，涵盖的学科领域非常多。

开放的政策、开放的精神，对前沿探索鼓励包容

问：华大 2007 年从北京南迁到深圳。在您看来，华大的登山文化和深圳这个城市关系大不大呢？

蒋晓森：深圳有两个特点，一个是开放的政策，一个是开放的精神，其对于很多前沿的探索，都是鼓励、包容的。华大内部也同样如此，相同气质的事物或许总是相互吸引。也因为如此多相同气质的企业相聚在此，深圳才会保持这么领先的速度。

一代代不断影响大家热爱户外登山

问：深圳已经有 61 人登上过珠峰顶了，您觉得深圳为什么可以成为登山第一城？

蒋晓森：我刚到深圳的时候就已经听说过“深圳十峰打卡”这种政府组织的活动，深圳也有像王石老师、汪老师、厉伟老师等一起组建的登协，王石老师在登山领域带来的影响也挺大的。所以一代代人不断影响着大家热爱户外登山的活动。

登珠峰：确实是一个不错的人生体验

问：对于后续想参与到珠峰科研的人，您有什么比较好的建议给到他们吗？

蒋晓森：我觉得后续可能还会有这样的登峰活动，陆续也会有基于这次发现的一些科学研究，我觉得大家可以积极报名参加，因为这确实是一个不错的人生体验。同时也要锻炼好自己的身体，做好适应性训练，了解上面的危险，保护好自己。

希望利用华大的技术平台，在“四极”挖掘出能够指导生产实践的东西

问：华大在地球“四极”相关科研上均有涉猎，可以给我们介绍一下吗？

蒋晓森：“四极”就是南极、北极、珠峰和深海，这些其实都属于生物圈的边界，能够在那里生存的动物、植物和微生物，相对会有自己的特殊性。我们希望基于这些地点，采集到植物、动物、微生物的组织和样本，从中挖掘它们在遗传上的特殊性，看看哪些东西我们能够应用起来，哪些东西能指导我们的实践。

像我们在马里亚纳海沟发现的一些菌和它们对应的酶，可以很快速地降解塑料；发现的一些蛋白也可以指导我们进行一些测序仪的研发，甚至形成专利，规避掉一些现有的技术专利的封锁。

也有其他机构通过研究北极熊的毛发，仿制出一些防寒的纺织材料。我们希望利用华大的技术平台和每一次科考的宝贵经历，挖掘出能够指导

生产的有意思的发现，能够产生价值。

这次珠峰行动，可能也会产出很多有意思的发现

问：您觉得华大开展"四极"研究的初衷是什么？目前取得了哪些比较重要的成果？

蒋晓森：汪老师本身是科学家，所以才创办了华大，并在他的指导下进行每一次的探险。目前华大基于"四极"科研发表了一些 CNS 级别的文章，包括像 *EPAS1* 基因的发现、北极熊基因组测序、南极磷虾的基因组测序等，包括这一次可能也会产出很多有意思的科研成果。

深海、高原的发现成果，可能在未来能指导合成一些有意思的生命

问：您说在大本营的水潭里发现了跟深渊中类似的毛茸茸的生物，可否进一步跟我们探讨，您觉得深渊和高原科研是否有一些相似之处？

蒋晓森：都是对生物圈边界环境下的动物、植物、微生物的分子遗传数据的采集，本质上也是想探究生命起源的必要条件有哪些、生物生存的必要条件有哪些。在不同的边界环境，比如马里亚纳海沟，环境是高压、高温，因为它下面有地热喷泉，当然在其他一些远离地热的地方，它又是极低的温度；在高原是低压、低氧、低温的环境，而且紫外光照也非常强。所以在这两个边界上，它是否有一些基础的维持生命必要过程的通路，是不是存在一些相似性？这是我们希望了解和关注的。那么在不同的极端环境下，它们的通路跟普通生物相比，是否有一些特殊的基因，或者特殊功能通路的存在？这也是我们想关注的。

未来我们可能有机会合成生命，合成生命的过程中需要设计生命的功能，在这个过程中深海、高原的发现成果，可能在未来能指导合成一些有意思的生命。

第一个是不怕困难

问：您觉得登峰精神在“四级”的科研工作中有哪些体现呢？

蒋晓森：很重要的一个体现是不怕困难，甚至不怕牺牲，因为在登峰过程中会有各种各样的情况出现。对于登山队员来说，他们始终会勇往直前，看到路边的失事者的遗体也不回头；对于采样也一样，设备的困难、天气环境的困难都是我们需要克服的。

比如刘欢欢老师，既登山又采样，身体已经很疲惫了，脚指甲也破损了，但她一直忍着痛持续工作到凌晨 4 点钟，我觉得这是登峰精神的一个体现。

只有到别人不曾到过的地方，才能发现别人不曾有过的发现

问：不是珠峰就是深渊，您觉得这种行为背后最大的推动力来自哪里？跟创始人的理想和个人的志趣与追求是否有关？

蒋晓森：科学无止境。只有到别人不曾到过的地方，才能发现别人不曾有过的发现。我觉得这个事情对于我们每个人来说都应该坚持和传承下来。不仅仅是做好本职工作，同时也应该抱着探索的精神去探究新的方向。

在华大我感受到了生物技术的实际应用，而不仅仅停留在文章里

问：请介绍一下您的教育背景，及当初为什么会选择做科研工作？

蒋晓森：我在华中科技大学读的生物信息专业，2017 年 3 月，大三的时候就来到华大了，在华大已经有 7 年时间。毕业的时候我拿到了保研名额，就到了中国科学院大学读基因组学专业。

我的爸爸是生物老师，在高考填志愿的时候，他了解到生物行业当时相对热门，或者说有意思的学科叫生物信息学，所以我就选了生物信息。进入华大后才了解到基因组学，做了更多深入的研究。所以我的科研经历受父亲的影响比较大，他把我带到了门口。

我本科的时候，在类似创业孵化的部门待过，所以我更感兴趣的是生物技术如何应用到社会生产实践中。在华大我感受到了生物技术在社会中的应用，而不仅仅停留在前沿的项目或文章里。

未来希望做成一幅人体疾病风险地图

问：您在大二时就已经知道华大，对吗？

蒋晓森：对，当时我看到了一个新闻报道说，金鑫老师是华南理工大学的本科生，带领着一批博士生发了有关 *EPAS1* 基因的那篇文章。当时我觉得挺震撼的，在想是不是我也有机会能参与到这样的大项目中，而不仅仅局限于实验室里面那些很窄、很细的方向。

问：能不能和我们分享一下您目前的研究领域，以及相关的研究发现？

蒋晓森：我做的项目比较杂，可能工具会多一些。我做过幽门螺杆菌的追踪，收集了已发表的幽门螺杆菌的基因组信息，以及它的致病性和地理位置。然后用了一些可视化的工具和算法，科研人员可以提交他们从病人胃部取到的样本，以及分离出的测序完的幽门螺杆菌基因组。我们就能定位这个基因组可能的来源：从哪个地方获取到，从地区到国家。不同地区的幽门螺杆菌的致病性其实是不一样的，所以它可以指导医生判断幽门螺杆菌对于人的胃溃疡或胃癌是不是有很大影响——做了这样的一个定位工具。

还做过一些有意思的，比如小球藻基因组的组装。测完之后我们会用基因编辑的方式定向改造它，让它更适合有生活污水的环境，将污水里的有机物内化成生长所需的养分。小球藻长成之后，我们可以收集其作为饲料，它既可以做生活污水的净化和处理，也可以提供经济价值。

读博的时候会做得更系统一些，比如多基因风险评分，就是利用基因组突变的信息，预测未来得遗传病的风险，等等。现在我们也在持续做这项工作，收集更大的人群队列，采集更多疾病相关的数据。未来我们希望做成一个人体疾病的风险地图，只要测完你的基因组序列，我们就能告诉你各个器官、组织部位未来疾病风险的概率，指导你如何积极应对，做一些规避或者筛查。

我觉得做科研的人本身就要想到下游的应用

问：您觉得做科研最吸引您的地方是什么？

蒋晓森：我觉得还是能用起来吧。生物有很多说不清、讲不明白的东西，我觉得有意思的地方在于，我的一些研究成果在一个数据集里发现之后，在另一个数据集里被验证出是可行的，这意味着可以用于后续的临床应用。

我也希望未来生命科学能够以“工厂式”的方式去组织，因为我们很多实验条件非常复杂，也非常苛刻，那么我们需要一个底层的实验平台和基座，如果像小作坊一样其实很难复现。我希望尽可能定量、定标地完成科研发现，在完成的当下，数据、参数就能共享，别人能直接使用，而不仅仅是一篇 paper，还要做大量重复、基础性的工作才能实验出来，快速响应很重要。

我觉得做科研的人本身就要想到下游的应用，把你的发现更加直观、便捷地给到其他科研人员或是下游的应用方，他们能直接拿来用是最好的。而不是说做一个研究，不考虑成本，也不考虑未来量大了怎么做的问题。

我始终保持乐观，我觉得生命科学是一个朝阳行业

问：您觉得在当今时代背景下，生命科学领域面临最大的挑战和机遇是什么？

蒋晓森：我觉得最大的挑战是，AI 的出现会让学生命科学、基础生物学的人面临非常大的冲击。因为学习基础生物学，更多还是我们了解它的知识点。但有了 AI 的帮助后，大量物理、数学、计算机学科的人都可

以快速了解这些知识点，占领这个领域，获取已有的实验数据，做一些新的研究和发现。

所以对做生物的人来说，对于华大来说，都应该重视，把 AI 的相关工具用到生产生活中。我始终保持乐观，我觉得生命科学还是一个朝阳行业，它有太多问题需要我们去挖掘。就算 AI 发展到一定程度，也是有瓶颈的，它是基于现有的实验数据去做训练。AI 能到人类到过的地方相应的边界看一看，但如果完全是一个未知的领域，它是没有办法知道的。

在生命科学行业，没有任何一项技术能管你一辈子

问：2024 年是中国参与人类基因组计划 25 周年，作为一名科研工作者，您认为这 25 年来，生命科学领域发生了怎样的变化呢?

蒋晓森：我觉得最大的变化是，我们工具迭代的速度非常快，这 10 年已经有了翻天覆地的变化。可能我们毕业那时学的很多技术都已经被淘汰了，对我们来说持续学习很重要，在生命科学行业，没有任何一项技术能管你一辈子。

华大给我的感受是，在生命科学领域，你要做对社会有价值的东西，底层的设备、平台很重要。很多发现在小的实验室里其实是可以做的，但想推向社会，如果最开始没做好对成本、标准化的能力的构想，其实会非常困难，因为成本不可控。

华大走了一条产、学、研贯穿的道路

问：从人类基因组计划开始，华大在生命科学领域实现了从跟跑到并跑，再到个别领域领跑。您觉得这些年华大走了一条什么样的道路?

蒋晓森：产、学、研贯穿。最开始的人类基因组计划其实是一个研究型工作，希望了解人类基因组是什么样的。人类基因组出来后，我们发现，它其实能应用到很多领域，比如遗传病的筛查、出生缺陷的检测，这些都是从研究一步步转到产业。

再比如测序仪等基础设备的研发，最开始用的是国外的测序仪，后面因为“卡脖子”的风险，我们开始自研，实现长读长和短读长并存、并跑，以及时空组学技术的突破，都是一步一步往前走的。

基因科技造福人类是全球性的愿景和目标

问：您觉得华大“基因科技造福人类”大目标在您日常具体的工作中是如何体现的？

蒋晓森：比如刚刚我说的“人体疾病风险地图”，它的目标就是指导大家更健康地生活。

华大这样的研究非常多，比如农业方面，通过基因技术挖掘和选育多年生的作物，减轻农业生产活动。比如非洲，他们的农业生产工具不是很发达，多年生对他们来说就是一个很好的技术引进。基因科技造福人类，不仅仅是对国人，它是全球性的愿景和目标。

孟德尔是我们的启蒙导师

问：2024 年是孟德尔逝世 140 周年，他曾经提出遗传单位是遗传因子，还提出孟德尔第一和第二定律，薛定谔评价其发现在 20 世纪成为“全新科学领域的灯塔”。您怎么看待这一评价？

蒋晓森：孟德尔对于生命科学来说很重要，我们真正了解遗传的第一课就是孟德尔的豌豆杂交实验，所以他是我们的启蒙导师。

但近些年其实在孟德尔的基础上有了新的认识，遗传在健康或者医学领域其实只占很小一部分。表观遗传的出现提示我们，很多时候人体的生理状态是受遗传和环境共同影响的，这就是为什么我们现在要做多组学。科学探索就是不断打破原有的结论。

未来生命可以开始走向产业化

问：目前，华大在生命科学领域实现了“读”“写”“存”工具全贯穿、自主可控，这在中国或全球生命科学领域里意味着什么？

蒋晓森：这让大家看到了未来生命科学行业的前景是什么样的。“读”“写”“存”全贯穿、从中心法则到时空法则的贯穿，生命科学行业正在慢慢建立一套系统性的研究生命的技术平台，未来可以关联癌症、衰老、医学健康等，做基础性、机制性的研究。

这套技术路线的基座已经建完了，更需要的是前线的医务工作人员和在生命科学领域做研究的教授、学者给予关注，未来生命可以开始走向产业化。我觉得这是“读”“写”“存”全贯穿给我的启示。

思考还有哪些事是有趣的、没有解决的、社会需要的

问：您在华大 7 年，其间您获得了什么样的成长经历？最大的感悟是什么？

蒋晓森：我觉得最大的成长是，我考虑问题的方式不再狭隘，不再是我自己的那些诉求。比如我对什么样的研究感兴趣，或者说我想当一个 PI 、当一个教授、发一篇什么样的文章，我考虑的都不是这些了。

还有哪些事是有趣的、没有解决的、社会需要的，这些社会需要的东西又要通过什么样的资源和技术才能实现？这些我觉得是现在考虑比较多的事情。接触华大后，对于产业化的思考也会更多一些。有些技术当你深入研究之后，就知道它不具备大规模产业化的可能，你也知道未来它的瓶颈在哪儿，就不会花特别多精力聚焦在这一块儿，我觉得这一点对我来说是很大的成长。

不要停留在实验室，要多到生产实践中去

问：您对于未来有志于从事科研工作的年轻人有哪些寄语和建议呢？

蒋晓森：不要停留在实验室，要多到生产实践中去。读到博士研究生，其实掌握的分析方法和技术是贯通的，不要局限在基因组学，也不要局限在宏基因组学，不要局限在某一个维度，要打开自己，更加包容一

点，去接触更多的人、更多的项目，哪怕是参与也行。

当你把不同组学的分析方法贯穿起来，你就会知道原来基因组学、宏基因组学、医学的思路其实都差不多，只是名词叫法不一样，底层的数学逻辑是一样的。当你慢慢有这样的认知后，就具备了交叉或跨专业学科学习的能力，未来在接触科研项目时，就会更加从容一些。这是我对目前在读学生或者在华大实习学生的一些建议。

华大是能够发现每一个人的潜质和贡献的

问：您认为青年科学家应该如何肩负起时代赋予的使命和责任？

蒋晓森：承担一些科研项目，哪怕去义务劳动，也得先进去，然后慢慢才能了解项目的意义。在这个过程中，再看看自己有哪些能力是缺失的，尽快地补足它。

量体裁衣。你觉得自己有哪些能力能够帮助到某个科研项目的，就要积极地用这些能力贡献力量。华大是一块宝地，它能够发现每一个人的潜质和贡献，你只要努力地做好你自己，总是会发光发热的。

越用越便宜，越用越普惠

问：您觉得科学研究的最终目的是什么？

蒋晓森：应用！就是得用起来，而且要越用越便宜，越用越普惠。

到了第三个千年的开端，我们将会面临一种全新的挑战，自由人文主义被科技人文主义取代，而医学也越来越着重于让健康的人升级，而非治愈病人。医生、工程师和顾客不仅仅满足于治愈精神问题，而是要让整个心智升级。我们的科技能力会逐渐打造新的意识状态，但我们对这块新领域还没有可用的地图。

——《未来简史》，[以色列] 尤瓦尔·赫拉利

在高海拔地区做不平凡的工作，华大相信年轻人能在前线发挥力量

——向芙江访谈录

华大智造售后系统工程师，跟进新仪器可维护性需求的实现。毕业于湖南大学生物学院，硕士研究生。

加入华大 3 年多，21 届“展翼计划”学员，完成入职和技能培训后立即投入各地“火眼”实验室抗疫中，先后支援江苏无锡、河南新乡、福建厦门、新疆伊犁等地自动化仪器的维稳工作；先后承接过 MGISEQ-2000、DNBSEQ-G99 等仪器的技术支持和现场工程师培训工作，在此次珠峰行动中主要承担 DNBSEQ-G99、DNBSEQ-E25 及 Cyclone 测序仪上机测试及仪器维护工作。

导言　仪器的运转情况令人惊喜

2024 年 4 月 18 日，华大登山队和科研队伍进驻珠峰脚下，以自己为对象进行科研。

从海拔 0 米到 8848.86 米，他们采集了不同海拔下核心队员的脑认知、眼动、运动机能等表型数据，并获得了基因组、蛋白质组、细胞组等多组学数据。

不仅如此，华大智造基因测序仪 DNBSEQ-G99、DNBSEQ-E25 以及无线掌上超声等多款设备也在海拔 5200 米的“珠峰实验室”甚至是珠峰顶完成性能验证，刷新了最高海拔运行纪录。

作为华大智造的售后系统工程师，向芙江在此次行动中主要负责 DNBSEQ-E25 和 DNBSEQ-G99 两款设备的建库、样本上机等工作。

对于此次挑战，他表示，“仪器的运转情况令人惊喜”“测序仪不仅在极端环境中表现稳定且性能优异，还能适配不同类型的应用样本”。

测序仪在高海拔地区的成功运行，为科研和民生项目提供了新的选择，打破了地理限制。在他看来，汪老师二次挑战珠峰，不仅仅是个人的挑战、对科研目标的追求，更是通过自己带动了整个集团去探索更多的可能性。

对于自己的成长，向芙江表示，自己入职时正值新冠疫情，华大相信年轻人能在前线发挥力量，让他到前线直面“炮火”，包括这次上珠峰大本营，也是组织信任，给予机会。

“华大给我最大的感受是欢迎人才，希望有更多人才加入这个集体，贡献力量，为生命健康产业添砖加瓦。星星之火可以燎原，我觉得如果你希望去展现自己，华大会给你一个很好的平台。”

集装箱里的“珠峰实验室”，几乎都是用国产设备武装的

问：此次珠峰科研计划，在海拔5200米的“珠峰实验室”部署了一系列自主研发的华大智造设备，请您介绍一下实验室的总体情况。

向芙江：实验室是方舱结构，7—8平方米，实验室搭配了华大智造的DNBSEQ-E25、DNBSEQ-G99测序仪和华大序风的纳米孔基因测序仪CycloneSEQ，几乎都是国产设备。实验室成员由3位同事组成，我主要负责DNBSEQ-E25和DNBSEQ-G99两款设备的建库、样本上机，以及跟研发成员之间的对接等工作。另外两位同事分别负责Cyclone的建库、上机和数据处理。

看看设备能不能在高海拔运行

问：这次华大智造仪器上珠峰，具体想达成的任务和目标是什么？

向芙江：更多是一种探索性的目标，看看设备能不能在这么高的海拔运行，能否稳定跑出合格甚至漂亮的数据。

开始有一些腹泻、失眠的症状

问：在高海拔地区工作，前期您为此做了哪些训练和准备？

向芙江：我在华大时空中心大楼的低压氧舱做过一次训练，把模拟海拔升到了5000多米，看了下血氧饱和度，当时我有70多，风险不会很高，就上去了。

问：身体是否有高原反应，或者不舒适？

向芙江：当然有，因为中间有一周我下来了，等于上去两次。第一次上去比较激动，憧憬感、好奇心比较强，刚开始会有一些腹泻、失眠的症

状，但没有很大的高原反应。

问：两次上大本营分别是在什么时候？

向芙江：第一次去是4月中下旬，5月初回来。5月中旬再次上去，5月底回来。

设备运输是比较有挑战的事情

问：这次华大智造运送了一些设备到高海拔地区，运输过程中有没有出现一些困难？

向芙江：困难肯定是有的，但在华大运动CEO曹峻老师的协调下，衔接还是非常顺利的。自然环境因素带来的问题比较多，因为平坦的道路到游客大本营就结束了，后面全是石路，这非常考验我们设备的抗震能力，因为设备是光、机、电、液等各个方向的结晶，对敏感性、精确度要求非常高。

震晃可能会影响它们的精度。而且那里晚上的气温低，冰川融雪的小溪都会结冰，是比较恶劣的环境。

所以我打开设备进行调试后还是蛮惊讶的。这得益于我们整个固定打包的方式，非常稳定、可靠，所以我几乎不用花很多时间去调试就完成了仪器装机工作。设备运输确实是比较有挑战的事情。

压强和电力供应：遭遇两大问题

问：这次设备在挑战高海拔运行的过程中顺利吗？

向芙江：不是一帆风顺的，毕竟我们的设备到达了这么高的海拔。刚上去的时候，设备因为气压的问题需要改一些参数，去适配高海拔带来的压强问题。

我们的研发团队其实提前也在拉萨做了验证测试，通过修改脚本等方式将流体系统进行了优化。

还有一个比较有挑战的是电力供应问题。因为仪器设备需要保持一定的温度、湿度范围，我们第一次到大本营是 4 月下旬，到达后几天，供电的主电缆断掉了，只能被迫下来。

其间我们也尝试在没有集中供暖、只有几摄氏度的环境下上机测试，探索没有控温的条件下仪器是否能跑。

“珠峰实验室”很快就建成了

问：“珠峰实验室”是什么时候搭建完成的？

向芙江：我们到的当天就部署完成了。我们找了一些藏族同胞，一起帮忙把设备搬进方舱里。我们做好清洁工作，再把仪器接上电，进行后续的调试，其实很快。

3 天时间 G99 测序仪就跑了 8 个 run

问：这次挑战的比较关键的时间节点，可以跟我们分享一下吗？

向芙江：第一个，我觉得是探索期，差不多 10 天左右。这一段时间我们的验证测试其实已经跑下来了，只是我们认为它可以更好。第二个，5 月 20 日到大本营，我们就开始做实验工作了。到 23 号，3 天时间 G99 测序仪就跑了 8 个 run。我们第二次能够完成这么好，也是得益于第一次的经验。

下一步，测序仪有没有可能摆脱重力，上一趟外太空？

问：您觉得测序仪在高海拔地区运行，对科研或民生项目意味着什么？

向芙江：我们想给高原的科研院校、疾控等单位多一种选择，也让研究微生物组、细菌等的科研工作者不再受限于高海拔。我们现在已经上高原、下深海了，下一步属于我个人的臆想，有没有可能摆脱重力，上一趟外太空？

汪老师身上有很多值得学习的地方

问：您觉得在这次工作中您最大的收获是什么？有哪些惊喜或者发现呢？

向芙江：最大的惊喜可能是有机会集中一段时间和汪建老师待在一起吧，他身上有很多值得学习的地方。

印象最深刻的是有一天晚上断电了，我们要下撤到扎西宗，大概四五十分钟的路程。但冰川融水到晚上因为温度低就结冰了，当时我们的观光车就陷在里面了，只能靠后来的大巴援助。

当时已经 11 点了，风也很大，汪老师护送我们这车的工作人员都上了另一辆车后，还在车上陪我们坐了一会儿，暖了暖身子才离开，这个片段令我非常感动。

一位同事两次上大本营都有高反，也坚持下来了

问：这次工作过程中有没有吸氧？

向芙江：我在上面食欲不强，晚上失眠比较严重，也有些腹泻，但我没有吸氧，还是想锻炼一下自己。但其实华大运动的同事为工作人员配备了很好的后勤。

我们的一位同事，两次上去都有高反，瞬间血氧很低、呼吸急促，需要平躺，曹老师立即安排车辆把她送到海拔 4000 多米的地方休息，再回来接手工作，这位同事都坚持下来了，非常厉害。

只有一台柴油发电机：戴着头灯做实验

问：可以和我们分享让您印象深刻的团队故事吗？

向芙江：第一次上去因为有断电的情况，当时只有一台柴油发电机，需要供科研团队做眼科测试，我们这一边就没法保障了。曹峻老师及时帮我们协调各种人力、物力，把柴油发电机运输上来。晚上运到后，我们就

加班加点做实验。

因为柴油发电机的功率有上限，只能供一台设备，没法同时供中央空调的供暖，所以我们只能保证仪器先运行。

当时我们就戴着像游戏《黄金矿工》中的那种头灯，在这样的环境下做实验。那个场景就像以前家里断电了，点一根蜡烛，一家人围坐在一起吃饭的温馨场景，只是现在换成了工作的场景。当时觉得很有斗志，觉得这样的片段在我人生中是很少有机会遇到的。第二次设备运行就很平稳了。

测序仪在极端环境中表现稳定且性能优异

问：实验室里测序的样本有哪些？

向芙江：此次高原测序主要使用两种样本，一种是 Ecoli（大肠杆菌），另外一种是肿瘤样本。Ecoli 用于做仪器稳定性的测试，如果仪器在使用标准文库的情况下能跑出优秀的数据，那就证明仪器的运行状态在高原极端环境中依旧和平原一样稳定。

通过肿瘤样本测试，我们能够验证在珠峰大本营测试的肿瘤样本，下机关键指标和在平原地区运行的结果持平，甚至更高。这也说明了我们的测序仪不仅在极端环境中表现稳定且性能优异，还能适配不同类型的应用样本。总而言之，仪器的运转情况令人惊喜。

测序仪测试的数据让人惊喜

问：这次在高原跑出来的数据和在平原地区跑出来的数据会有什么偏差吗？还是完全一样？

向芙江：这个其实就是我惊喜的地方。举个例子，比如说 G99 测序仪，它在平原的装机 total reads 验收标准是 108M，用的是 Ecoli 样本。这一次上去，肿瘤样本都跑到 120M、130M 的样子，跟平原是没有差别的，甚至还要高一点点。

汪老师通过自己带动整个集团、各个体系去探索更多可能性

问：您如何看待汪老师二次挑战珠峰的行为？

向芙江：也许从汪老师的角度出发，第二次攀登不仅仅是为了攀登，而是在这个过程中给自己立一些科研方面的目标，通过多组学的数据采集和分析，在高原地区的生命演化、测序可能性等方面进行探索，通过自己带动整个集团、各个体系去探索更多可能性。

华大聚集了一群有探索精神的人

问：汪老师 70 岁了二次登珠峰。据统计，华大人累计登顶珠穆朗玛峰 10 人……您觉得为什么这么多华大人喜欢登山？如何看待华大人的攀登精神？

向芙江：我想起一句话，“山登绝顶我为峰”。换句话说，可能是这里聚集了这么多有探索精神的人，再加上汪老师的感召力，吸引了一群志同道合的人，才会在登珠峰数量上有爆发式的体现。

珠峰科研：各种费用、支撑都是自己承担

问：有人说华大登山队是一支特殊的登山队，您觉得它的特殊体现在哪里呢？

向芙江：一般珠峰科研都是“国家队”在做，但我们是以生物科技公司、民营企业的角色进行探索，各种费用、支撑都是自己承担，这个就比较特殊了。

华大有一种博爱精神

问：两次组织珠峰登顶和科研行动，多次到高原采集微生物样本进行研究，在公共卫生事件中多次赴西藏支援……从本世纪初开始，华大人一直对青藏高原和珠峰情有独钟，在您看来，缘何如此？

向芙江：我觉得那是一片神圣的土地，人类是从高海拔地区慢慢迁徙到平原地区的，是一个进化的过程，这与我们探索生命息息相关。再加上我们有仪器、设备，应该身体力行地造福一方百姓。其实不仅仅是高原，华大对于整个世界的生命健康都有一种博爱精神，都想去贡献力量。我们不仅仅走遍了高原，还走遍了世界各地。

生活物资得到满足，就会对生命探索、极限挑战有更多憧憬

问：迄今为止，深圳已有61人、70人次登顶珠峰，成为国内登山第一城，在您看来，为什么会这样？

向芙江：一个组织的leader（领导者）非常喜欢登山，他的影响力足够大，就会吸引志同道合的人一起探索。

深圳其实也是一样的，有拓荒牛的精神，是创新型城市的代表，在生活物资已经得到满足的情况下，就会对生命探索、极限挑战有更多的憧憬。

万物可测：通过仪器设备“读”出来

问：有个成语叫“高深莫测”，珠峰上的科研交流会提出“高深可测”，您怎么理解？

向芙江：我觉得改得非常合理，万物都需要定量，定量就很符合华大智造这样做工具的公司：通过仪器设备把万物“读”出来，就达到了可测的目的。

不可能偷懒，不可能不想进步

问：请和我们分享一下您的教育经历，当年是怎么选择专业的？

向芙江：我高中的时候生物成绩是最好的，本科学的是生物工程，研究生学的是生物学，做植物学方面的探索工作。工作的时候我转行了，我不想仅仅做实验，也不想完全脱离技术，所以选择在有生物背景的公司，

做售后系统性的工程师。

平时经常做现场工程师的培训工作，会涉及技术的讲解，仪器的使用、维修、维护。因为没有机械自动化的背景，刚开始对我这种纯理学专业的学生来说还是有一定挑战的。

入职华大时，HR 说的一句话我一直记在心里，在别的大厂，可能只是做螺丝钉的工作，而华大会给年轻人更多挑战的机会，不局限于目前的岗位，可以轮岗，智造当时也是初创型的、迅速发展的公司。来了之后，体会更深，这里博士、博士后很多，每个同事身上都有值得学习的地方。在这种氛围下，不可能偷懒，不可能不想进步。

刚入职一个月，我就去了"火眼"实验室，后面也走访了很多城市的"火眼"实验室，加班加点干 48 个小时、72 个小时这种都经历过。在实验室，汪老师有时也会亲自来参与我们的工作，在其他企业，应该很难见到董事长身体力行地去做这些事情。

现在我不仅做工程师，还做新产品的相关工作，比如后续研发的仪器，可以通过现场的反馈为研发和客户搭起桥梁，让他们把仪器优化得更好。

作为培训讲师，也会讲到华大是一家怎样的公司

问：您认为"基因科技造福人类"的使命，在您所从事的工作中如何体现?

向芙江：平时我经常以培训讲师的角色给新员工、学员等进行售后技术培训，讲测序仪的原理。

在这个过程中，我们也会讲到华大是一家怎样的公司，让他们关注日常中的生老病死，以及我们怎么让每个人受益于基因科技的力量，把一个人全基因组的测序成本降到 100 美元以下。

新一代测序产品会很便携

问：您认为当今时代背景下，生命科学领域面临的最大挑战和机遇是什么？

向芙江：生命科技要迎来爆发式的增长，惠及每一个人，让产品随处可用、成本降到能接受的范围，就是一种挑战。新一代的测序产品会很便携，未来也许能实现自己测自己的基因。

新冠疫情加速了医学进步

问：2024 年是中国参与人类基因组计划 25 周年，您认为，这 25 年生命科学领域发生了哪些翻天覆地的变化？

向芙江：从对新冠疫情的应对和处理就能体现出这种变化。我们能够很快得到样本，迅速制备病毒试剂盒，就是一种极大的进步。

从大背景来看，这次疫情也加速了医学的进步，以前一款药、疫苗上市，可能要临床一期、二期，耗费几年时间。疫情加速了这一进程，绿色通道几个月就面世了，包括新冠后遗症的治疗药物也很快面世，等等。

为中国争取到 1% 的测序任务：就是一颗初心，为祖国而战

问：华大因人类基因组计划诞生。25 年来，华大在生命科学领域已实现从跟跑到并跑再到个别领域领跑。在您看来，华大走过了一条什么样的道路？

向芙江：4 位创始人能够在各种压力下，为中国争取到 1% 的测序任务，需要魄力，要敢想敢做。而且那时 21 世纪还没开始，没有说想要靠这个挣钱，就是一颗初心，为祖国而战。到现在的两家上市公司，那么多体系，都是一步一个脚印“攀登”的结果。

华大像灯塔、指南针

问：2024年是“现代遗传学之父”孟德尔逝世140周年。薛定谔曾评价其发现遗体因子定律在20世纪成为一个“全新科学领域的灯塔”。您如何看待这一评价？

向芙江：孟德尔遗传定律引领了很多探索。孟德尔原本是修道院的神父，但他观察到了这个现象，就像牛顿坐在苹果树下，看到苹果掉下来，产生了天才的想法，后面给了人们很多启示。

我理解的灯塔就是巨人的肩膀。以华大为例，没有华大也会有别的公司做基因行业。但有了华大，就像有了灯塔、指南针，让大家知道该往哪个方向走。

生命科学工具技术不能自主，基因数据安全就不能得到保障

问：目前，华大在生命科学领域实现了“读”“写”“存”工具全贯穿、自主可控，这在中国或全球生命科学领域里意味着什么？

向芙江：能够同时在几个方向具有这样的能力，而且代表中国的，没有几家企业。

同理于芯片，没有制造能力，一个国家的数据安全就有很大风险。生命科学工具技术不能自主，基因数据安全就不能得到保障，所以华大有很大的价值。

华大给了我去前线直面“炮火”的机会

问：在这条华大之路上，您个人历经了怎样的成长历程？最大的感悟是什么？

向芙江：我刚来时正值疫情，华大给了我去前线直面“炮火”的机会，相信年轻人能在前线发挥力量。

这次上珠峰大本营，也是组织相信我，给我机会在高海拔地区做不平

凡的工作。

华大给我最大的感受是欢迎人才，希望有更多人才加入这个集体，贡献力量，为生命健康产业添砖加瓦。

星星之火可以燎原，我觉得如果你希望展现自己，华大会给你一个很好的平台。

如果生命就是信息流，而我们又认为生命是好的，下一步就是让全宇宙的信息流更深、更广。数据主义认为，人类的体验并不神圣，智人并非造物主的巅峰之作，也不是未来神人的前身。人类只是创造万物互联的工具，而万物互联可能从地球这个行星向外扩张，扩展到整个星系，甚至整个宇宙。这个宇宙数据处理系统如同上帝，无所不在、操控一切，而人类注定会并入系统之中。

——《未来简史》，[以色列] 尤瓦尔 · 赫拉利

突破自己的极限，也突破工具的极限

——孟亮访谈录

毕业于中国海洋大学，理学博士。2018年4月加入华大集团，现任华大生命科学研究院生物技术副研究员（二级）、华大集团“四极”生命研究项目负责人，承担极端生物资源库与多组学技术平台、极端生物多样性、生命过程与适应性等的研究工作。累计发表科研文章28篇，申请发明专利8项，制定行业标准、团体标准各1项。担任中国海洋发展研究会理事、中国海洋发展研究会海洋生物技术分会副秘书长。曾作为华大集团代表参加“全球深渊深潜探索计划”，完成国际首次环大洋洲和爪哇海沟载人深潜科考任务，在克马德克海沟和爪哇海沟分别完成了7600米和5200米深的下潜。

导言　要不断发起大科考、大科学计划，才能逐渐接近真相

孟亮，毕业于中国海洋大学，专攻海洋生物学。2018 年加入华大生命科学研究院后，将研究焦点投向深海。

截至目前，孟亮已 3 次潜入深海，初次为新西兰附近的克马德克海沟，第二次是印尼的爪哇海沟。2024 年，孟亮跟随汪建领导的科研队伍，赴我国南海海马冷泉区域进行深潜科考。此次科考的主要目的，是希望在深海这种极端环境中进一步探究生命起源和万物生长。

冷泉喷口的化学能释放，为整个生态系统的形成提供了最根本的支撑。此次下潜，团队采集了贻贝、白瓜贝、管状蠕虫、珊瑚等多种深海底栖生物和环境样本。其中，孟亮等以分层的方式系统地采集了冷泉喷口上方的水体样本，共收集了近 60 张滤膜。“通过滤膜，我们可以研究微生物的分布。此外，我们还想看是否存在一个垂直的物质能量传递链条，即冷泉的化学能能否逐层被生物利用。”他表示。

对于汪老师才登珠峰又探深海的“求极”行为，孟亮表示，“追求极限是突破自己的极限，也是突破工具的极限。我记得汪老师提到过——工具决定视野，只有掌握工具，才能看到更多东西”。

对于理解生命起源，孟亮认为，追求这一终极目标需要全球科学家共同努力，要不断发起大科考、大科学计划，才能逐渐接近真相。

2019 年前后开始往深海去布局，后来扩大到“四极”

问：请先做个自我介绍。

孟亮：我叫孟亮，来自华大生命科学研究院，2018 年加入华大。我毕业于中国海洋大学，专业也是海洋生物学，所以一直从事海洋相关研究。加入华大时入职了华大生命科学研究院青岛分院。我们最初是在 2019 年前后开始往深海去布局，做一些探索和合作，最后终于把这个方向慢慢地做起来了。现在是从深海研究扩大到整个“四极”研究。

以往的工具越来越无法满足科研需求，开始做设备和工具

问：2019 年开始的布局，主要是做设备还是什么？

孟亮：开始是做科研，主要是跟生物多样性相关的，比如研究深海或者深渊的生物基因组。设备方面其实也是基于科研的需求。当我们发现以往的工具越来越无法满足现在的科研需求时，就基于用华大“扛自家的‘枪’打天下的‘鸟’”的思路，开始做设备和工具。我们希望能够把全流程都做好。

深渊钩虾是目前已知的能够生活在最深海域的典型生物

问：在科研方面，研究了哪些比较典型的生物呢？

孟亮：我们在 2019 年就开始做深渊钩虾基因组的项目，研究成果很快就要发表了。深渊钩虾是目前已知的能够生活在最深海域的典型生物，它在马里亚纳海沟最深处，海底 11000 米，都还能生活。

得益于整个组学技术的发展，终于获得深渊钩虾的基因组了

问：最早做的钩虾样本，是来自其他的深潜队吗？

孟亮：是的，钩虾的样本来自中国科学院深海所，那时候就可以通过一些其他工具去采集钩虾。这个项目我们做了很多年，因为这个物种非常

特殊，一开始很难做。得益于整个组学技术的发展，我们现在终于能获得它的基因组了，也可以从基因组里面去解析其深渊环境适应机制。

基因组最大的钩虾，是人的基因组的 10 倍

问：钩虾的基因组大吗？

孟亮：比较大，我们做的这个钩虾的基因组是 14.3Gb。但是它还不是最大的，我们目前知道的最大的钩虾基因组是 30Gb，是人的基因组的 10 倍。

由于是生活在深渊的物种，难提取到高质量的 DNA

问：同样是钩虾，但是基因组大小不同，对吗？

孟亮：对。虽然说钩虾的基因组跟肺鱼、南极磷虾比并不是特别大，但是它的 DNA 提取是非常难的。由于是生活在深渊的物种，我们很难提取到高质量的 DNA，而拿到这种 DNA 是做基因组学研究的基础。

把测序仪搬到甲板上，甚至放到海底

问：您刚才讲我们和深海所等机构合作做海洋多样性的研究，后来发现了有对工具的需要，那是个什么样的契机？

孟亮：最初我们在做深海相关基因组研究的时候，就发现样本的获取不太能满足我们开展基因组学等多组学研究的需要。于是就想在采样工具上进行一些尝试，争取把更多高质量的样本带回实验室。后面逐渐从另一个角度考虑：我们能不能把测序前移呢？于是，就想把测序仪搬到甲板上，甚至把它放到海底，这样可能就不会因为采集样本过程中的一些限制，导致后期基因组学研究难以开展，所以后面逐渐有这样一些尝试。

样本或数据采集的原位化是非常有必要的

问：有些海洋样本可能在转移、运输过程中消融或质量不行了，

是吗？

孟亮：是的，影响最大的还是在采集过程中。比如，深海动物样本在海下采集完成之后，不管是随着载人潜器还是随着着陆器的上浮，过程是相对缓慢的。在这期间，受到压力、温度、生物自身活性等多方面的影响，样本的物理、化学性质会发生很大变化，导致 DNA、蛋白质等生物大分子的完整度随之改变。这样会导致难以获得数据，或者获得的数据可能并不是一个真实的数据。在深海生命研究领域内，大家有这样的共识：深渊环境跟我们平时生活所处的环境有非常大的差别，所以样本或数据采集的原位化是非常有必要的。

我们没法改变自己、操控环境，所以只能尽量靠近

问：前移，甚至前移到原位、到海底，这个思想来自我们科研团队吗？

孟亮：这应该是整个深海研究团队普遍的共识。因为它的环境差异是非常大的，我们没法改变自己、操控环境，所以只能尽量靠近，或者说模拟这些生物所处的环境。不论是动物研究还是微生物研究，都面临这样的问题。

2020 年，测序仪搬到了船上

问：测序仪第一次搬到甲板上是哪一年？

孟亮：2020 年，E 系列，就是 E25 测序仪的前身 E5 测序仪，我们就搬到了船上。但当时设备刚出来，所以带的是实验室里已经做好的样品。

已在船上测试了 3 种测序仪

问：我们已经测试了多少种型号？

孟亮：测序仪目前主要测试了 3 个型号：E 系列的 E5 测序仪和 E25 测序仪，以及 MGISEQ-200 测序仪。

船上是测序仪的应用场景之一

问：还在不断地测试？

孟亮：对。其实船上是我们的一个应用场景，我们不是单为了测深海生物而搬到船上的，更想做的是面向极端环境或野外研究场景，做一个从提取到数据产出的全流程解决方案。

未来希望把测序仪布置到极地、沙漠

问：这条路的实现可能还有一个过程，现在是刚刚开始吗？

孟亮：对。2024 年 5 月，华大在珠峰大本营进行了测试，整个测试过程的表现是良好的。我们现在是在船上，这算是第二步。未来我们还希望把它布置到极地、沙漠这种极端环境。面临的环境条件不同，对整个仪器设备的稳定性，以及全流程的整合，也会有越来越高的要求。

三次出海科考

问：从 2018 年开始做海洋这一块到现在，下过多少次深海？

孟亮：我这次是第三次出海。第一次是 2022 年，当时搭乘的是深海所的“探索一号”，去新西兰那边的克马德克海沟，它是全球 5 个万米深的海沟之一，那个航次总共在海上待了 79 天，我跟着“奋斗者”号下潜到了 7600 米；第二次是 2024 年春节期间去了印尼的爪哇海沟，那里是印度洋的最深处，我下潜到 5200 米。

环境如此荒凉，生命却如此旺盛：反常背后蕴藏的奥秘，是我们亟待解码的

问：到海底以后做什么？

孟亮：到海底主要是观测和采样。我去的两个地方都是深渊，就像汪老师去的马里亚纳海沟一样，跟这次的冷泉是截然不同的生态环境。深

渊，像马里亚纳海沟一样的深渊，生物环境跟冷泉是截然不同的，相比冷泉显得更加荒凉，更像是沙漠，但也有一些顽强的生命。我印象特别深的是在克马德克海沟，我们潜到 6200 米深度，周围是一片沉积物，就像戈壁或沙漠一样。但有一块石头，至少有 5 —6 种不同的生物附着在上面，有海葵、海蛇尾、海绵等，生命还是非常神奇的。

当时非常触动，这个环境如此荒凉，但是生命却如此旺盛，这是一种非常反常的现象。而这种反常背后蕴藏的奥秘，就是我们亟待解码的。

华大有 4 人下潜到过 6000 米以下的深渊

问：华大下到 6000 米以下的现在总共有多少人？

孟亮：目前华大有 4 人下潜到过 6000 米以下的深渊区域，分别是汪老师、徐院、姗姗和我。

只有掌握工具，才能看到更多东西

问：您怎么看汪老师说的“登峰探极、高深可测”？

孟亮：我也参加了 2024 年 5 月珠峰大本营的研讨，提出这个口号时，我其实非常有感触，因为我们本身就是做科研的，职责就是攀登科学高峰，要不断征服一座座摆在面前的科学高峰。

追求极限是突破自己的极限，也是突破工具的极限。我记得汪老师提到过——工具决定视野，只有掌握工具，才能看到更多东西。所以高深可测是我们美好的愿景，我们希望不论样品来自什么样的生态环境，不论多高、多深，都能通过工具的升级优化去解决这些难题。

人类自由驰骋在海底：不远的将来一定可以实现

问：人类自由驰骋在海底，领略神奇的生命世界，这一天什么时候会到来？

孟亮：我们已经看见曙光，在不远的将来一定可以实现。

因为现在深海的探测还无法那么普及，所有从事这方面工作的科学家和工程师只是作为一个先驱。工具虽然已经有了，但还不是那么完善，很难说做到尽善尽美，我们正在追求更好。

中国科学院深海所所长丁抗老师曾经做了一个形象的比喻，他把深海所潜器以及深潜队伍比喻成深海"的哥"，希望能够带更多人下到深海，不论是科学家还是普通老百姓，让大家真正认识到深海这么一个神奇的世界。

生命形成的过程，可能就是一个从混沌到有序的过程

问：您怎么看生命？生命究竟是一种什么样的存在？

孟亮：我觉得生命形成的过程可能就是一个从混沌到有序的过程，这个过程可能要突破很多的极限，也会遵从一定的法则，最终才形成了现状。就像中心法则是分子生物学里所有生物都遵循的法则一样，华大也在探索"时空法则"和"熵变法则"。

截然相反的极端环境下的微生物，却有很多相同之处

问：在极端环境中有什么有趣的发现可以分享？

孟亮：在2020年发表的一篇文章中的研究，是我们密切的合作伙伴——上海交通大学肖湘老师的团队跟中国科学院青藏高原所合作开展的。他们做了一个很有意思的对比，拿珠峰7000米左右的样本跟马沟10000米的样本做了一个联合研究。

发现两种截然相反环境下的微生物虽然非常不一样，但在适应极端环境上，尤其在一些功能上，却有很多相同之处。这是一个很有意思的发现，虽说生命千奇百怪，但可能有规则在里面。我们在想，这种极端环境下的生命是不是有一些共同的规律可循？是不是有极端的生命法则？

想看看是否有这么一种逐级利用能量和物质的过程

问：能不能介绍一下这次科研的目的和计划？

孟亮：这次科研最主要的目的，就是想看看冷泉这种典型的地球化学能特别丰富的环境，是否可以有物质能量的传递，从而支撑更高等的生物生存繁衍。

之前大家普遍的共识是万物生长靠太阳，但现在看来，很多生物其实是不靠太阳的，就像冷泉，其实是地底化学能的渗漏，包括甲烷、硫化氢等，会滋养很多微生物。它们可以利用这些化学能去进行繁衍，出现类似大鱼吃小鱼、小鱼吃虾米、虾米再吃微生物的链条，所以我们想看看是否有这么一种逐级利用能量和物质的过程。

如果这种现象真实存在，我们是否可以对这些化学能进行应用？畅想一下，我们是不是可以构建一个人工环境，让它释放化学能，产生微生物、小型的浮游生物，把鱼、虾这些对人类有应用价值的生物吸引过来？

想用样品、数据支持科学设想

问：是不是想做一个人工的生态圈？

孟亮：这是我们一个终极目标，但首先我们要解决底层的科学逻辑问题。这次来就想用样品、数据看看能否支持我们的科学设想。

问：我们是第几个航次？是第几次到冷泉了？

孟亮：华大人已经到过很多次冷泉了，以往更多的是去研究生物多样性。

海底热液口：机会可遇不可求，要去争取

问：热液口你们去了吗？

孟亮：热液口我们还没有去过，因为热液在我们国家自己的海域内是没有的，要到公海或其他国家的领海。这种机会是可遇不可求的，但如果

有，我们肯定要去争取。

如果说生命起源，热液会更合适

问：怎么看热液和冷泉这两种现象？它们和生命起源有什么关系吗？

孟亮：如果说生命起源的话，热液会更合适。很多科学家推测，热液环境可能跟生命之初的整个环境是更为相似的，有毒气体浓度更高，氧气含量更低，温度也更高。

热液和冷泉是用了一热、一冷去形容两个对立的生态环境，但其实冷泉不是真冷。海底的温度基本维持在 0—4 摄氏度，冷泉跟其他比，尤其跟深渊比，并不见得冷，只是它的水和化合物比较丰富。热液就是地底热能的喷发，尤其在热喷口附近，温度能够达到 300 摄氏度以上。

冷泉是气体喷发或渗漏

问：冷泉也是从海底往外喷水吗？

孟亮：冷泉是气体喷发或渗漏，以甲烷为主，也有硫化氢的渗透，旺盛的话可能能看到大量气泡出来。

冷泉生态系统的能量来源是地球化学能

问：能不能说一下冷泉的特点？

孟亮：我们所到的这片冷泉被称为海马冷泉。从生物的角度上说，这片冷泉有大量的化学能，所以有很多微生物，这会吸引很多动物繁殖定居在这里，这些动物可以跟微生物形成稳定的关系，这样它既有能量，又有物质，就可以繁衍下去。其实冷泉生态系统是周期性的，当这个冷泉还活跃、有气体渗漏时，生命是比较旺盛的。但当渗漏或冒泡的现象逐渐消亡甚至停止时，没有能量的供给，这些生物就会慢慢死去，变成荒漠一样的存在。所以说冷泉生态系统的能量来源是地球化学能。

问：这说明海底有什么？

孟亮：可燃冰，水汽化合物。

问：实际上也是一种矿藏？

孟亮：是的。

不管是探测还是科研，都代表着科技力量

问：回顾人类对深海的探索历史，在您看来这种深海的探测能力是一种国力吗？

孟亮：我个人认为这是国家力量的一种体现，因为不管是探测还是科研，都代表着科技力量，科技力量就是国家力量的一种体现。我们的科技强，整个国家才会强。

我们提出科学问题，把这些工具利用好

问：在这次的科研计划中，您的具体科研任务是什么？

孟亮：我的科研任务有两个。第一个，是根据这次的主要任务采集相关样品，把样品保存好，尤其是跟时空组学、单细胞相关的，我们会在船上做样本的前处理的测试。第二个，是跟测序相关的全流程的样品测试，因为这次的设备测试是研究院跟华大智造联合做的，华大智造帮我们解决工具的问题，我们提出科学问题，把这些工具利用好。

问：那是您统筹协调的吧？

孟亮：对。我参与第二部分的工作，设备测试是统筹协调。第一部分我会参与一线的采样工作。

计划用珊瑚样本进行基因组学研究，也会扩展到细胞组学和空间组学

问：能不能说一下有哪些海底生物或者底栖生物？

孟亮：在冷泉区域我们采到了白瓜贝、贻贝、管虫，这些都是冷泉系统里面非常典型的生物，甚至可以当成一种指示物。比如我们在某个区域

发现有大量贻贝，基本就可以断定这个地方是有甲烷渗漏的。除此之外，我们还采集到了很多海星、海蛇尾、海参以及铠甲虾，它们也都是依赖冷泉生态系统在海底存活的。

此外，我们在珊瑚林也采集到了大量深海珊瑚样本以及海绵。南海的深海珊瑚林也是全球非常有名的冷水珊瑚生态系统。基于我们研究的需求，这次科考中也进行了样本的补充，尤其像黑珊瑚、竹节珊瑚、柳珊瑚，等等。我们计划不仅用这些珊瑚样本进行基因组学研究，也会扩展到细胞组学和空间组学。

拓展新型物质能量供给方式，争取开辟一些新型蛋白质的来源

问：这些海底生物生活在多深的海底？

孟亮：基本上都在水下 1300 米到 1500 米左右，一个已经完全无光的生态系统。

问：无光高压？

孟亮：对，无光、高压。从上层带来的沉降物和能量相对比较匮乏，但这些生物可以利用冷泉自身喷发的地球化学能进行能量和物质利用，这也是我们要针对冷泉进行科考采样的原因。我们主要是想研究清楚化学能利用的底层逻辑，未来拓展针对化学能和海洋相结合的新型的物质能量供给方式，争取开辟一些新型蛋白质的来源。

5 次对冷泉进行科考

问：这是我们第几次对冷泉进行科考？

孟亮：应该是第五次，以前我们是搭乘其他单位的航次来进行采样。这次我们是目的最明确、组织分工最清晰、整个科研设计和采样最为系统的一次。

问：最早的一次是什么时候？

孟亮：2019 年。当时是刘姗姗老师参加了深海所组织的航次，那次

纯粹是以科研采样为目的的航次，采集到了一些冷泉的动物样本，包括管虫，为这次科考奠定了研究基础。

管虫可以被称为冷泉的明星物种，在很多场合里，管虫基本就能代表冷泉

问：管虫是一种什么样的生物？

孟亮：管虫属于环节动物门，它是一个非常特殊的物种。管虫没有消化系统，所以物质能量来源必须依赖于冷泉的化学能。但化学能不是直接被管虫利用的，它是利用一种被称为共生体的组织，跟化学能自养的微生物形成紧密的共生关系。这些共生微生物则可以利用甲烷、硫化氢等合成管虫可以利用的有机物。管虫可以被称为冷泉的明星物种，在很多场合里，管虫基本就能代表冷泉。

海底 9000 米处，发现了管状蠕虫

问：管虫分布在地球和海洋的什么地方？

孟亮：管虫分布比较广，我们通常认为它是跟冷泉紧密联系的。但其他科考也发现，它可以生活在深海深渊的生境，以往发现管虫最深的观测深度是 7000 米。但最近中国科学院深海所到了北纬 45 度左右，在水下 9000 米处也发现了管状蠕虫，这也是一个比较令人振奋的发现，可能会颠覆以往我们对这个物种的认知。

这次发现了很多新的、正在喷发期的喷口，孕育了非常丰富的动物

问：这次在海马冷泉的海底，发现生物的丰富性或者生物量，让您感到意外吗？

孟亮：比较意外，因为海马冷泉本身是动态的，前几次看到的一些休眠或者即将消亡的冷泉，这次又发现了其有新的喷发。本身甲烷渗漏就是

间歇性的，如果上面覆盖层逐渐变薄，冷泉的甲烷就会大量渗漏。甲烷渗漏之后，就代表一个更加旺盛的生态系统的形成。我们这次发现了很多新的、正在喷发期的喷口，孕育了非常丰富的生物，它的整个的生物量跟以往，甚至跟两三年前相比，有非常明显的增加。

贻贝是最能够指示冷泉生态系统的动物

问：海底的贻贝好像异常大，就好像松针铺在那儿一样，对吗？

孟亮：对。贻贝是最能够指示冷泉生态系统的动物，它基本上在喷口附近，如果有新的喷口，贻贝会率先进行大量繁殖。再往外会有白瓜贝、管虫。贻贝是整个冷泉里生物量最丰富的物种。

一桶水一个滤膜：收集了近 60 张滤膜

问：您这次在科考中承担哪些任务？

孟亮：在船上有个非常好的传统——只有岗位，没有单位。所有科学家都是奔着共同目标去的。我这次主要承担了水体样本的采集和处理，系统地采集了冷泉喷口上方的水体，按照每 50 米、100 米或者 200 米一层，每个冷泉大概采了 9 到 10 层水。我主要承担水体过滤，也承担一些大生物的处理和其他任务。

总共处理了将近 60 桶，20—30 升一桶，一桶水一个滤膜，我们现在已经收集了将近 60 张滤膜了。

通过滤膜可以研究微生物的组成，也可以研究微生物的能量代谢过程

问：最后带回去的是膜？

孟亮：对。我们带回去的是滤膜，通过滤膜我们可以研究微生物的组成，更重要的是可以研究这些微生物的能量代谢过程，利用宏基因组学的技术对它们进行深度解析。我们也可以用多组学联合，主要是基因组联合

蛋白质组和代谢组，知道微生物是如何利用甲烷等有机物，以及硫化氢、硫酸根、碳酸根等无机物的。

想看是否存在一个垂直的物质能量传递链条

问：所以现在基本能够摸清楚不同水深的微生物分布？

孟亮：对。除了微生物的分布，更重要的还是想看是否存在一个垂直的物质能量传递链条。比如靠近底层，是不是利用化学能的微生物比较丰富？再往上的话，是不是存在一种随着水流上升，或者洋流的过程？先是微生物聚集，然后是小型浮游微生物聚集，再往上是否存在可以为大型鱼类所摄食的饵料？

这个能量是天然存在的，未来是否可以被“海底牧场”的概念利用

问：这样的研究以前是否做过？我们是否有不同的技术手段，能和以前不一样？

孟亮：据我了解，以前没有人这么做过，主要是因为我们整体的想法是比较新奇的，重点是想看冷泉的化学能能否逐层被生物利用。

更重要的是，我们想搞清楚一个底层的科学逻辑，未来想利用冷泉的化学能构想“海底牧场”的概念。因为这个能量是天然存在的，不像传统牧场要进行投喂，未来是否可以被“海底牧场”的概念利用？大型动物是否可以作为新的蛋白质来源，增加新的食物来源？

利用基因组学探测微生物种类、代谢过程

问：既然叫微生物，很难用肉眼看见，那么除了用显微镜还有别的分析手段吗？

孟亮：可以利用基因组学进行探测，我们不光可以知道微生物的种类，还可以搞清楚微生物的整个代谢过程，比如怎么利用化学能、是否可以把化学能进行传递，这些都可以通过宏基因组学去进行解析。

人类好多地方都要好好向细菌学习

问：我看有的科学家说，微生物实际上是“地球之王”，您怎么看？

孟亮：这是毋庸置疑的，因为地球上微生物种类实在太多了，现在我们还完全没法对它进行准确估量。更重要的是，微生物可以迅速对周围环境的改变进行适应。所以说微生物有很多值得人类学习的地方，尤其是在极端环境下，对于环境改变的胁迫，以及对环境周围物质和能量的利用方面。

人类的出现只占历史长河中很短的一段，根据对于生命起源的推测，从无机物变成有机物，到有机物变成生物大分子，最后生物大分子有膜的出现，造就了最初的生命形式。就是原核生物最先出现，原核生物的共生或融合又变成了真核生物，真核生物才逐渐演变成了多细胞，变成人类。

细菌作为目前地球上最典型的原核生物，它出现的时间比人类久远得多，而且它一直存在，不停演化，出现了很多不同种类，可以适应不同的环境，具有不同的功能。所以我一直认为，人类好多地方都要好好向细菌学习。

希望能更深入地解读“地球之王”

问：在您的认知里，大海里面的微生物含量多吗？

孟亮：大海里的微生物含量非常多。估算的话，有 10 的 29 次方到 10 的 30 次方个细胞，这是一个天文数字。就像海洋跟陆地面积上的比例，我觉得海洋微生物的含量应该占地球的 3/4 左右。微生物的很多功能至今还没有被我们所了解，我们希望能更深入地解读，更好地向“地球之王”学习。

2021 年马里亚纳海沟考察：发现了一些全新的生物类群

问：2021 年华大参与马里亚纳海沟深渊考察，听说发现了很多微

生物？

孟亮：对。那次也是人类历史上对全球最深处最系统的一次科考和采样，发现了一些全新的生物类群，发现了新的原核生物，甚至新的真核生物。我们一次性就在以往已知总量的基础上增加了 6.9% 的原核生物（新细菌），病毒总量增加了 24%。

一个海沟就能贡献这么多，未来海洋中其他还没被观测的处女地，可能会为我们增加更多更丰富的知识。

问：那次科考或者研究您参与了吗？

孟亮：我参与了其中一部分，那是一个大科学计划，它覆盖了微生物，也包括病毒、原核生物以及无脊椎动物和鱼等各种各样的研究。我参与了其中无脊椎动物的研究工作，就是深渊钩虾。

要靠不断发起大科考、大科学计划，才能逐渐接近真相

问：几次深海考察都在尝试回答生命起源这个重大前沿问题，您觉得我们的底气来自哪里？

孟亮：首先来自我们有工具，其次来自我们对科学不断探索的精神和追求。因为生命起源本身是一个宏大的课题，有了工具，还要有样本，我们希望对深渊、高原或极地这些以往很难被人类所认知的区域进行科考，获取更多珍稀的样本。想从里面发现从来没被发现的生命现象，看看能否发现新的关于生命的法则，为生命起源提供更直观或更深入的证据。

揭秘生命起源是我们追求的终极目标，但这是需要全球科学家共同努力的事情，要靠不断发起大科考、大科学计划，才能逐渐接近真相。

不同通量、多样化的组学工具，支撑对生命的解读

问：是什么工具支撑让我们敢于研究生命起源的问题？

孟亮：华大本身在组学工具领域上是谱系化的发展。在通量上，我们高、低通量都有；在多样化上，我们现在不但可以研究基因组学，还可以

扩展到细胞组学、时空组学，甚至可以从序列到结构再到功能都进行很好的解读。这次科考实验室也带了很多数字化的设备。

小型便携式测序仪挺过了大风浪的考验，产出的数据非常好

问：这些仪器叫什么？

孟亮：我们这次带的 DNBSEQ-E25，是一种小型便携式测序仪，可以对需要快速产出数据的生物样本进行测序。这次 E25 在船上的测试，结果出乎我们的意料，因为这次的海况非常复杂，我们刚出门就遇到了台风，涌浪非常大，船上和甲板上的晃动比较大，但是 E25 挺过了大风浪的考验，产出的数据还是非常好的。

我们还带了通量略高的 MGISEQ-200 测序仪，给它做了一个云台，降低晃动对它的影响。我们刚进行了一个小实验，把下面的云台关掉了，让 MGISEQ-200 跟着船整体晃动，看看在极端条件下，它能否正常运行，结果出乎意料，它也能比较好地运行，这等于给 MGISEQ-200 开辟了一个新的应用场景，可以不用安稳地躺在实验室里测序，可以接受风浪的考验。

问：当时用 DNBSEQ-E25 做了什么生物的测序？

孟亮：我们用实验室的标准文库——大肠杆菌样本进行了测序，在确认设备性能完全可以后，就用采集到的冷泉沉积物样本进行了全流程测试。

生命中心法则是生命的核心法则

问：怎么理解测序对生命的解读？这个语言是 A、T、C、G 4 个字母吗？它是通用的吗？

孟亮：是通用的，就是对生命中心法则的利用。生命中心法则是生命的核心法则，从 DNA 到 RNA 再到蛋白质，结构决定功能。

我们了解了基因序列之后，就知道了整个基因结构，也就知道了蛋白

质的序列、蛋白质的功能，所以说这是整个生命科学里面的一个真理，可以沿用。当然我们也在不断探索，是否还有其他通用的法则，比如我们正在探索的时空法则等。

涉足深海科研以来，发现最初的“万物生长靠太阳”并不是一个真理

问：从事海洋生物研究，这条道路是很不容易的，您会一直走下去吗？

孟亮：会一直走下去。我以前读书的时候，学的海洋生物更多偏向于水产养殖，它其实还摆脱不了“万物生长靠太阳”的现象。

到了华大，尤其是涉足深海科研以来，我发现最初的“万物生长靠太阳”并不是一个真理。很多生物，尤其是深海、深渊的生物，它们完全可以摆脱太阳能利用的路线，如深海，利用化学能和海水中的无机物就可以生长。这也是我们这次冷泉科考的主要目的，就是想把底层的科学逻辑给大家解释清楚，也为未来开拓新的蛋白质开发或者蛋白质利用的模式打好基础，研究万物生长是否可以不靠太阳。

海底的生物可以完全摆脱太阳能

问：万物生长靠太阳，不能说它不是真理，而是一部分真理，对吗？

孟亮：对，它是部分的，但不是所有生物都必须去遵从的真理。像海底的生物就可以完全摆脱太阳能。首先，海水 200 米以下就没有光了，不能直接利用太阳能，它基本可以摆脱表层沉降的物质，完全利用底部喷发的化学能，以及在黑暗条件下，利用这些微生物自身进化出的能力，把难降解的有机物跟大量的无机物进行化学反应，变成可以被利用的有机物。

把地球上所有的物种都进行数字化解读

问：您怎么看汪老师提出来的“登峰探极、高深可测”？

孟亮：登峰探极就是不断探索极限，攀登一座座科研高峰。当把一些科学问题解释清楚之后，我们就会看到很多应用场景，高深可测也是我们的底气，我们有能力把地球上所有的物种都进行数字化解读，去理解它们的生态、功能。

希望最终能构建出整个地球的生命之树

问：听说华大本身就有一个解读地球上所有生物的地球生物周期表计划。

孟亮：是的。每当我们解读了一个基因组，其实都是为这个周期表画上了一笔，我们希望最终能构建出整个地球的生命之树，它的根部应该就是生命的起点吧。

这次科考经过了两年时间筹备

问：请讲一讲这次深海科考的筹备过程。

孟亮：这次科考最初的想法大概来自两年前从马里亚纳海沟回来后，丁抗老师跟汪建老师的一次交流。丁老师提到在冷泉上方总能发现大型鱼群的存在，这是否说明存在一种地底化学能向上传递的过程？

所以当时是基于这么一个现象有了下次科考的想法，包括备用调研以及各种设备的测试，用了两年时间筹备。整个航次的筹备，确实会遇到很多不可抗力的影响，也总算是功夫不负有心人，经过了两年筹备，整个科考计划成形。尤其丁老师、汪老师、肖老师，他们能够共同参加这个航次，在船上又有了新的思想火花的碰撞，也为我们未来怎么利用这次科考的样本，提供了很好的指示和建议。

热液的生态环境可能有更多的宝藏

问：从海洋生态系统来讲，我们去了深渊，这次又到了冷泉，还有一个地方没去，下一步是不是要去？

孟亮：对的，还有一个非常典型的是海底热液，包括这次在船上，丁老师也给我们讲了很多热液的特点，也希望未来去海底热液口进行科考和系统观测。因为热液是一个更为极端的现象，它是海底的，尤其是来自地幔的地热喷发，它的喷发就是直接喷发硫化氢，硫化氢可以为生物所直接利用。所以说热液是一个非常奇特的生态系统，基于我们前面的一些“挖矿”结果，我们认为热液的生态环境可能有更多的宝藏，比如 Cyclone 单分子纳米孔测序仪里用的解旋酶，还有 E25 这种自发光测序仪里用的荧光素酶，都是从热液生境的生物里面挖掘出来的。

考察海底热液，属于远洋航次

问：我们现在已经有抵达热液的能力了吗？

孟亮：有了。因为我们国家海域里是没有热液的，所以如果去热液的话，是一个远洋航次，它的筹备过程要更加长一些。

如果大气不保持恒定，由光合作用生物所产生的新氧气将会过量。如果没有细菌能利用硝酸盐或呼吸氨气来放出气态氮，地球很快就会充满惰性及有毒的气体；一旦天空电闪雷鸣，地球大气等于每分钟都处于点燃的状态，那时候的地球也将不再是生命的好栖地了。在地球上，环境受生命刻凿及监控，而生命也同样由环境制造及影响，两者相辅相成，缺一不可。

——《小宇宙：细菌主演的地球生命史》，[美] 林恩 · 马古利斯、多里昂 · 萨根

科研工作和登峰一样，只有5%的时间在峰顶

——范广益访谈录

研究员，中国科学院大学生命科学学院研究生导师，深圳市海外高层次人才，青岛华大基因研究院院长。

自2010年7月加入华大生命科学研究院以来，一直致力于比较基因组学和生物信息学领域的研究，主导发起“万种鱼类基因组学”“万种软体动物基因组学”和“全球海洋微生物基因组学”等基因组研究计划，推动了相关领域的研究进展。主编并发布了年度海洋生物基因组学研究进展报告《海洋生物基因组学白皮书》。截至2023年年底，在《自然》《科学》《细胞》等国际知名学术刊物上发表科学论文140余篇，其中以第一作者或通讯作者（含共同）发表论文40余篇，论文累计被引用次数13000余次，H因子45。担任国际知名学术杂志审稿人，积极参与学术交流与合作。2021 年作为负责人获得国家自然科学基金面上项目资助，累计主持 / 参加国家、省市基金项目 10 余项。受邀成为中国海洋发展研究会海洋生物技术分会执行主任、中国海洋工程咨询协会深海技术与工程分会委员。

导言　生命科学的研究是永无止境的

范广益在 2010 年大学毕业后便加入了华大，从最初从事植物研究，到动物研究，再到在海洋生物研究领域持续取得重磅突破，他坦言自己其实也曾有过迷茫，但在华大提供的平台上，一步一步找到了自己热衷的研究方向，并坚定要在这条路上一直走下去。

对于华大集团 25 年来走过的发展道路，他认为，这条道路是波浪式、螺旋式上升的，而这正是其不断追求创新和突破进步的生动写照。“这条路是很曲折的，中间也经历过几次危机，但因为自身一直在进步，所以它就算跌到某一个谷，也是比前一个峰值要高的。”

华大集团的目标、使命——“基因科技造福人类”，在范广益眼里曾是一句空话，但随着实际工作的开展，他发现，原来自己所从事的工作真的可以造福人类！不管是鱼类的育种研究，还是海洋微生物领域的研究，都能切实地服务于人类生活与健康。

2016 年，范广益等 20 余人来到青岛华大，立志要将这里建设为华大的北方中心。目前，范广益带领着 100 余人的华大生命科学研究院青岛分院团队，建成了全球最大海洋基因库，陆续启动了“万种鱼类基因组学”“全球海洋微生物基因组学”等大科学计划，于近两年内发表了南极磷虾基因组研究（2023 年 3 月发表于国际顶级学术期刊《细胞》）、海洋微生物基因数据库（2024 年 9 月发表于国际顶级学术期刊《自然》）等重要成果。

范广益加入华大开展科研工作已有 14 年时间，他坚信，生命科学的研究是永无止境的。在他看来，尽管人类对生命的了解还只是冰山一角，但这也正是科研工作的魅力所在。恰如珠峰攀登，科研工作者在探索未知时也会遇到很多的困难，“也许有 95% 的时间都处在非常难过的阶段……最终也只有5%的时间是研究结果出来了，很兴奋，兴奋一段时间又进入下一个纠结郁闷的状态，像越过一座一座的山峰去克服一个又一个的难题"。

中国学者在全球性海洋微生物研究领域取得了一个突破

问：2024年9月4日，华大联合国内外机构在国际顶级期刊《自然》上发表了一项重磅研究成果，构建了迄今为止最完整的海洋微生物基因数据库。可否请您介绍该研究取得的重点突破及未来影响？

范广益：2015年，国际组织Tara Ocean在《科学》上发表了一个全球海洋微生物的专辑研究成果，从那之后到2024年为止，长达9年的时间里，CNS主刊上只发过4篇全球性的海洋微生物组学研究成果，而且那些科研论文都没有中国的作者。而我们这一次发表的文章，相当于是中国的学者在全球性海洋微生物研究领域取得了一个突破。

另外，我们构建的数据库是迄今为止最完整的海洋微生物基因数据库，跨越了从2009年到2023年的时间，大概240Tb数据，构建了超4.31万个海洋微生物基因组和24.58亿个基因序列的海洋微生物组，包含从南极到北极、从近海到深远海、从表层海洋到万米超深渊等多样化的海洋生境。这个数据库是已报道海洋基因组数据库Tara Ocean的3倍、蛋白序列库的60倍。除了构建这个数据库，我们还解析了全球海洋微生物群落的生物地理分布规律，为生命的起源和生命的演化提供了很重要的证据。

此外，我们也基于微生物基因组数据库做了3个应用示范。第一个是鉴定出了新型CRISPR-Cas9基因编辑系统，将助力我们在基因编辑工具使用上具有更多独立性和选择。第二个是利用人工智能算法找到了117个新型抗菌肽，为抗菌药物的研发提供了另一个选择。基于该发现，华大和香港理工大学成立了一个海洋生物资源开发联合创新中心，来进一步深入生物医药的开发。第三块内容是海洋源 PET 塑料降解酶的挖掘。我们发现了 2000 余个 PET 塑料降解酶序列，并实验验证了来自深渊、热液等特殊海洋生境的 PET 塑料降解酶可以在 3 天内把塑料膜降解掉 83%，效率是以往发现的酶的 41 倍。

所以这个海洋微生物基因数据库，不仅仅是一些生态和生物学的解释，而且提供了 3 个很有代表性的热点应用。《自然》杂志编辑也邀请了领域内两位“大牛”科学家为这篇研究写了评论，说我们的工作基于这种大规模宏基因组的数据，做到高通量的精准挖掘和应用，引领海洋微生物研究领域的一个新潮流，结合传统和现代的方法，拓展了微生物研究的边界。

一个月下载量近 30 万

问：这一次搭建的数据库，对于后续国内国外海洋微生物研究整个领域来说，是不是相当于给所有人都提供了一个更完整、更深层次的工具？

范广益：是的，我们的数据库在 9 月 5 日正式公布，到目前一个月左右的时间，在国家基因库的下载量近 30 万。这样高的下载量，意味着该数据库为全球的生命科学研究、工业应用和生物医药开发等多领域提供了宝贵的基因资源。

在海洋科考和样本采集方面，华大会主动出击

问：您认为华大开展海洋领域研究具备什么优势？

范广益：在海洋科考和样本采集方面，华大会主动出击，从汪老师 2021 年去了马里亚纳海沟科考以后，每一年我们都会参与国家海洋科考航次，主动去采集一些海洋样本。另外我们在全球范围内有很紧密的合作网络，比如海洋科研院所的伙伴，他们也会给我们提供一些样本。

此外，华大具备自主可控的技术平台，有着强大的生物信息学分析能

力和计算平台，依托华大的平台优势，将开创一个新的生命科学研究方式：以理论推测为出发点，再回归实验中验证理论假设。通过干湿循环实验，提高 AI 预测模型的精度，为湿实验提供了高参考价值的假设，实现了两者之间的良性迭代加速。

除了关注微生物研究，大生物方面也做了不少研究

问：像您刚刚提到的海洋微生物这项研究，它就已经涉及了珠峰、深渊这些极端环境，能否谈谈您在"四极挖矿"领域已有的研究和发现？目前是否正在开展"四极"领域相关的科研工作？

范广益：除了关注微生物研究，大生物方面我们也做了不少的研究，包括深渊钩虾、深海珊瑚、南极磷虾等。比如南极磷虾，它是南极圈生态链中最关键的物种，它的基因组研究具有很重要的生态学、渔业资源和生物医药价值。同时，它的基因组是当时动物中最大的，对基因组组装技术手段的要求非常高，这也是项目研究中最具挑战性的事情。

目前华大在研究的"四极"项目，一个是深海冷泉、热液等特殊生态系统的独特生命过程解析和模拟，另一个是汪老师这次登珠峰的科研项目。我们想探究珠峰来源的微生物跟深渊沉积物来源的微生物是否存在着某种联系。

极端环境下的样本，并不是所有科研人员都能获取的

问：华大为什么要开展"四极挖矿"项目？您认为"四极"科研对推动生命科学的发展，有着怎样的意义？

范广益：想找到新型酶或者生物医药化合物等，就要去极端环境，这是领域内的共识。比如酶，其实国际上工业酶的巨头公司，他们基本上把陆地环境能采到的样本都挖掘完了，但是去深渊、去极地，必须有比较专业的工具和仪器，比如深潜器和破冰船。

华大科研人员搭乘"奋斗者"号潜水器下马里亚纳海沟之前，国际上

只下去过 4 次。换句话说，这种极端环境下的样本，并不是所有科研人员都能获取的。

这些基因资源能为生命科学领域提供什么助力呢？举个例子，华大序风刚发布的 Cyclone 单分子纳米孔测序仪，就用到了深海来源的孔蛋白和解旋酶。这就是为什么我们要去极端环境“挖矿”，因为能够为测序仪以及其他生命科学研究的设备获取相应的新发现，来提升它的性能或开发新的产品。

95% 的时间都处在非常难过的阶段

问：您认为登峰精神在“四极”科研工作中，有着怎样的体现？

范广益：首先登峰是一件非常难的事情，会遇到很多的困难，也许有 95% 的时间都处在非常难过的阶段，只有 5% 的时间处在你自己很“嗨”的一个状态。汪老师他们在珠峰山顶上待了 2 个小时，但他们筹备了一两年时间。我们做科研，其实也是大部分的时间都在埋头设计项目或在郁闷地处理问题，最终也只有 5% 的时间是研究结果出来了，很兴奋，兴奋一段时间又进入下一个纠结郁闷的状态，像越过一座一座的山峰去克服一个又一个的难题。

所以登峰精神，我认为就是不断地去挑战自我，不断地去克服自然环境带来的压力和调整自己的心理状态。途中有很多时候你可能就想歇一会儿，一旦停下就不想上去了。

“高”和“深”的可测，是一项综合的、系统的研究

问：珠峰脚下的科研交流会提出“高深可测”，您怎么理解？

范广益：从 8848.86 米高的珠峰，到海底 10909 米的马里亚纳海沟，一方面是这个高度和深度是可以测量的，另一方面是我们可以测序这些环境的生物，不仅仅是微生物，人类到了这些极端环境后有不同的生理生化指标，也是可以测的。

珠峰科研交流会邀请了不同领域的学者来交流，有做生物的，有做地质的，也有做物理化学的，可以看出这个"高"和"深"的可测，是一项综合的、系统的研究。

只要是有核酸的，我们都要测

问：继"高深可测"后，华大在2024年9月9日25岁生日之际举办的全球生命科学发布会上提出"生命可测"，表达了华大人怎样的认知？怎样才能更好地理解？

范广益：华大联合发起了一个项目，叫地球生物基因组计划（EBP），就是地球上所有已知的生命，只要它是有核酸的，我们都要测，以此来更全面地了解地球生命的起源、物种间关系和演化规律。其中有很多生物都是没见过的，我们希望开发基于大量物种的基因组序列、蛋白结构、单细胞等多模态数据的人工智能算法，来解决深海和极地等领域的生物多样性调查"缺项"和以生物形态及繁殖特征为依据的生物分类法"失效"等问题。

生命科学的研究永无止境，当前只是一个开端而已

问：自然山体的攀登可以登峰造极，那么科学上可能"登峰造极"吗？为什么？

范广益：科学上不能实现。比如说我们做生物研究，现在我们对生命体了解了多少？我认为刚刚开始。

就拿我们人类来说，算是被研究得最透彻的。我们现在大部分聚焦在基因上，但基因序列只占了全基因组的很少一部分，还有很多的序列我们是不知道有什么功能的。此外，人体的发育、衰老、疾病发生和发展的过程等都是远远没有研究明白的。

而人还只是地球上所有生物中的一个物种，地球上存在生命有35亿年，智人的存在历史放在其中只是一个小点。所以我们目前对于生命的认

知，也只有这么一小点，也就是说，生命科学的研究永无止境，当前只是一个开端而已，这是我个人的看法。

正因为没有止境，才会吸引我们这么多人前赴后继地去“探”

问：汪老师为什么要提出“登峰探极”？

范广益：有这个愿望当然是可以的，但是你能不能真正实现？毕竟它不像登珠峰是一个物理的存在。正如刚刚所说，我觉得生命科学的研究是永无止境的，正因为没有止境，才会吸引我们这么多人前赴后继地去“探”。

这样的珠峰科研行动，是前无古人，估计也是后无来者的事情

问：您怎么看待汪老师二次挑战珠峰的行为？

范广益：汪老师这一次登珠峰跟他第一次是不一样的。整个项目经过了严谨的科学设计和执行，包括在不同纬度、不同时间段，对不同人群采集了人体的各自生理指标和测序数据。所以用他自己的话说，登山是“假”，科研才是真正的目的。这样的珠峰科研行动，是前无古人，估计也是后无来者的事情。

不管做什么研究，都要围绕“基因科技造福人类”的使命

问：如果说有一种华大精神，您认为它的内核是什么？

范广益：华大精神的最大体现，就是提供了一个很宏大的目标，驱使这一帮人前赴后继地为这个目标奋斗。

汪老师清晰地指定了一个方向，不管我们做什么研究，都要围绕“基因科技造福人类”的使命。这个目标很明确，所以即便我们在做海洋领域的研究，最终也是为了造福人类，包括服务人类的生活、工业生产和人类健康。

假如一家机构没有一个像样的大目标，那可能员工做着做着就没后劲

了，机构发展到一定的平台期之后，员工就会思考做这些事情的意义是什么。但如果有一个伟大的使命指引着我们，就会不断驱使自己朝这个目标奋进。

以前我觉得这是一句很空很空的话，后来发现并不是

问：您认为华大集团"基因科技造福人类"的使命，在您所从事的工作中是如何体现的？

范广益：以前我觉得这是一句很空很空的话，后来发现并不是，它真的是可以实现的。比如我们做海洋方向的研究，鱼类育种切实能够帮助很多地区的人们提高日常饮食的营养和丰富度，海洋微生物研究也可以围绕人类健康去贡献一点力量，我们做的每一件事情，真的都是可以实现造福的。

发展道路是波浪式、螺旋式上升的

问：华大因人类基因组计划诞生。25年来，华大在生命科学领域已实现从跟跑到并跑甚至个别领域领跑的跨越。在您看来，华大走过了一条什么样的道路？

范广益：华大的发展道路是波浪式、螺旋式上升的。这条路是很曲折的，中间经历过几次危机，但因为自身一直在进步，所以它就算跌到某一个谷，也是比前一个峰值要高的。某些阶段可能随着外部的封锁，以及我们本身技术的革新、仪器设备的不断进步，会进入一个波浪式上升的发展状态。

不仅仅是技术上的"读""写""存"，还有后面的科学研究和应用场景

问：目前，华大在生命科学领域实现了"读""写""存"工具全贯穿、自主可控，这在中国或全球生命科学领域里意味着什么？

范广益：不仅仅是技术上的“读”“写”“存”，还有后面的科学研究和应用场景。

新的技术、新的仪器设备开发出来以后，我们研究院各个方向的科学研究能够享受前沿技术所带来的红利，解决一些以前由于技术局限性无法解决的科学问题，并且各个研究方向都有非常多的应用场景，而这些应用场景能够反过来继续为我们的产品迭代提供建议。这个产、学、研的模式，是别的机构可能想复制都复制不了的。

最明显的变化是测序成本大幅下降了

问：2024 年是中国参与人类基因组计划 25 周年，作为一名生命科学领域的科研工作者，您认为，这 25 年生命科学领域发生了哪些翻天覆地的变化？

范广益：人类基因组计划到今天，最明显的变化是测序成本大幅下降了，大众的认知度也有所提升了，现在很多人知道基因组是什么。我相信再过 5 到 10 年，人人基因组的普及程度会更高。而一旦实现大规模普及，再结合人工智能、大数据模型算法，将为人类的发育、衰老、疾病研究乃至精准医疗、精准防控等带来极大的飞跃。

随着高通量测序技术的出现，生命科学领域正呈现出很大的发展空间

问：您个人在华大历经了怎样的成长历程？最大的感悟是什么？

范广益：我的本科专业是生物信息学，当时基因组学技术刚刚兴起，我们在学校的时候还看不到生物学或者基因组学有很明确的未来方向。2010 年毕业后加入华大，工作过程中，我才开始真正意识到，随着高通量测序技术的出现，生命科学领域正呈现出很大的发展空间，而当时华大已经在基因组学领域搭建了非常好的平台。

但一开始我其实不知道自己要做什么，中间有一段时间也很迷茫。来

到青岛华大之后，我从植物研究转向海洋领域研究，来到一个全新的领域，发现了一片新的"海洋"，开始慢慢地找到自己的节奏，而且越来越觉得有意思。对我个人来说，华大提供的平台，真的可以让你一步一步找到自己感兴趣的那个点。

在项目里遇到困难，是科研工作者的福分

问：您认为做科学研究最重要的品质是什么？

范广益：其实不是说最重要的品质，而是有一些品质是必须具备的。比如说，做科研不能一遇见困难就撤退。我经常会和大家说，在项目里遇到困难，是科研工作者的福分。如果你做的项目非常顺利就完成了，那是没有价值的项目。但如果遇到一个科学问题，你能把它解决了，这才能体现出你的价值和这个成果的价值。

每天心里就想着我们要对得起这个名字

问：您认为青岛华大能够取得系列发展成果的原因是什么？

范广益：一个很重要的原因是定调，就是目标的设置。比如"基因科技造福人类"，就是汪老师给华大定的调。2017 年年初我们刚来青岛华大的时候，只有 20 个人，但园区门口贴着很宏大的名字——华大基因北方中心。我当时心想这是哪来的勇气，人、钱、资源什么都没有，怎么称得上"北方中心"？但我们每天上下班都能看到，每天心里就想着我们要对得起这个名字。庆幸的是，现在我们真的把这里建成了华大集团的北方中心，我们有 86 亩地，建成了全球最大的海洋基因库、首个时空组学交付中心、全球最大的通量基因测序仪研发生产基地。

希望能够把生物学、基因科技推广到各个领域

问：在人才培养方面，您有什么心得体会可以分享？

范广益：华大一贯的培养模式是"以项目带人才"，给年轻人提供了

一个很好的平台，让他们通过项目实践掌握发现问题、解决问题的技能。

目前，青岛华大园区有 600 多人，从 2017 年起招聘的大部分是应届毕业的硕士生、博士生。他们加入华大之后，前期的适应性培训我们会比较严格，从他们以往学习的实验到生物学分析都会有非常系统的培训。我记得曾经有一个同学评价说，“我在华大一个月学习的生物信息学，相当于在学校里学了三年的知识”。

而对于华大与高校联合培养的学生，我一直提倡的是希望大家在华大学习实践期间，充分发挥自己的长处，以后不管是继续学习深造、到学校培育人才，还是去企业工作，都能够为这个行业拓展更多的方向，把生物学、基因科技推广到各个领域。

千万年以后，如果我们的子孙后代最终弄清了生命的全部秘密，生命的起源最终得到了破解，大脑也已经被充分解读，而其中的秘密也至少被部分揭示，我怀疑生命创造的奇迹仍然不会变少。生命如何运作，仍将是智力上的挑战；而生命能够如此运作，仍将被视为奇迹。

——《生命是宇宙的偶然吗》，[美]罗伊·古尔德

附　件
华大集团公众号“高深可测”系列文章

刚刚，华大联合创始人、董事长汪建带队登顶珠峰！

2024 年 5 月 21 日 10 时 28 分，华大集团联合创始人、董事长汪建带领华大登山队从北坡成功登顶珠穆朗玛峰，并传回了全球首份来自世界之巅的超声图与脑电数据。这也是 70 岁的汪建第二次登顶珠峰，刷新了中国登顶珠峰最年长者纪录。

本次攀登珠峰以科学探索为目的，旨在开创性产出高海拔科研数据，

汪建（中）带队成功登顶珠峰

深入解析人体在极高海拔地区的适应性生理机制，为未来的科学和产业发展带来新的突破和启发。

高海拔"珠峰实验室"支撑前沿科学探索

2024 年 4 月 18 日，华大登山队抵达日喀则珠峰大本营，正式开启本次珠峰科研计划。在高原适应性训练和攀登过程中，华大登山队员持续监测和采集了从 0 米到 8848.86 米不同海拔下核心队员的生理指标、脑认知、眼动、眼底、运动机能、心肺超声等多维表型数据，获得了基因组、蛋白质组、代谢组、影像组及细胞组等多组学数据。

依托华大自主研发的核心工具，以及在脑科学、眼科学、高原医学、运动医学等领域已取得的成果，华大将利用本次科研计划获得的数据，来助力构建高原人体健康生命大模型。据汪建介绍："2010 年，我们基于生命中心法则，发现了高原适应性基因 *EPAS1*；这一次，我们转向了时空法则，希望能从时间与空间维度，进一步深化对遗传与环境协同作用的理解。"

为更好地完成本次珠峰科研计划，华大在海拔 5200 米的"珠峰实验室"部署了一系列自主研发的"黑科技"，及时响应检测需求与科研任务。

"珠峰实验室"部署了一系列华大自主研发的"黑科技"

华大智造基因测序仪 DNBSEQ-G99、DNBSEQ-E25 以及无线掌上超声等多款"硬

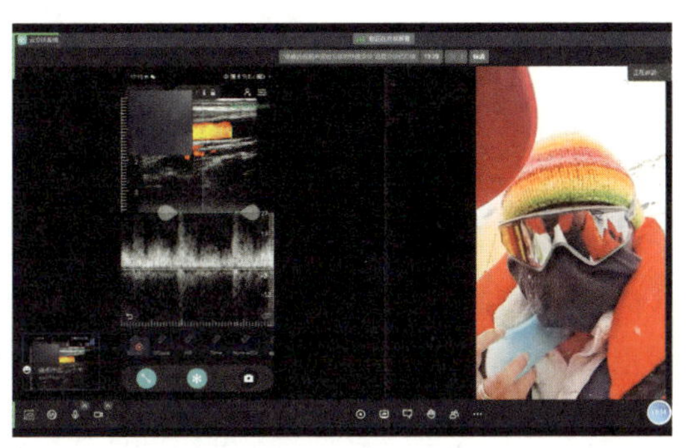

登山队员使用无线掌上超声进行远程会诊

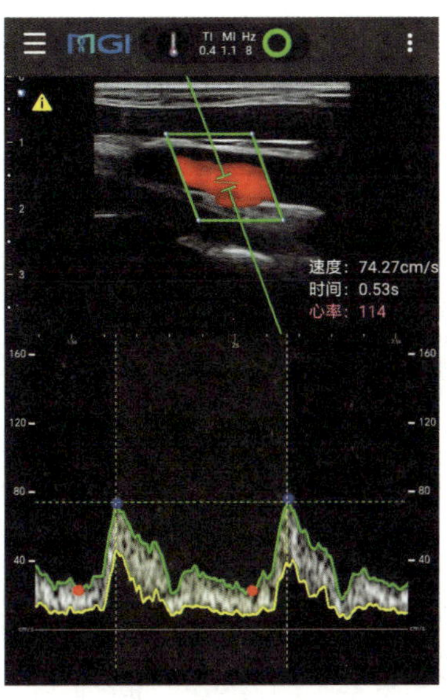

在珠峰顶实时获取的颈动脉超声扫查图像

核”设备均在“珠峰实验室”完成了高海拔性能验证，各项数据指标表现良好，刷新了最高海拔运行纪录。这也表明，这些设备未来可为高海拔等极端环境下的多组学研究提供有力工具支撑，助力高原环境监测和高原医学发展。

其中，华大智造无线掌上超声自带远程会诊功能。在海拔 8300 米的营地，华大登山队员使用该设备完成了与远在 4000 公里外的北京医院超声科主任、2500 公里外的四川阿坝临床医生以及 4000 公里外的深圳团队的连线，成功实现会诊，并对登山队员进行了颈动脉实时超声扫查，以探索颈动脉血流动力学在极高海拔地区的影响。

值得一提的是，华大智造无线掌上超声还随队登顶珠峰，在峰顶实时获取了登顶队员的颈动脉超声扫查图像，这也是全球首张诞生于世界之巅的超声图。同样令人振奋的是，本次在世界之巅首次被记录下来的，还有登山队员的静息态脑电数据。

1975 年 5 月，全球首位从北坡登顶珠峰的女登山家潘多，从峰顶传回世界上第一份心电遥测图。近 50 年后的今天，华大登山队从峰顶传回了第一份超声图和脑电数据，希望以更多维度的数据，探究人在高原适应过程和极限攀登前后的生理状态变化。

"三四极"贯穿　解答生命终极问题

在南极、北极之外，青藏高原与马里亚纳海沟分别被称为地球"第三极"和"第四极"。贯穿地球"三四极"的科学探索，将有助于回答有关生命起源和极端环境适应的科学问题。

早在 2010 年 5 月，汪建等从南坡登顶珠峰。那一年，华大科研团队揭示了人类适应高原环境的秘密——*EPAS1* 基因突变。这项研究阐明了人类基因组在极端环境下的适应性选择，为高原缺氧性疾病的预测、预防和治疗提供了新的方向。

2021 年，汪建等随"奋斗者"号深潜器下潜至马里亚纳海沟万米深渊科考，以基因科技为海洋科学探索打开了一个新的窗口，加速了探寻生命起源、解开生命之谜的进程。

而在最近这一年间，华大登山队又先后完成了 5 座不同海拔雪山的攀登，成功收集了海拔 5025 米的四姑娘山、海拔 6178 米的玉珠峰、海拔 7546 米的慕士塔格峰、海拔 8201 米的卓奥友峰及本次海拔 8848.86 米的珠峰的相关科研数据，并从登山运动免疫反应、代谢与能量变化、血液多组学变化、皮肤微生物变化、菌群适应性及高原病等多方面开展了系列研究。

对于本次华大珠峰科研计划的目标，汪建表示："我们组织了一支跨学科的队伍，把更多的仪器设备搬到更高的海拔上来，探讨人类在极限条件下的生理机制等科学问题，希望能够对生命起源、物种演化、气候变化、地外生命等重大问题提出建设性的意见，为未来的科学发展作出贡献。"

珠穆朗玛峰从古海洋变成世界最高峰，其独特的地质、生态，以及在

华大登山队员旦增旺姆在海拔 8300 米高度使用无线掌上超声进行远程监测。这款“掌超”自带远程会诊功能，在海拔 8300 米的营地，华大登山队员使用它完成了与北京、四川阿坝藏族羌族自治州、广东深圳三地团队的联系，成功实现远程会诊

生命起源、人类适应等方面相关的科学问题仍亟待探索。

生命不息，探索不止。在汪建的带领下，一群平均年龄仅 30 岁的青年人，组成了本次珠峰科研计划的核心团队。在攀登珠峰的背后，是华大和华大人在科研和技术上不畏挑战、开拓创新的精神体现；而在科学高峰面前，华大也将持续发挥自身力量，以永不止步的探索，揭开生命科学的精彩奥秘。

不爱实验室爱珠峰？
揭秘华大科学家们的“另类”探险

谁说科学家就只能待在满是瓶瓶罐罐的实验室里埋头苦干？华大这群以探究生命奥秘为己任的“不安分”的科学家，偏偏爱上了户外“实验室”——高山之巅、雪山之巅。

2024 年 5 月 21 日，70 岁的汪建再次带队登顶珠穆朗玛峰，还把科研的触角延伸到了世界之巅！

登山，他们是认真的！

翻开华大人的登山史，你会发现：世界第一高峰珠穆朗玛峰，海拔 8000 米以上的卓奥友峰、希夏邦马峰，号称“冰山之父”、海拔 7000 多米的慕士塔格峰……这些很多人可望而不可即的

汪建带队成功登顶珠峰

雪山，都是他们的挑战目标。

挑战生命极限，谱写精彩人生。据统计，截至 2024 年 5 月，华大人累计登顶珠穆朗玛峰 10 人，卓奥友峰 9 人，希夏邦马峰 2 人，慕士塔格峰 12 人，玉珠峰 24 人，洛堆峰 19 人，四姑娘山大峰 23 人……妥妥一支“登山梦之队”！

“三好”文化：华大人的动力源泉

为什么华大人如此热爱登山？这和他们的“三好”文化——身体好、学习好、工作好密不可分。汪老师说了，身体是革命的本钱，只有身体好，才能更好地学习和工作。

所以，华大鼓励各种运动，办公楼里的健身房、站立办公区、万米跑道、空中吊环等应有尽有，还有各种运动社团，篮球、足球、羽毛球、舞

华大时空中心楼梯局部

华大时空中心楼梯内部

蹈……每年 9 月 9 日，华大人还会举办“九九健康节”，用长距离徒步等各种运动方式为华大庆生，场面那叫一个热闹！

科学探险：不止于攀登

对华大人来说，每一次登顶，不仅是对体能的挑战，更是对科学未知的探索。珠穆朗玛峰地区在远古时期曾是一片海洋，沧海桑田，如今成为世界最高峰，这里的生命演化与深海有何不同？高原环境对人类健康、农业发展有何影响？这些都是亟待解决的科学问题。

早在 14 年前，汪建就曾登顶珠峰。也是在那一年，华大科研团队揭示了人类适应高原环境的秘密——*EPAS1* 基因突变，这种突变可以阻止血红蛋白浓度过度升高，从而降低了高原病的发生风险。这项研究阐明了人类基因组在极端环境下的适应性变化，为高原缺氧性疾病的预测、预防和治疗提供了新的方向。相关科研成果发表于国际顶级学术期刊

2010 年 5 月，汪建和王石成功登顶珠峰

2010 年 7 月 2 日，华大科研团队揭示了人类适应高原环境的秘密——*EPAS1* 基因突变，相关研究在《科学》杂志发表

nature

Explore content ∨　About the journal ∨　Publish with us ∨

nature > letters > article

Letter | Published: 02 July 2014

Altitude adaptation in Tibetans caused by introgression of Denisovan-like DNA

Emilia Huerta-Sánchez, Xin Jin, Asan, Zhuoma Bianba, Benjamin M. Peter, Nicolas Vinckenbosch, Yu Liang, Xin Yi, Mingze He, Mehmet Somel, Peixiang Ni, Bo Wang, Xiaohua Ou, Huasang, Jiangbai Luosang, Zha Xi Ping Cuo, Kui Li, Guoyi Gao, Ye Yin, Wei Wang, Xiuqing Zhang, Xun Xu, Huanming Yang, Yingrui Li, Jian Wang, Jun Wang & Rasmus Nielsen　— Show fewer authors

Nature 512, 194–197 (2014) | Cite this article

60k Accesses | 614 Citations | 1047 Altmetric | Metrics

2014 年 7 月 2 日，华大科研团队在《自然》杂志上发表了关于藏族人高原适应性的研究成果

《科学》。

不仅如此，2014 年，华大参与的另一项发表在《自然》上的研究成果，揭示了丹尼索瓦人基因渗入可能帮助当地人更快适应高原环境的特殊机制。研究发现，*EPAS1* 基因单体型结构与已灭绝的丹尼索瓦人高度相似，这表明古代基因交流可能在人类适应极端环境中发挥了重要作用。

此外，华大还参与了青稞、藏羚羊、牦牛等高原动植物的基因组研究，为揭示物种对极端高原环境的适应机制作出了重要贡献。这些研究成果不仅有助于我们理解生命的多样性和适应性，也为高原生态保护和生物资源利用提供了科学依据。

生命至上，从我做起。2024 年，华大再次来到珠峰，这一次，华大带来了基因测序仪 DNBSEQ-G99 和 DNBSEQ-E25、无线掌上超声等先进的仪器设备，对登山队员在高原适应性训练和攀登过程中的生理指标、脑认知、眼动、眼底、运动机能、心肺超声等多维表型数据进行持续监测，获得了基因组、蛋白质组、代谢组、影像组及细胞组等多组学数据，助力构建高原人体健康生命大模型，希望在时空背景下，进一步深化对遗传与环境协同作用的理解。

从深海到高峰，探索生命起源与演化

宇宙演化、意识本质、物质结构、生命起源……都是亟待探索和破解的前沿课题。

徐讯（左）、汪建（中）、刘姗姗（右）随“奋斗者”号下潜至万米深渊进行科考作业

拓展认识自然的边界，开辟新的认知疆域。除了攀登高峰，华大的科学探险家们还深潜海底，探索地球最深处的生命形态和生态变迁。

2021 年，华大汪建、徐讯、刘姗姗跟随“奋斗者”号下潜至万米深渊，在马里亚纳海沟“挑战者深渊”最深区域进行科考作业。这是目前已知的海洋最深处，也被称为“地球第四极”（另三极为北极、南极和“高极”青藏高原）。

汪建也因此成为中国首位完成地球南、北极区考察，登顶世界最高峰珠穆朗玛峰以及下潜至全球海域最深处开展万米科考的科学家，也是全球创造这一纪录的最年长者。

这一次深潜，华大人采集了沉积物的样本、水体样本，以及海葵、海参等生物进行研究，获得许多新发现。大海是地球生命的摇篮，在人类探寻生命起源、探讨生命演化的道路上，又增加了中国科学家作出的新贡献。

攀登精神：永不止步的探索

无尽的前沿，无尽的探索。从万米深渊的海洋最深处，到 8848.86 米的世界最高峰，华大的科学探险家们对生命科学的探索永不止步。他们勇于挑战、不断探索的“攀登精神”，不仅体现在登山运动中，更贯穿于他们的科研工作中——不断挑战科研难题，探索生命奥秘，为人类健康事业贡献力量。

所以，下次再看到华大的“登山狂魔”们，可别忘了给他们点个赞！他们是真正的“极限”科学家，用脚步丈量着世界的高度，用科研探索着生命的长度。

回到珠峰大本营！他们靠啥“秘密武器”助力打破纪录

刚刚，华大登山队全员均已在登顶珠峰后，顺利返回至海拔 5200 米的珠峰大本营，完成本次华大珠峰科研计划的阶段性任务。

这一次，70 岁的汪建率队从海拔 0 米一路走到世界之巅，不仅刷新了中国登顶珠峰最年长者纪录，也获得了大量的科研数据，将有助于人类进一步探索生命的奥秘。

了解华大的朋友们都知道，华大有着浓厚的攀登氛围，既要攀登生命

华大登山队顺利返回珠峰大本营（右二：汪建）

科学的高峰，也要攀登现实的高峰。攀登雪山其实是一个收获的过程，除了收获壮丽的风景和更加强大的自己，还有那些只有在高原才能学到的知识和顿悟的道理。

比如：“在高原需要学会主动呼吸”“在平地和冰川上走路，就像穿裤子和裙子走路，是不一样的”“攀登雪山，不谈征服，只谈自胜”“攀登是上和下的两个过程，上山需要分配 1/3 的体力，更多的 2/3 的体力需要留给安全下撤”，等等。

如果你咨询登顶雪山的朋友，他们一定会不厌其烦地分享高反有多折磨人，因为这样才能显得登顶有多么的不易。至于那些因为各种身体原因没有登顶的朋友，你也应该相信高反真的会击溃一个人的心理防线。

前几天，华大集团 CEO 尹烨在直播中介绍了两件高原利器，一件是华大营养专门为高原环境研发的优美达益生菌，另一件就是华大集团旗下华大运动的岁隆氧气。有很多小伙伴咨询氧气瓶的问题，今天就给大家介绍一下我们的岁隆氧气。

为什么做岁隆氧气

“岁隆”是藏语“གསོ་རླུང”的音译，即氧气。以氧气之名，赓续造福人类的梦想。

有小伙伴要问了，氧气瓶和造福人类有什么关系？

一方面，对于很多普通人来说，高海拔用氧是一种刚需。我们知道在通常情况下，大气压约为 100 千帕，其中氧气的体积分数为 21%，氮气为 78%，故氧气的分压约为 100 千帕 ×21% = 21 千帕。当吸入气体的氧分压低于 16 千帕时，就会出现缺氧症状，人变得行动迟钝。低于 6 千帕，会开始失去知觉，乃至死亡。

因此在高海拔地区的持续性缺氧会对身体特别是大脑神经系统造成很大伤害。对于长期生活在低海拔地区的人来说，在高原地区患缺氧性疾病的概率会大大提高，因此吸氧显得尤为重要。

岁隆氧气

并且在高海拔地区不应有了缺氧反应才吸氧，即使适应了缺氧环境，由于本能，氧气的缺失会启动人体的应激程序，适应缺氧环境的过程其实是人体开启低氧模式的过程，会造成肌肉流失、神经元休眠甚至死亡、代谢下降等副作用，本质是人体为了减少氧气消耗，而主动地去抛弃这些“用氧大户”（肌肉、神经元等），因此即使没有缺氧症状，在高原环境下也应主动补充氧气摄入。

另一方面，在高海拔攀登领域，面向登山爱好者的高端氧气瓶产品中，国外进口的氧气瓶占据垄断地位，几乎没有国产品牌的身影。

摆脱“卡脖子”的局面，通过氧气产品让更多的科研活动进入更高海拔的地区，让高海拔登山者更安全地挑战极限，让更多老百姓能够更舒适地接近高原、了解高原，这何尝不是造福人类的一种方式呢？

高海拔利器“利”在哪里

小型氧气调节阀

岁隆氧气使用业内领先一体化小型氧气调节阀，多级氧气流量精确调节，满足不同人群和不同活动需求，自主研发核心压力密封垫片，经受10万次高温高压/低温低压（−45 ℃～50 ℃/0.36大气压～300大气压）老化疲劳试验后依然能正常工作，确保任何场景下的安全、正常供氧；配备夜光压力表，在黑暗环境也可安心使用。

碳纤维超轻氧气瓶体

采用航空专用碳纤维缠绕氧气瓶体，实现产品极致的轻量化，2L瓶体重量为1.25kg，充气后重约1.9kg，是目前市场相同容量下最轻的氧气瓶。

使用岁隆氧气不用担忧重量，随身携带，畅游高海拔地区。

大容量、长续航

对比喷雾式氧气罐，按照氧气容量计算，2L的岁隆氧气至多相当于40罐喷雾式氧气罐，1罐更比40罐强。

多款式、多场景

岁隆氧气拥有容量0.5L、0.8L、1.1L、2L、4L的瓶身，经过科研人员用心研发，氧气瓶已经成功应用在华大登山队攀登玉珠峰（6178米）、慕士塔格峰（7546米）、珠穆朗玛峰（8848.86米）等高海拔科研活动中，保证了登山人员及科研人员的氧气供应，同时小瓶身的气瓶满足高海拔旅游使用场景。

岁隆氧气保障华大登山队员攀登珠峰

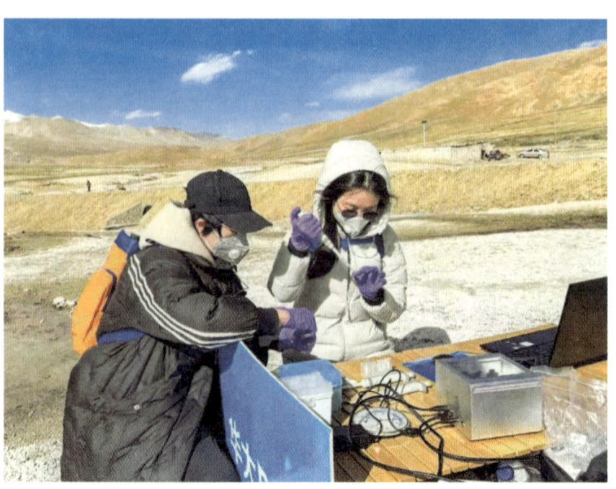

岁隆氧气助力高海拔科研

1.1L 氧气瓶（左）及 4L 氧气瓶（右）

氧气专家，全城“在线”

目前岁隆氧气支持配送服务，配送范围覆盖西藏拉萨市区，足不出户，1 小时内将氧气送至需求地址，小程序订购更加方便快捷。

同时在西藏羊湖、纳木措湖、日喀则、珠峰大本营、冈仁波齐转山等主要景点都设有网点。岁隆氧气不只是产品，也将为用户提供全面优质的服务，更多网点也在持续更新中。

生命不息、创新不止。岁隆氧气致力于为高海拔地区用户提供安全、便捷的用氧体验，让更多的科研项目安全地在高海拔地区开展，让更多人能够接近、了解高海拔地区，让高端氧气科技惠及人人。

刷新中国登顶珠峰最年长者纪录，70 岁的汪建如何做到？

2024 年 5 月 21 日，华大集团联合创始人、董事长汪建带领华大登山队从北坡成功登顶珠穆朗玛峰，刷新中国登顶珠峰最年长者纪录！

其实早在 2010 年，汪建就已从南坡登顶珠峰。而 70 岁再度挑战，并非一个鲁莽的决定。经过前期科学的训练与部署，并以生理、生化、分子等数据为支持，在充分了解自己身体状况的前提下，汪建完成了这次“极限挑战”。

阶段一：科学筹备

2022 年 8 月，68 岁的汪建曾率队驰援日喀则抗击新冠肺炎疫情，其间，他去了北坡的珠峰大本营。2023 年 8 月，正好时隔一年，他开始将“70 岁再次挑战珠峰”的想法提上日程。

身体素质的全面提升，要从日常通勤抓起。平时工作，汪建会在背包中放置总重量达 20 多公斤的铁块和水，从家中走到华大时空中心。到达时空中心大楼后，他也不会乘坐电梯，而是选择负重爬上位于 9 楼的卡座。

周末，汪建会尽可能抽出时间与计划攀登珠峰的队员们一起登山、一起进行体能训练，一天下来，净爬升可达 2000 米。七娘山、梅沙尖、梧桐山……深圳的一些山头留下了汪建和队员的足迹，在登山途中，他还会带头捡拾垃圾，清洁山野，践行公益。就算在外出差，登山训练也不会因此中断，他会选择当地的山头，继续攀登。

平日忙碌的工作，让汪建无法频繁地去高原做适应性训练。没有条件，就创造条件！在时空中心，他会利用华大智造的低压氧舱让身体适应高原低压、低氧的环境，通过调节氧气含量，模拟不同海拔。

他还在氧舱中使用器械，辅助缩短高原的适应周期，而在其中的停留

2023 年 12 月 6 日梅沙尖拉练

2023 年 11 月 12 日梧桐山攀登训练，汪建下山途中捡拾垃圾

2023 年 9 月 17 日汪建于低压氧舱进行高原适应性训练

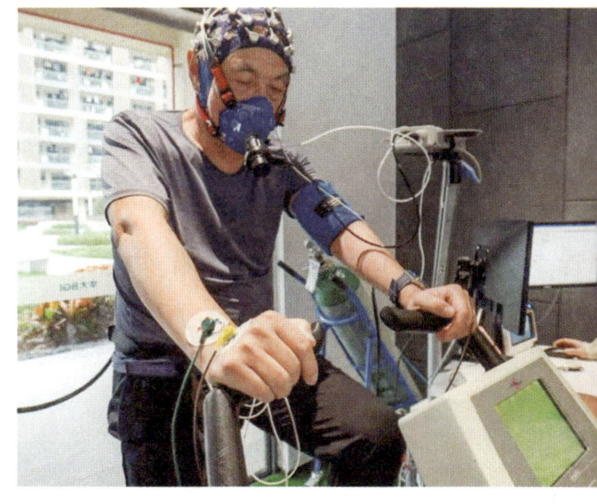

2024 年 3 月 18 日汪建于时空中心健身房进行体能测试

时间，也能让他更了解自己对缺氧的耐受情况。

此外，汪建还会不定期进行最大摄氧量测试，了解身体在最大强度运动时，每分钟所能摄取和利用的最大氧气量。

其中，心肺功能运动试验（CPET）是此类测试的代表。测试时，汪建会在跑步机或脚踏车上进行递增负荷运动，并测量呼出的氧气和二氧化碳，直至达到最大摄氧量，以此了解身体的总体机能。同时，汪建也会在运动中一并检测心率、血氧、脑电、心电等生理指标。

这一系列"见缝插针"的科学训练与指标检测，帮助忙碌的汪建在较短时间内全面提升了身体综合机能，并在低海拔地区实现对高海拔环境的"预演"，让身体提前得到了适应。

阶段二：在地适应与冲顶

第一阶段的训练告一段落后，2024 年 4 月 10 日，汪建结束在日本的工作后，直接从日本飞往了滇藏线的起点——云南大理。

从大理开始，汪建和队员们沿着 219 国道和 318 国道驶向拉萨，再到日喀则。4 月 19 日，历时 9 天，一行人从约 900 米的高度上升到了 5200 米的珠峰大本营。缓缓上升的过程，让身体逐渐适应了海拔的变化。

到达大本营后，汪建和队员们开始了攀登前的正式拉练。适应性训练与专项训练有所不同，更多是为了让身体能够与环境适应。团队从 5200 米的大本营，拉练到 6000 多米、

2024年4月13日 219 国道途经垭口，汪建下车进行适应性训练

7000 多米，然后再折返，通过这种反复从高到低、从低到高的过程，让身体适应氧气含量的变化。

拉练持续了近半个月，结束后，汪建与团队一起下撤，回到了更低海拔的日喀则，进行最后的调整。

5 月 11 日，汪建和队员们共同回到珠峰大本营，正式向冲顶珠峰发起挑战！历经 10 日，5 月 21 日上午 10 时 28 分，汪建成功登顶世界之巅，刷新了中国登顶珠峰最年长者纪录！

从深圳到大理、到拉萨、到日喀则、到大本营，再到珠峰之巅，海拔从 0 米到 8848.86 米，汪建在整个过程中几乎没有出现身体不适。通过科学的训练与指标监测，他以饱满的精神状态在 70 岁高龄完成了登顶珠峰的“极限挑战”。

科研导向，极限探索

这种勇攀高峰、敢为人先的科学家精神，在汪建身上得到了具象化体现。除了登顶珠峰，他还曾下潜至全球海域最深处“挑战者深渊”，去地球南、北极区，成为中国首位抵达地球“四极”开展研究工作的科学家。单以爬山论，这些年，他还攀登过海拔 5025 米的四姑娘山、海拔 6178 米的玉珠峰、海拔 7546 米的慕士塔格、海拔 8201 米的卓奥友峰等多座山峰，并与团队一起完成相关科研数据的收集工作。

对于带着科研目标的“极限挑战”，汪建经常提的一句话是，“没有职位，只有岗位，每个人做好自己那一道岗的职责，项目就能成功”。

在登山过程中，为了顺利完成“助力构建高原人体健康生命大模型”的科研目标，获得基因组、蛋白质组、代谢组、影像组及细胞组等多组学数据，汪建会高度配合团队的需要。在高原上，无论是需要他早起、做台阶测试，还是皮肤采样等，他都会积极配合。同行科研人员蒋晓森补充了一个细节：“有时我们甚至会搞到凌晨一两点钟，而汪老师也会等我们做完，把我们送上车后，才回帐篷里休息。”

2024 年 5 月 21 日，华大登山队翻越珠峰第二台阶

巅峰上的科学探索，不仅需要目标坚定、克服惰性，更需要胆大心细、科学筹备。而无论攀登的是雪山，还是科学高峰，我们都看到了这样的一个事实：一个人一往无前，必会感染一群人与之同行！

再上高原、再登珠峰，华大人为何对这片土地如此情有独钟?

“世界屋脊”青藏高原有着独特的地质环境、资源禀赋及生态单元，被誉为科学研究的“天然实验室”。

高原上蕴藏着多少亟待被认知的科学问题？这些年，华大集团研究团队两次为科研登顶珠峰，从基因组学到多组学，持续用前沿技术助力探索这片历经亿万年演化、广袤而神秘的土地上的生命奥秘；华大人还多次驰援青藏高原，助力当地开展棘球蚴病检测、精准抗击疫情。

这些年华大基于高原都做了哪些有意思的科学研究？是如何通过基因科技造福高原人民的呢？

高原探索：人类如何适应高海拔环境

早在 2010 年，华大集团董事长、联合创始人汪建就曾带队从南坡登顶珠峰。也是在这一年，华大科研团队揭示了人类适应高海拔环境的秘密。

常年生活在低海拔地区的人到了高原之上，大多会感受到高原反应，那么为什么常年在高原上生活的人却少有这种困扰？

为了解答这个科学问题，华大主导完成了人类高原适应机制研究，相关成果发表于国际顶级学术期刊《科学》。

≡ Science
Current Issue | First release papers | Archive | About | Submit manuscript

HOME › SCIENCE › VOL. 329, NO. 5987 › SEQUENCING OF 50 HUMAN EXOMES REVEALS ADAPTATION TO HIGH ALTITUDE

REPORT

Sequencing of 50 Human Exomes Reveals Adaptation to High Altitude

XIN YI, YU LIANG, EMILIA HUERTA-SANCHEZ, XIN JIN, ZHA XI PING CUO, JOHN E. POOL, XUN XU, HUI JIANG, NICOLAS VINCKENBOSCH, THORFINN SAND KORNELIUSSEN, HANCHENG ZHENG, TAO LIU, WEIMING HE, KUI LI, RUIBANG LUO, XIFANG NIE, HONGLONG WU, MEIRU ZHAO, HONGZHI CAO, JING ZOU, YING SHAN, SHUZHENG LI, QI YANG, ASAN, PEIXIANG NI, GENG TIAN, JUNMING XU, XIAO LIU, TAO JIANG, RENHUA WU, GUANGYU ZHOU, MEIFANG TANG, JUNJIE QIN, TONG WANG, SHUJIAN FENG, GUOHONG LI, HUASANG, JIANGBAI LUOSANG, WEI WANG, FANG CHEN, YADING WANG, XIAOGUANG ZHENG, ZHUO LI, ZHUOMA BIANBA, GE YANG, XINPING WANG, SHUHUI TANG, GUOYI GAO, YONG CHEN, ZHEN LUO, LAMU GUSANG, ZHENG CAO, QINGHUI ZHANG, WEIHAN OUYANG, XIAOLI REN, HUIQING LIANG, HUISONG ZHENG, YEBO HUANG, JINGXIANG LI, LARS BOLUND, KARSTEN KRISTIANSEN, YINGRUI LI, YONG ZHANG, XIUQING ZHANG, RUIQIANG LI, SONGGANG LI, HUANMING YANG, RASMUS NIELSEN, JUN WANG, AND JIAN WANG fewer

Authors Info & Affiliations

SCIENCE · 2 Jul 2010 · Vol 329, Issue 5987 · pp. 75-78 · DOI: 10.1126/science.1190371

Science 官网截图

nature
Explore content ⌄ About the journal ⌄ Publish with us ⌄

nature › letters › article

Letter | Published: 02 July 2014

Altitude adaptation in Tibetans caused by introgression of Denisovan-like DNA

Emilia Huerta-Sánchez, Xin Jin, Asan, Zhuoma Bianba, Benjamin M. Peter, Nicolas Vinckenbosch, Yu Liang, Xin Yi, Mingze He, Mehmet Somel, Peixiang Ni, Bo Wang, Xiaohua Ou, Huasang, Jiangbai Luosang, Zha Xi Ping Cuo, Kui Li, Guoyi Gao, Ye Yin, Wei Wang, Xiuqing Zhang, Xun Xu, Huanming Yang, Yingrui Li, Jian Wang, Jun Wang & Rasmus Nielsen — Show fewer authors

Nature 512, 194–197 (2014) | Cite this article

60k Accesses | 614 Citations | 1047 Altmetric | Metrics

Nature 官网截图

科学家们对50个生活在高海拔地区人群的全基因组外显子进行了测序，并与低海拔汉族人群以及高加索人群的外显子进行了对比。结果显示，生活在高原地区的人群身上特有的*EPAS1*基因阻止了其血红蛋白浓度的过度升高，降低了各种高原性疾病发生的可能性。

这一成果揭示了人类基因组在极端环境下的适应性变化，为高原缺氧性疾病的预测、预防和治疗提供了新的方向。

2014年7月，华大联合多个单位再次对人类高原适应性开展了进一步研究，成果发表于《自然》。

通过与来自全世界的多个现代人人群及古人类基因组数据比较，研究人员发现，当地人所具有的*EPAS1*基因单体型结构以高频率形式存在于古丹尼索瓦人中。这意味着古丹尼索瓦人或其近亲的基因渗入可能使当地人能更快适应高海拔地区的缺氧环境，从而揭示了通过基因交流帮助人类快速适应极端生存环境的特殊机制。

2024年，时隔14年，汪建再次带领华大团队以科学探索为目的登顶珠峰，旨在开创性产出高海拔科研多维度、多组学数据，深入解析人体在极高海拔地区的适应性生理机制，为未来的科学和产业发展带来新的启发和突破。

为此，华大登山队员持续监测和采集了从 0 米到 8848.86 米不同海拔下核心队员的生理指标、脑认知、眼动、眼底、运动机能、心肺超声等多维表型数据，获得了基因组、蛋白质组、代谢组、影像组及细胞组等多组学数据，以期助力构建高原人体健康生命大模型，从时空维度，进一步深化对遗传与环境协同作用的理解。

图谱绘制：破译高原动植物的基因密码

印度洋板块与欧亚板块历经多次碰撞，隆升了世界上海拔最高、面积最广的高原——青藏高原。而板块运动也塑造了青藏高原从东南向西北海拔渐次升高的地理格局，丰富的生态系统使这片土地拥有了独一无二的高原生物物种基因库。

藏羚羊是我国青藏高原特有的物种，其生存环境高寒、缺氧，自然条件极为严酷。在数百万年的演化历程中，藏羚羊没有受到物种迁徙和人工选择的影响，是研究低氧适应性的极佳模式动物，具有珍贵的进化研究价值。

为此，青海大学和华大等单位共同完成了藏羚羊基因组序列图谱的绘制，成果于 2013 年在 *Nature Communications* 上发表。这是世界首个高原濒危物种的

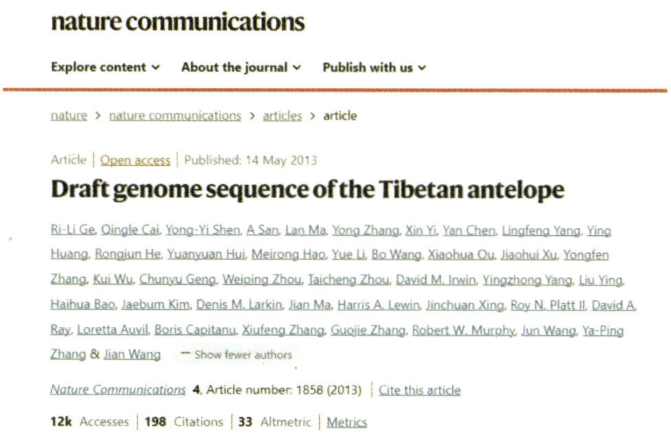

nature communications

Explore content ⌄　About the journal ⌄　Publish with us ⌄

nature > nature communications > articles > article

Article | Open access | Published: 14 May 2013

Draft genome sequence of the Tibetan antelope

Ri-Li Ge, Qingle Cai, Yong-Yi Shen, A San, Lan Ma, Yong Zhang, Xin Yi, Yan Chen, Lingfeng Yang, Ying Huang, Rongjun He, Yuanyuan Hui, Meirong Hao, Yue Li, Bo Wang, Xiaohua Ou, Jiaohui Xu, Yongfen Zhang, Kui Wu, Chunyu Geng, Weiping Zhou, Taicheng Zhou, David M. Irwin, Yingzhong Yang, Liu Ying, Haihua Bao, Jaebum Kim, Denis M. Larkin, Jian Ma, Harris A. Lewin, Jinchuan Xing, Roy N. Platt II, David A. Ray, Loretta Auvil, Boris Capitanu, Xiufeng Zhang, Guojie Zhang, Robert W. Murphy, Jun Wang, Ya-Ping Zhang & Jian Wang　— Show fewer authors

Nature Communications **4**, Article number: 1858 (2013) | Cite this article

12k Accesses | **198** Citations | **33** Altmetric | Metrics

Nature Communications 官网截图

nature genetics

Explore content ⌄ About the journal ⌄ Publish with us ⌄

nature › nature genetics › letters › article

Letter | Open access | Published: 01 July 2012

The yak genome and adaptation to life at high altitude

Qiang Qiu, Guojie Zhang, Tao Ma, Wubin Qian, Junyi Wang, Zhiqiang Ye, Changchang Cao, Quanjun Hu, Jaebum Kim, Denis M Larkin, Loretta Auvil, Boris Capitanu, Jian Ma, Harris A Lewin, Xiaoju Qian, Yongshan Lang, Ran Zhou, Lizhong Wang, Kun Wang, Jinquan Xia, Shengguang Liao, Shengkai Pan, Xu Lu, Haolong Hou, Yan Wang, Xuetao Zang, Ye Yin, Hui Ma, Jian Zhang, Zhaofeng Wang, Yingmei Zhang, Dawei Zhang, Takahiro Yonezawa, Masami Hasegawa, Yang Zhong, Wenbin Liu, Yan Zhang, Zhiyong Huang, Shengxiang Zhang, Ruijun Long, Huanming Yang, Jian Wang, Johannes A Lenstra, David N Cooper, Yi Wu, Jun Wang ✉, Peng Shi ✉, Jian Wang ✉ & Jianquan Liu ✉ — Show fewer authors

Nature Genetics **44**, 946–949 (2012) | Cite this article

42k Accesses | **600** Citations | **135** Altmetric | Metrics

Nature Genetics 官网截图

全基因组序列图谱，为进一步揭示物种适应极端高原环境奠定了重要基础。

除了藏羚羊，牦牛也是青藏高原等高海拔地区特有的物种。经过长期的自然选择，牦牛已经获得了能够适应高原环境的解剖学和生理学性状，如心肺发达、没有肺动脉高压、觅食能力强和能量代谢高等。

2012 年 7 月 1 日，由兰州大学主导，华大及中国科学院昆明动物研究所等单位共同完成的牦牛基因组研究成果在 *Nature Genetics* 上在线发表。

科研人员对牦牛进行了全基因组测序及相关的生物信息学分析，发现了其与高原适应性相关的重要遗传机制，这有助于进一步揭示人类出现各种高原不适症的原因，促进对缺氧相关疾病的认识、预防和治疗。同时，研究成果也有助于提升高海拔地区重要经济动物的产奶、产肉性能。

说到高原地区特有的物种，除了动物，不得不提的还有青藏高原的特色作物——青稞。当其他农作物在高海拔极端环境下“黯然退场”之时，青稞却能扎根于此，成为千百年来高原人民赖以生存的主要粮食作物。

2014 年 3 月，西藏自治区农牧科学院联合华大共同绘制完成了青稞基因组图谱。同时，为了研究青稞的高原抗旱适应性，研究人员对不同干旱条件下的青稞叶子组织进行了转录组测序，以分析干旱耐受条件下的基因表达调控机理。此外，研究人员还将青稞与小麦、水稻、高粱、玉米等单子叶植物的基因组做了比较分析，进一步解析了青稞的生物学特质。

这项成果为深入揭示青稞这一裸大麦品系的起源、驯化及后续优良栽培品种选育和改良等奠定了坚实的遗传学基础。

助力高原公共卫生：驰援包虫病防治与新冠抗疫

包虫病是农牧地区因病致贫、因病返贫的原因之一，成为阻碍地区社会经济发展、危害农牧民健康的重大公共卫生问题。它可在人体内潜伏数年至数十年不等，其中泡型包虫病又因患者 10 年死亡率达到 94%，被称为“虫癌”。

2017 年，西藏自治区疾病预防控制中心携手华大，共同推进包虫病及其他重大传染病的筛查与防治工作，助力解决此类重大公共卫生问题。

当年 4 月，华大向西藏自治区捐赠包虫病快检移动工作站，并提供已经研制完成的包虫病 IgG 抗体 ELISA 检测试剂盒，方便偏远地区群众就近完成包虫病筛查检测。

此外，为了加快包虫病早筛和诊疗工作，华大还自愿承担协助西藏自治区疾控中心在 180 天内完成 75 万人份包虫病抗体 IgG 检测的重任，参与“包虫病专项”的华大人夜以继日、轮班奋战，投身于工作中。截至 2017 年 12 月 25 日，华大共计完成 83 万人份包虫病 IgG 抗体检测，提前、超量完成任务！

继包虫病之后，2022 年 8 月，华大人再次因公共卫生事件奔赴高原。为快速阻隔新冠病毒传播，精准有效抗击疫情，华大人和“火眼”实验室迅速抵达高原，24 小时之内安装完所有设备，助力西藏抗疫。

2024 年这一次，华大登山队和科研队伍，在 70 岁的华大集团联合创始人、董事长汪建带领下，为了科学探索，再次来到高原、登顶珠峰，把自己当作研究对象进行测试和数据采集。

科学，无尽前沿；探索，永无止境。未来，面对科学高峰，华大将持续发挥自身力量，迎难而上、不断求索，为进一步揭开“生命天书”的奥秘作出新贡献，谱写新华章。

这支特殊的“珠峰登山队”，都有谁？

5 月 21 日，华大集团联合创始人、董事长汪建带领华大登山队从北坡成功登顶珠穆朗玛峰。

这支把自己当作研究对象进行测试和数据采集的“特殊”登山队，它的队员都是何方“大神”？为什么能够实现整支队伍顺利登顶？站在世界之巅是什么样的感受？登顶珠峰的经历是否给他们带来变化？……今天，我们一起来认识他们，听听他们登顶珠峰的感受吧！

汪建

华大集团联合创始人、董事长；中国登顶珠峰最年长者；二次登顶珠峰，2010 年南坡登顶、2024 年北坡登顶。

在过去，珠峰就是一片海洋，经过几千万年甚至上亿年的变迁才变成今天的世界最高峰，其中的生命起源和物种演化有了什么样的变化？我们人在高原的适应，农业的发展，高原健康，还有像现

在大量的国内外游客来珠峰打卡，如何保证大家的健康，这些都是亟待解决的科学问题。

所以这次我的主要任务就是鼓励大家前进前进再前进。特别是在今天大变局的情况下，气候变化引起全球注意，我们能做什么？我们能发现什么？我们能够提出什么样的问题。多多少少我们要提出一些建设性的意见来。

2010 年登珠峰，我们前后发了一篇《自然》，一篇《科学》。那些文章都是影响了全世界的教育的。这次，我们把更多的科学仪器搬到更高的海拔上来，进行更多人类在极限条件下的生存挑战和对人生理生化变化的研究，也对未来的科学发展、火星移民、地外生命的探讨给予建设性的意见。

刘欢欢

华大生命科学研究院高原人群研究专项生物技术副研究员，负责本次珠峰科研样本采集工作。

在高海拔采集样本是比较困难的，但无论是采集血液、粪便、唾液、皮肤样本，还是监测脑电、心率、血氧等，大家都很配合，这让我很感动。

比如汪老师登顶后，脑电、掌超，以及皮肤微生物采样都需要做，但汪老师一一主动配合完成了采集；还比如旺姆做掌超，在珠峰顶上，她无氧操作，一遍遍涂抹耦合剂、一次次操作设备，而且自己测完后又给自己的向导测。大家在珠峰顶上都有目标地忙碌着。

这次比较震撼的是，在快到顶峰时，太阳刚出来，天已经微亮，你能看到周边的云层都在脚下，整个天和云之间是一条金色的线，画面非常震撼。

马啸

华大运动首席运营官、珠峰行动攀登队队长；2021 年南坡登顶、2024 年北坡登顶，二次登顶珠峰。

这次攀登不是个人攀登，而是一次团队攀登、科研攀登。希望通过这次科研行动，能为我们以后的科学攀登提出更加健康的建议和指南，这是我们这次攀登的主要目的。

汪老师也许在灵活性或者体力上不如我们年轻人，但他的意志力是远远超过我们的。大家可以想象一下，自己的生命状态到 70 岁还能不能登山，更不要说登珠峰，这一点我觉得是很鼓舞我们的。一路上，我们过梯子、过冰岩混合地带、过硬冰面、爬冰壁都很难，但汪老师还是一步一步地走到了顶峰。下来后，我问汪老师为什么要登珠峰，他说就 4 个字，言出必行！

旦增旺姆

华大集团业务拓展经理；本次华大登山队首位登顶者，中国西藏自治区首位民间女性成功登顶珠峰者。

登顶之后我的第一想法是，我要赶紧完成科研工作，这是最最重要的。我在峰顶待了两个多小时，一直在做心电和颈动脉的超声，包括在无氧状态下做了一个多小时超声。

这次在我们的团队中，汪老师一是年纪最大，二是整个科研活动的带头人。他在极端环境下的那种毅力和坚持，我觉得不是所有人都能做到的。而且他这一路下来，完全就是“无我”的状态，一直在挑战，这一点真的很令人佩服。因为队伍里有他的存在，也给我们带来了强大的能量，让我们所有人在这一路上都能以坚持不懈的心态，始终如一地完成自己要做的事情，从来都没有改变过。

厉延琳

华大集团董办行政专员；第三次挑战攀登珠峰，首次成功登顶。

真的登顶之后，反而没有那种想哭的冲动，但心里肯定是非常高兴的，而且后劲很足，越往下走

越开心。我最大的体验是，来登山一定要把体能准备充足。也许你的意志力能让你坚持到顶峰，但登顶后如果体能不够，意志力是不足以支撑下撤到安全营地的，所以体能绝对是最重要的。

汪老师二次登顶我真的非常佩服。首先，他吸上氧后拉练能比我快一个小时，登顶也比我快了 20 多分钟，他 70 岁比我一个 20 多岁的年轻人的体能要好这么多。其次，他这种活到老、学到老、拼搏到老的精神，让我觉得人生其实是很有盼头的。因为一般人到了 60 岁，可能差不多就该“休息”了，会觉得那种有意思的生活已经结束了。但汪老师告诉我们，70 岁的人生可以比 20 岁还要精彩，这也是我收获最大的一点。

周千龙

中国地质大学硕士研究生、华大运动高原摄影师；已拍摄雪山攀登等户外极限运动 6 年时间。

作为户外运动专业的学生，登山对于我来说，不仅是爱好，也是一件比较神圣的事情。这次华大组织的登山行动，它的目的不是单纯的登顶或者征服珠峰，而是在攀登的过程中开展高海拔的生命科学的科研活动。

针对这次珠峰行动，我们每周会有耐力和力量的训练。此外，我还在深圳华大待了一个月，为了适应高海拔参加了华大的低压氧舱训练，同时也跟着汪老师和队员们一起爬了几次山。记得有一次，汪老师制订的计划是爬升 2000 米，到了下午累计爬升才 1500 米，但是我们已经回到华大时空中心了，然后汪老师看着计划还差几百米没有完成，又让我们跟着他继续把华大的宿舍楼爬了一遍，直到达到了整整 2000 米的爬升，这个是我印象非常深刻的。

除以上队员外，本次与华大登山队同行的还有余国明（华大运动专家顾问）、吕钟霖、赵志华。9 位登山队员皆担任了本次华大珠峰科研活动的受试者，部分队员还承担了海拔 5200 米以上的科研采样工作。

对不同的人来说，攀登珠峰或许有着不同的含义。华大登山队在完成登顶这一本就艰巨的行动之外，怀揣着共同的科研目标，不断挑战自我，最终圆满归来，既为他们自己，也为高原科学研究领域的未来增添了更多的可能性。

高深可测！华大等团队发出倡议：跨学科联手推动“三四极”科研

日前，由华大集团主办的“高深可测 · 三四极贯穿科研交流会”在西藏自治区日喀则市召开。来自中国脑科学研究团队、病理学研究团队、多组学研究团队、深渊研究团队、极端环境研究团队等诸多领域的科技工作者齐聚高原，探讨“三四极”领域研究，并共同向科技界发出倡议：倡议在国家支持下，组建跨学科高原研究联盟、推动重大基础前沿问题和青藏高原高质量发展。

青藏高原作为“地球第三极”，是研究海陆起源、地貌形成、环境效应以及生命起源、人类习服、宇宙演化等重大基础前沿问题的“天然实验室”，为拓展人类认识自然的边界、开辟新的认知疆域创造了前提条件。

会议聚焦于青藏高原及其周边地区的多领域研究，进行“三四极的形成与演化及环境变迁”“生命对极端环境的适应机制与演化”“高原生理、医学与疾病”“青年科学家对话”4 场主题对话，探讨“三四极”研究在地质、生态、生命起源、人类适应等方面的重要性和深远影响，为高原地区的发展建言献策。

“登山是假，科研是真。”正如华大集团董事长、联合创始人汪建在 5 月 21 日率队登顶珠峰时所言，这是华大自 2010 年以来，第二次以科研探索为目的的完成珠峰登顶。多年来，为探索宇宙演化、生命起源等重大科

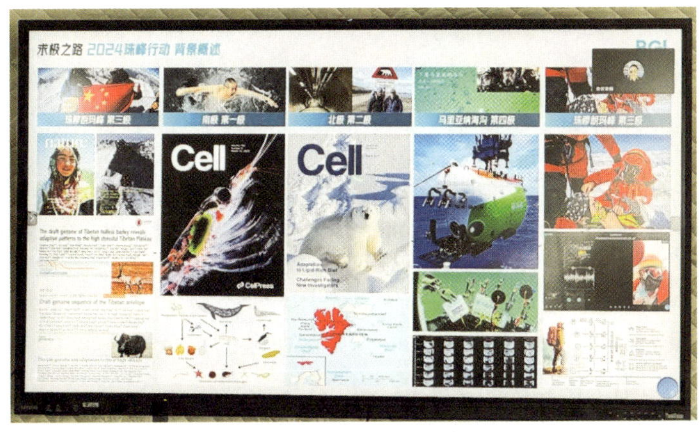

学问题的无限奥秘，华大和华大人不断挑战，将科研的触角伸到了地球“四极”。

高原研究方面，华大揭示了人类适应高原环境的突变基因与特殊机制，为高原缺氧性疾病的预测、预防和治疗提供了新的方向。此外，华大参与了青稞、藏羚羊、牦牛等高原动植物的基因组研究，为高原生态保护和生物资源利用提供重要科学依据。深渊研究领域，华大汪建、徐讯、刘姗姗于2021年下潜至“地球第四极”马里亚纳海沟。南、北极研究领域，华大开展了南极磷虾、企鹅、北极熊等极地生物基因组研究。

从下潜至万米深渊到登顶珠穆朗玛峰，华大希望能够以自主可控的生命科学底层工具和平台，为“三四极”领域的研究提供技术支撑，助力实现“高深可测”。目前，华大与深海、高原、脑科学、农业等领域的几个国家级实验室建立了密切的合作关系。

“希望通过一次次的行动来证明，我们做人做事是言而有信的。从30多年前人类基因组计划启动时，我们在西雅图商量，一定要把这个计划搬回国来，到后来完成水稻基因组计划、第一个亚洲人基因组计划等，回过头来去看华大这20多年的发展，当时的承诺基本实现了。”汪建表示，“这次我们来到高原，就希望能够为高原作点贡献，和大家一起助力第三极、第四极的科研贯穿式探索。”

会议现场，近 50 位来自国内各领域的科学工作者共同宣读《关于组建跨学科高原研究联盟、推动重大基础前沿问题和青藏高原高质量发展的倡议书》(以下简称《倡议书》)。《倡议书》提出，要勇于探索，坚持原创，进一步高度重视并充分发挥青藏高原这个极其特殊的“天然实验室”作用，组建跨学科联盟，在高原科学研究尤其是高原医学、人类习服、生命起源、意识本质等重大基础前沿问题上寻求突破，同时为促进高原地区尤其是青藏高原地区高质量发展作出实实在在的贡献。

此外，《倡议书》从 4 个方面提出具体建议，包括：一、践行生态文明，构建高原生命共同体。加强生态环境及微生物研究，推动自然恢复为主、科技加持的人工修复为辅的系统环境治理工作。二、组建高原科考基地，协同开展高原科研攻关。发起“珠穆朗玛峰生态环境科研计划”。三、培育高水平诊疗能力，提升高原生命健康质量。发展多维度、多模态、全周期下的高原生命健康监测模型，通过应用和推广先进技术手段，建立、完善预测预防和筛查预警系统，为高原地区人民的健康管理提供科学依据。四、加快科技创新速度，形成高原特色新质生产力。以高原科研为基础，布局具有西藏特色的新质服务业及特色农林业，实现高原地区的经济产业升级。

向极端环境迈进：华大参与南海深海联合科考

才登珠峰，又探深海。继 2024 年 5 月率领华大登山队再登珠峰进行科研后，7 月 20 日至 29 日，华大集团联合创始人、董事长汪建率领华大科研队伍，搭乘“探索二号”科考船，联合中国科学院深海科学与工程研究所、上海交通大学、香港科技大学等单位，赴南海冷泉区域进行深潜科考，完成深海观测与样本采集任务，并对移动科考实验室、自主研发的测

华大深海科考团队合影

序装备等进行海上测试。

国际上一般将1000米及大于1000米水深的区域定义为深海。海洋占地球表面积70%以上，其中约3/4是深度大于1000米的深海。深海具有理化环境独特的极端条件——黑暗、高压、低氧，长期被认为不适合生物生存，被称为“生命的禁区”。

深海热液、冷泉及其生物群落的发现，成为20世纪后期最令人瞩目的科学发现之一。海马冷泉位于南海琼东南海域，是目前我国发现最大的深海冷泉生态系统之一，为研究我国南海深海生物多样性与演化等科学问题提供了重要场所。

在汪建带领下，华大深海科研队伍搭乘载人潜水器“深海勇士”号，在南海海马冷泉和甘泉海台等区域完成多次载人深潜作业，获得了大量珍贵的科学观测影像资料，并采集和保存了贻贝、白瓜贝、管状蠕虫、海参、海葵、海蛇尾、铠甲虾、珊瑚、海绵等多种深海底栖生物和深海环境

深海底栖生物

移动科考实验室

样本，其中，还成功启用华大智造单细胞液滴生成仪，助力多组学研究。

两次乘坐“深海勇士”号下潜至千米以下水深的海底进行采样、观察的汪建说，这次深海科考的目的很明确，就是要在深海这种极端环境中进一步探究生命起源和万物生长的奥秘。冷泉喷口的化学能释放，为整个生态系统的形成提供了最根本的支撑。其中一系列的地球化学耦合反应过程能够产生哪些物质，从而构成生命起源最原始的元素？这些来自地球深部的物质和能量如何传递，如何驱动整个生态系统的形成与演变？都是值得探索的课题。

登峰探极，高深可测。值得一提的是，这次南海科考第一次搭载了以集装箱为载体、整合了数字化全流程设备的移动科考实验室，配备了华大智造全自动核酸提取纯化仪 MGISP-NE32、自动化样本制备系统 MGISP-100，以及 MGISEQ-200 和 DNBSEQ-E25 两款基因测序仪。在科考过程中，成功完成了对舱体和所有仪器设备的海上运行性能测试。

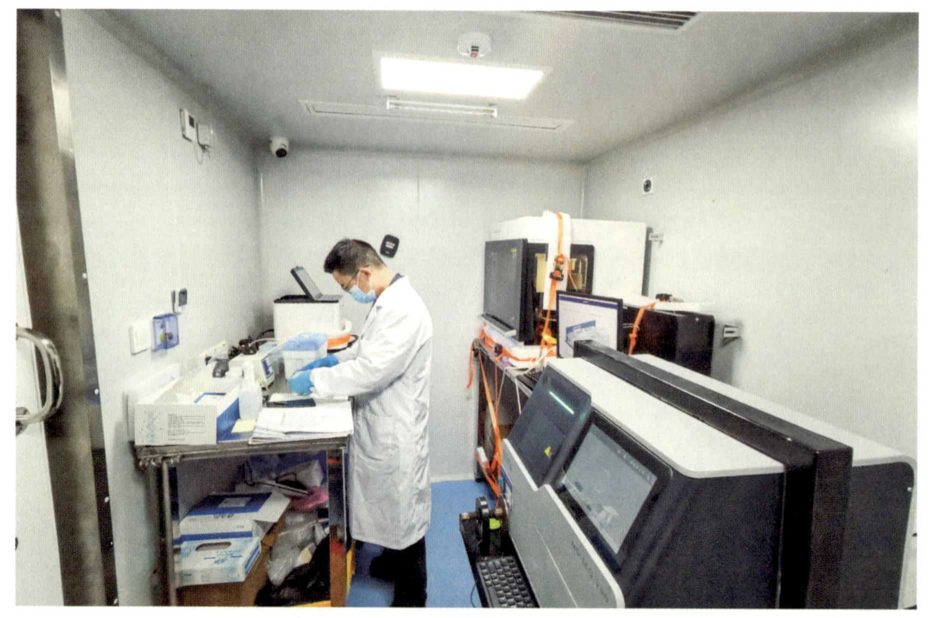

移动科考实验室

华大生命科学研究院助理研究员崔震说："移动科考实验室是根据我们前期的科考经验以及未来的应用需求专门定制的，可以在科考船上提供比较稳定的环境，完全满足实验需求。我们使用标准样品和深海沉积物样本进行了多次数字化全流程的试验，都产出了质量合格的测序数据。"

"我这次的任务就是为设备保驾护航，对设备进行性能验证。"华大智造高级工程师魏鹏说："华大智造作为生命科学核心工具提供商，希望我们的工具能够适应各种环境包括极端环境，为全球科学家破解生命之谜提供底层工具。"

当前，新一轮科技革命和产业变革深入发展。科学研究向极宏观拓展、向极微观深入、向极端条件迈进、向极综合交叉发力，不断突破人类认知边界。

顺应科学发展趋势，华大近年来联合国内相关科研团队，不断向极端环境迈进——从高原研究到深海深渊，多次参加科学考察，实施相关科研计划。截至目前，华大已累计参与 10 余次深海科考航次。2021 年 12 月，在“奋斗者”号载人潜水器首个试验应用航次中，包括华大科学家在内的参航科学家团队共同发起《马里亚纳共识》倡议，建立深海科考标准化平台体系，实现深海科考样本和数据的长期保存与共享，支撑深海国际大科学合作，协力攻坚深渊地球系统的形成与演化、生命起源与环境适应、生物多样性与气候变化等重大科学问题。

参考文献：

[1]李娜，王晓娟.运动后吸氧对运动员恢复的影响[J].体育科学，2015，35（5）：1-6.

[2]Casey,D.P.,&Joyner,M.J.Compromised arterial function after high intensity aerobic exercise is attenuated by hypoxia exposure[J].Journal of Applied Physiolo gy,2012,113(7):1058-1064.

[3]Niess,A.M.,Fehrenbach,E.,Strobel,G.,Roecker,K.,Schneider,E.M.,Buergler,J.,…&Northoff,H.Effects of postexercise oxygen breathing on neutrophil activation in response to exercise-induced muscle damage[J].Journal of Applied Physiology,2004,96(3):950-956.

[4]彭莉.吸氧改善力竭运动后疲劳的实验研究[J].西南师范大学学报（自然科学版），2004（5）：874-878.

生命科学认为，生物就是各种算法。如果生物的功能真的和算法大有不同，就算计算机在其他领域大展神威，仍然不可能了解人类、引导人类的生命，更不可能与人合而为一。一旦生物学家判断生物也是算法，就等于拆除了有机和无机之间的那堵墙，让计算机革命从单纯的机械事务转变为生物的灾难，也将权威从个人转移到了算法网络。

——《未来简史》，[以色列] 尤瓦尔·赫拉利

后 记

有一种精神，叫登峰精神

李 斌

从诞生之日起，华大就倡导要发扬“穷棒子”精神——为了保质保量完成人类基因组计划1%项目，早期北京顺义空港6号楼2层的测序平台，还专门摆放了玉米棒子，象征意义和信号意义极强。

2000年8月我主编的《你还是你吗？——人类基因组报告》一书，记录了当时的情景：全封闭的环境，繁忙的人群，紧张的机器，倒像是到了一个现代化的精密加工车间。走廊的电子显示器上不时跳动着字样：“以任务带学科、穷棒子精神永放光芒、我们已经完成了测序任务的×%……”

今天，华大全球总部——深圳华大时空中心一层大厅内，一个透明的方形玻璃柜里，堆满了20多年前绘制人类基因组计划“中国卷”时使用过的一次性移液枪枪头，玻璃柜上也摆放了一根玉米，象征着华大人不忘来处、不忘初心、不忘出发点，“穷棒子精神永放光芒”。

眨眼20多年过去，中国在基因组学领域的地位也发生了明显变化，正如华大集团董事长、联合创始人汪建所说：“一晃这么多年过去了。中国也从20多年前的旁观者、受益者、学生，逐步成长为一个参与者，在某些领域里面还成为一个实践者、同行者，甚至变成引领者，这是时代赋予我们的使命和任务。”

2023年是人类基因组完成图完成20周年，在《新华每日电讯》深度分析文章——《2023年，基因组学革命“狂飙”到了哪一步？》中，参与过中国遗传学历史上具有里程碑意义的1997年“张家界会议”的细胞生物学家、遗传学家、上海交通大学贺林院士在接受访谈时指出，与20年前相比，中国在基因组学研究领域的国际地位明显提升，与世界同行竞争的能力增强不少。但这是一个你追我赶的领域，任何“领先”都是没有绝对保障的。他还指出，基因产业在我国发展迅速，产生的经济效益也相当可观。

回望20多年前——“序列图是人类基因组计划中最为辉煌也最为艰难的任务，要在这一‘高峰’上插上旗帜，即争取完成曾经提出的1%任务，剩下的时间已经不多了”。1997年11月，中国遗传协会青年委员会第一次会议在张家界召开，出席会议的青年遗传学家们就中国基因组学的发展，提出了一系列建议，勾画出一幅宏伟的发展蓝图。

时任遗传学会青年委员会主席的杨焕明说：“纵然我们打算放弃参与测序计划，坐享其成，人类基因组全测序的完成只是标志着生物基因组测序时代的到来。实验动物及模式生物的全基因组测序已在国际上全面铺开，食物基因组（家禽、家畜和农作物）、人类及经济动植物的病原基因组（真菌、细菌、病毒、寄生虫等）的测序方兴未艾，其他资源生物基因组的测序也如弦上之箭，我国各种基因组测序势在必行。”他大声疾呼：“无穷无尽的讨论，一次次的拉锯等于自动放弃，坐失良机。”

20多年过去，在党委和政府支持下，中国不仅在人类基因组计划这一“高峰”上插上了旗帜，而且不断实现逆袭，从全球最大测序工厂到全球为数不多的测序工具——临床级高通量测序仪掌握者，从连续九年自然指数产业机构亚太排名第一，到每年顶刊近百篇论文，一次次挑战大科学、大工程，一次次挑战重大问题、终极问题，一次次拓展人类认知的边界，一次次攀登基因技术应用的高峰，把一个个不可能变成可能，创造了一个个奇迹。

一次次登峰、一个个奇迹的背后，是一系列的疑问：

——从自然之峰、科学高峰，到基因技术应用的高峰，一次次攀登，一次次拓展人类未知的边界，究竟孕育了怎样的登峰精神？其精神内核是什么？

华大运动 CEO 、深圳市登山户外运动协会常务副会长曹峻说，华大精神的内核是不按套路，不受约束，有创新的基因在。

华大珠峰行动登山队队长马啸认为，登峰精神就是一种攀登的精神，不仅仅是攀登本身的事情，攀登之外，做任何事情都要有坚韧不拔的品质，都要有勇于挑战、勇于创新的精神。

华大集团执行董事、华大生命科学研究院院长徐讯认为，永远不会止步于一座高峰，永远会不断地发起挑战，向更高的高峰去冲刺，这就是华大攀登者的精神。登峰精神的核心是瞄准大目标，不断迎接挑战。科研上的登峰精神也是一样的。华大的科研登峰瞄准的是解决生命科学里面的重大问题，目标很明确，也很宏大，所以能够吸引大家前赴后继地往这个目标去奋斗。

在动物基因组学研究领域有多年研究经验的华大生命科学研究院项目负责人周程冉看来，登峰精神的内核是“勇于挑战、敢于创新、团队合作、追求卓越”，这种精神不仅推动了科学和技术的进步，也激励着个人和团队不断超越自我，实现更高的目标。“登峰者”不仅仅是为了挑战自我，更是为了追求卓越和突破极限，是一群勇敢的探索者，是不懈的追梦人。华大精神和登峰精神非常相似，要不畏挑战，开拓创新，履行社会责任。

范广益的回答很干脆：“华大精神的最大体现，就是提供了一个很宏大的目标，驱使这一帮人前赴后继地为这个目标奋斗。汪老师清晰地指定了一个方向，不管我们做什么研究，都要围绕‘基因科技造福人类’的使命。这个目标很明确，所以即便我们在做海洋领域的研究，最终也是为了造福人类，包括服务人类的生活、工业生产和人类健康。"

——登峰和普通的登山有什么区别？

华大集团联合创始人、董事长汪建说，登山可以目的性弱一点，登峰的目的性是非常强的，下决心把一个"峰"登下来，就不能半途而废，慢慢就磨炼出坚强的意志了。"我说过的事情一定要做到，我心中想到的事情一定要做到，不管它有什么艰难困苦，我都要做到。"

在徐讯看来，做高原适应性研究，包括解决人类基因组难题、解决疾病难题、探索生物多样性中的科学问题等一系列研究过程当中，其实都是在寻找和发现科学上的新知识，就像登山一样，一次一次地挑战极限，挑战人类认知的边界，也是另一个层次的攀登珠峰。

华大集团执行董事、华大基因 CEO 赵立见说，从创始人成立华大之初，我们就参与了全球生命科学领域最重要的一个科学工程。今天，我们在基础研究、核心工具和全面的医学应用这三大方向上，也都要追求极限、登顶最高峰。

在华大智造高级副总裁倪鸣看来，华大登峰者与其他登峰者的目的可能有点不太一样，华大的这群登峰者不单是为了挑战个人极限，获得自我的满足感，更多的是对未知世界的一种探索。

——攀登道路上，最吸引人的地方在哪里？

对徐讯而言，科研带来的最大吸引力是，第一，它是有用的，你做的所有的工作最终都会变成人类前进的动力。第二，你永远可以看到新的风景、新的突破，这是科研非常让人着迷的地方，永远可以求新。

倪鸣说，虽然我们说科技的高峰是无穷无尽的，但实际上它也是由一个个台阶组成的。任何一座高峰都不是说坐电梯直接上去的，都是要一步一个脚印逐渐去达成的。

长期从事脑科学研究的华大生命科学研究院主任科学家刘石平认为，科学有意思的地方，就在于它本身追问的是人作为一个物种，如何认识世界、探索世界。科研有意思的地方还在于它永远是进步的，虽然做科研平时生活比较枯燥，但从大的方面来说，进步总是让人开心的。

——下一个峰顶在哪里?

徐讯说，科学上，当到了一个山顶之后，会发现下一座山峰又在前面，必须总是不断地往前攀登，所以科学的高峰是没有止境的。当拓展了新的认知边界时，又有新的问题，又有新的挑战。

在赵立见看来，基因技术应用的终极梦想就是“未来，希望能够做到‘人人服务’，希望基因技术可以深入每个社区、每个家庭、每个人。”他相信，在应用场景和配套政策的加持下，人人基因组时代会非常快地到来。

刘石平认为，科学有高峰，但是没有顶峰。也许今天登到了 8848.86 米，科学高峰就变成了 10000 米，当你到达 10000 米，你会发现还有 20000 米，但追求是一样的，就是要不断攀登。

在动物基因组学研究领域有多年研究经验的华大生命科学研究院项目负责人周程冉也持同感：“科学没有止境，想在科学上‘登峰造极’是非常困难的，新的顶峰会不断出现。但在登峰的过程中，我们会收获良多。”

——对后来的攀登者有何寄语?

“保持不断向上、向前的动力和科研探索的好奇心，对于青年科学家是非常重要的。”徐讯说，大家不要被路途上的困难和挑战吓退，要看到你的目标是山顶，当下的困难只是暂时的，但是目标和方向是永恒的。

倪鸣寄语后来者，“趁年轻多‘折腾’、多探索、多尝试，不用怕失败，也不用怕做错。因为只有这样才能够在年纪更大时不会后悔”。

刘石平认为，对于青年科学家来说，第一点还是要追求顶尖的前沿科研项目。第二点是要看到自己感兴趣的方向、看到新兴的领域。绝大部分的科研可能还是靠数据和工具驱动的，组学领域或者说大科学领域，数据量其实在不断积累，这些都是年轻人的机会。第三点是年轻人不要迷信权威，要敢于去打破一些权威，一些规则、定理其实都是等待被打破的。

对有志于从事科研工作的年轻人，周程冉的寄语非常简单：“好奇心是科学发现的源泉，永远不要停止对世界的探索。”

参与2024年珠峰行动、在珠峰脚下待了一个多月的华大集团董办科研助理蒋晓森对后来者的寄语是：“不要停留在实验室，要多到生产实践中去。……要打开自己，更加包容一点，去接触更多的人、更多的项目，哪怕是参与也行。”

…………

朴素的回答，平实的话语，华大人不仅用语言，更用实际行动，为登峰精神作了最佳注解。

如果说有一种精神叫“登峰精神”，这种精神在不少中国科学家身上都有体现，在华大人身上体现得则极为鲜明；

如果说有一种力量叫“拼尽全力”，这种力量在华大人身上就体现为一次次把不可能变成可能！

回顾华大25年历史，登峰精神，是华大的真实写照：科学是无尽的前沿。无尽的前沿，就需要无尽的攀登。从诞生之日起，华大人就勇攀科学高峰，填补了一个个空白，直至渐入无人区。

对一个组织，乃至一个国家，登峰精神究竟意味着什么？

正如周程冉所说，勇于冒险、敢于创新、迎难而上、不断超越的登峰精神对于一个国家的发展壮大至关重要。这种精神不仅推动了经济、科技、文化和社会的全面进步，也提升了国家在国际舞台上的竞争力和影响力。通过弘扬和践行这种精神，国家可以不断实现新的突破和发展目标，为人民创造更加美好的生活。

除了登峰精神，在华大25年发展历史上，伴随一系列重大目标、重大事件，还自然形成了一系列的特有价值观，共同构筑起华大历史精神谱系的雏形。

——穷棒子精神：华大创业前夕，4位创始人看到人类基因组山高水深，“砸锅卖铁也要圈1%”，借钱捐钱搞科研，一帮志愿军搞人类基因组测序，绘制“中国卷”。穷棒子精神的实质是艰苦奋斗精神，直到今天仍在继续发扬。

——水稻精神：人类基因组“中国卷”计划实施之后，挑战已有国际计划，华大人联合国内科学家后来居上，在全世界第一个绘制水稻基因组图谱、勇夺世界第一。在大科学、大工程面前，华大人联合地方政府尤其是杭州市政府，夜以继日，连续作战，进行攻坚——挑战大目标，不惧竞争者，迎难而上的水稻精神，成为华大历史精神谱系的重要组成部分。当年水稻基因组计划参与者、华大智造倪培相在水稻框架图绘制完成后填词一首，叫《清平乐·水稻框架图战记》：命令忽传，水稻要开战。草图不完非好汉，屈指期限月半！面包外加铁床，四更士气犹昂。今日 RePS（软件包名称）在手，何时凯歌高唱？

——火眼精神：全球公共卫生事件和重大灾难来临时，华大人一次次挺身而出，这一点在新冠疫情席卷全球时最为突出，可以被概括为“火眼精神”。火眼精神的实质首先是挺身而出、迎难而上的精神。其次是科学精神——相信科学，坚持通过科学技术识别未知生物、“妖魔鬼怪”。最后还有当时华大人携“火眼”实验室义无反顾驰援全国各地乃至全球、帮助人们共渡难关甚至劫难的精神。想人民之所想，急人民之所急，办抗病之所需。非典时，华大人就是这样，不仅迎难而上千方百计找到了非典患者样本，进行测序后研制出快速诊断试剂，给当时全社会吃了“定心丸”，时任中共中央总书记胡锦涛还专程到华大和合作单位视察。2004年岁末 2025 年年初，印度洋海啸来袭，华大人也第一时间奔赴泰国受灾现场进行救援，承担起了极其艰巨的遇难者身份鉴定工作。

——硬骨头精神：这既包括面对科学难题、终极问题，敢于进行挑战，比如生命起源、意识起源等问题；也包括面对强大竞争对手、垄断者乃至全球性帝国敢于不惧强敌、迎难而上的精神。

当然，这一切，都和华大创始人始终倡导的价值观甚至文化观，有着密不可分的关系。

华大有着哪些潜移默化、润物细无声的文化理念呢？这些文化理念的滋养往往更基础、更广泛、更深厚。

在我看来，至少有家国文化、"三好"文化、公益文化这三种文化理念，在华大创始人和华大这个团队身上非常鲜明：

——一是家国文化、人类情怀。从诞生之日起，华大就是为了祖国的荣誉、为了破解"山高水深"的生命密码，从一开始就提出"把国事当家事"，即使砸锅卖铁，哪怕备受争议，也矢志不渝、孜孜以求。

汪建希望华大年轻一代要"胸怀大志向、胸怀大目标、胸怀天下，还要学会宽容，学会保持奋斗精神，有正确的三观"。

"汪老师在山上讲了一段话，特别打动我。首先，他说上次登顶是从南坡上去的，是从尼泊尔那一侧上去的，还没有从祖国这侧上去，他希望从北坡、从祖国这一侧登顶，我觉得这确实是一个家国情怀。其次，他说有很多生理数据以前没人测量过，包括多组学样本的采集，如果他这次不去做，可能不知道等到多少年后才能有一个 70 岁的人在海拔 8000 多米采集的组学数据可以供大家去深入挖掘，这是一个科学理想。所以，家国情怀和科学理想在一起，深深地打动了我。这也是激励我们整个科研团队全力以赴把它做好的一个最大的动力。"华大生命科学研究院副院长金鑫颇有感触地说。

2024 年 7 月下旬，汪建率领华大科研队伍登上中国科学院深海所的"探索二号"科考船，前往南海冷泉区域进行科考，在船上，我这样问汪建："华大 25 岁了，华大的特色文化是什么？"

汪建的回答是："我们跟别人最不一样的，就是大目标模式。谁都在提创新，我从来没提过创新文化，我们就是大目标导向，这个目标既是围绕着全人类，也是从我做起的文化，因为有了'大'字，后面这一系列不一样的东西全出来了，大目标一定要大平台支撑，一定要有自主的东西支撑，一定要大团队合作。国家基因库 7 楼那面墙上的'图'画得清清楚楚，大目标、大资源、大平台、大合作、大科学、大产业、大团队、大数据……现在过了 10 多年了没变过，非常准。”

——二是“三好”文化，也就是身体好、学习好、工作好。这里面身体好是第一位的，因为健康是 1，其他都是 0，小康不小康，前提是健康，要是没健康，全都泡了汤。在华大，这就既包括登山文化——深圳有 61 个上过珠峰的人，其中 10 个在华大；还包括爬楼文化——华大全球总部深圳时空中心将每月的 11 日设立为无梯日，有电梯也不给你打开，必须爬楼梯。

“攀登文化实际上也给我们发现人才、培养人才带来了一个非常重要的机会。因为不只是雪山要攀登，科学的高峰也要攀登。我们很多重大科研项目其实也是一样，一开始大家可能只是兴趣，但是面对这样的挑战，做着做着就有人脱颖而出，就有人成长起来了。”谈起登山文化，金鑫博士有很多想法。

学习好、工作好，自然也是华大“三好”文化不可分割的重要组成部分，身体好是基础，是底座，在身体好的基础上努力实现学习好，终极目标还是工作好，就是更大限度地实现华大的终极目标和神圣使命——基因科技造福人类，推动人类社会走向人人基因组时代。

——三是公益文化。华大从诞生之日起，就像是公益组织，只不过是从事基础研究的公益组织，后来不断扩大创新链、价值链、产业链，始终坚持技术公益，通过基因技术在出生缺陷防控、传感染疾病防控、肿瘤早筛早查等方面不仅走出一条商业化、产业化道路，还进一步筹措资金，利用基因技术帮助困难群体。华大、万科、松禾资本和星河地产 4 家 5 年前联合发起成立猛犸公益基金会，就是要靠基因技术这棵“大树”，走“基因科技造福人类”这条大道，通过这个平台和渠道，不少帮助渐冻症患者、遗传缺陷防控、单基因病治疗的行动或计划得以实施或开展，帮助了不少人。当然，这种公益文化也体现在华大人、松禾人等在领导者的率先垂范下，坚持多年在爬山过程中捡拾垃圾、清理环境。

巍巍珠峰，浩瀚深渊。当人们面对壮丽、瑰丽的大自然时，心胸顿时豁然开朗，就像汪建回忆参与人类基因组计划之初的苦闷心情——1999年，我们想在国内启动人类基因组计划，但面临很多争议，大家都不同意，所以那年春节的时候我就单人单车跑到了拉萨。那个时候布达拉宫的顶上还能上，看了以后有很多感触，又到珠峰大本营，有了更多的感触，再往尼泊尔走，过边境的时候，一下就从零下20摄氏度左右的地方到了可以穿短衣短裤的地方，郁郁葱葱，从冰天雪地到热带雨林，整个人一下就开阔了。有争议没关系，我们可以走出一条新的路子来。所以当时就决定，一定要把1%的人类基因组计划做下来。如果大家有争议的话，我们自己成立一个新型机构也得做。所以回来就成立了华大基因，下定决心要干。

回到原点，初心自见。穿越时空，真理自现。

从20多年前历尽艰辛“挤”上人类基因组计划末班车，到后来在基因组学领域从“小学生”到并跑者，从登珠峰到下深海，回顾华大25年历史——如果说腾讯后来的品牌被高度凝练为“科技向善”4个字，那么在我看来，华大的品牌应该是“科技惠民、向上向善”：始终秉承基因科技造福人类的使命，始终朝着基因技术人人可及的目标推进，而华大不仅是向善，还有向善的前提——向上，即始终攀登生命科学高峰，不断拓展人类认知新边界。科研即产业，很多新的认知、工具的迭代被无缝转化为现实生产力、新质生产力。

是贯穿5000多年历史的爱国精神、民族精神，孕育了生生不息、绵延不绝的中华文明；

是科技惠民、向上向善的文化理念，孕育了华大的企业文化、企业精神。

致敬历史！致敬初心！

无论是登峰精神等系列华大精神，还是一系列文化理念，无论是华大，还是华大人，都希望被更多人看见、理解，希望更多人认识、理解基因技术的底层性、战略性，尤其是华大这支队伍的特殊性、可靠性。这也是我们之所以坚持不懈、要把《高深可测 生命可测：华大“登峰者”深度访谈录》编辑出版的动力所在：如果说生命是可测的，那么一身硬科技、扛了那么多硬活、创造了那么多历史的华大生命体，也同样是可知可感可测的。

衷心感谢在这本小书中接受访谈的所有人，认真准备，认真回答；衷心感谢参与编辑、核校的小伙伴们，做了大量细致的校阅工作，付出了许多默默无闻的努力。最后，要衷心感谢华景时代，能在出版《生命天书：无尽的探索》之后，爽快答应出版这本书。

衷心期望这本书能帮助更多人更加全面、立体、客观地认识到基因技术的底层性、核心性和平台性，认识到它是构筑健康中国乃至人类卫生健康共同体的新底座，是迈向科技强国乃至现代化强国的战略突破口，既事关每个个体命运，也事关国家命运，认识到华大这支队伍的初心、使命和家国情怀、人类情怀，以及具有的巨大未来前景。

登峰探极，高深可测，生命可测，科学的突破、技术的进步、工具的迭代，是不以人的意志为转移的。

时间的车轮滚滚向前，也是不以人的意志为转移的。

2021 年，是中国共产党成立 100 周年；到本世纪中叶，将迎来中华人民共和国成立 100 周年。期待在迈向第二个百年奋斗目标的新征程上，在当年以华大科学家为主参与的“人类基因组测序”工作成为中国具有世界影响的大国的一项标志性基础研究之后，中国自主可控基因技术为祖国跻身现代化强国之列、为构建人类命运共同体作出应有贡献。